WIDERSTAND

Herausgegeben von der
Stiftung Gedenkstätte Deutscher Widerstand

Niels Schröder

WIDERSTAND

Tony Sender · Julius Leber · Theodor Haubach

Im Kampf für Freiheit und gegen Diktatur

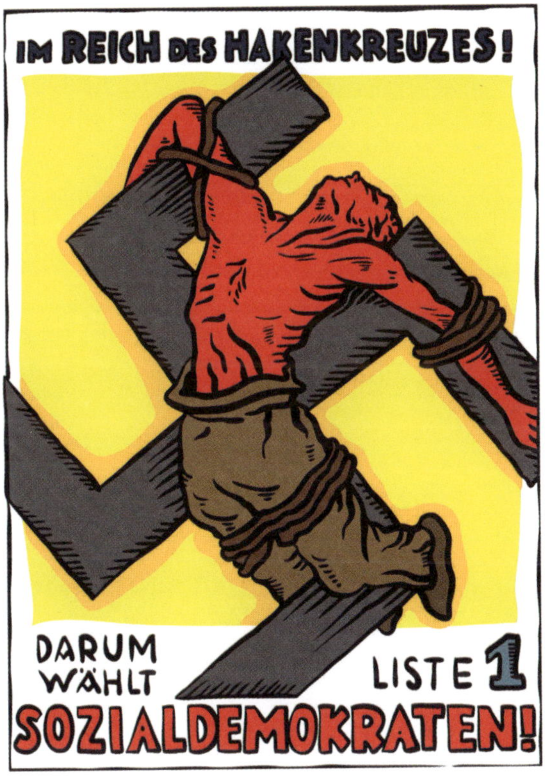

BeBra Verlag

Inhalt

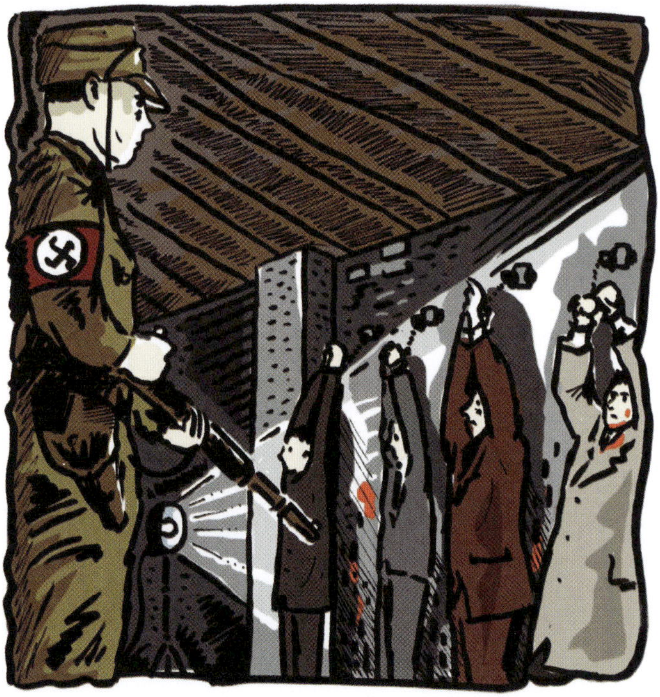

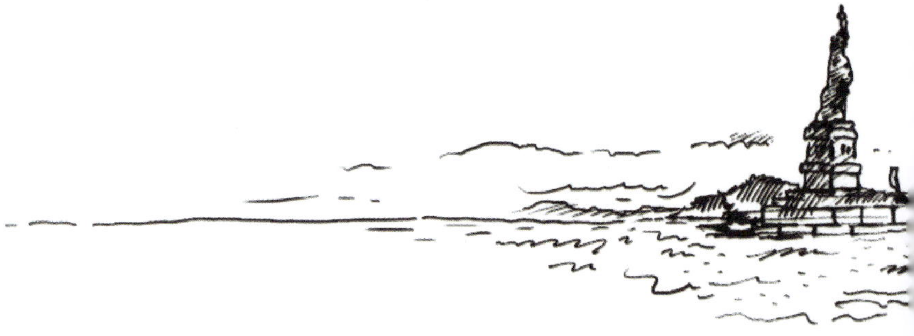

Prolog
Tony Sender

„Wie viele dieser Männer damals ihr Leben ließen, ist unbekannt. Es waren Männer von hohem Idealismus, und ich kann nicht ohne ein Gefühl tiefer Dankbarkeit und Bewunderung an sie denken."

Tony Sender über die Mitglieder des Reichsbanners Schwarz-Rot-Gold, 1938

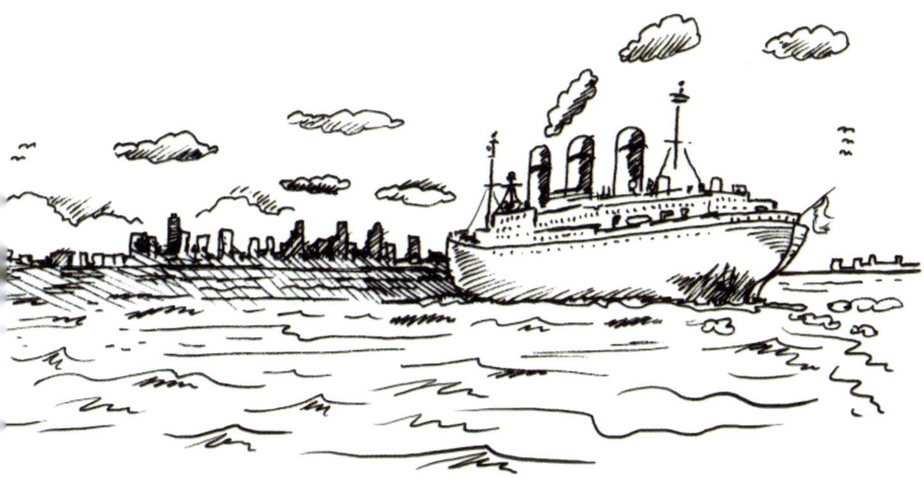

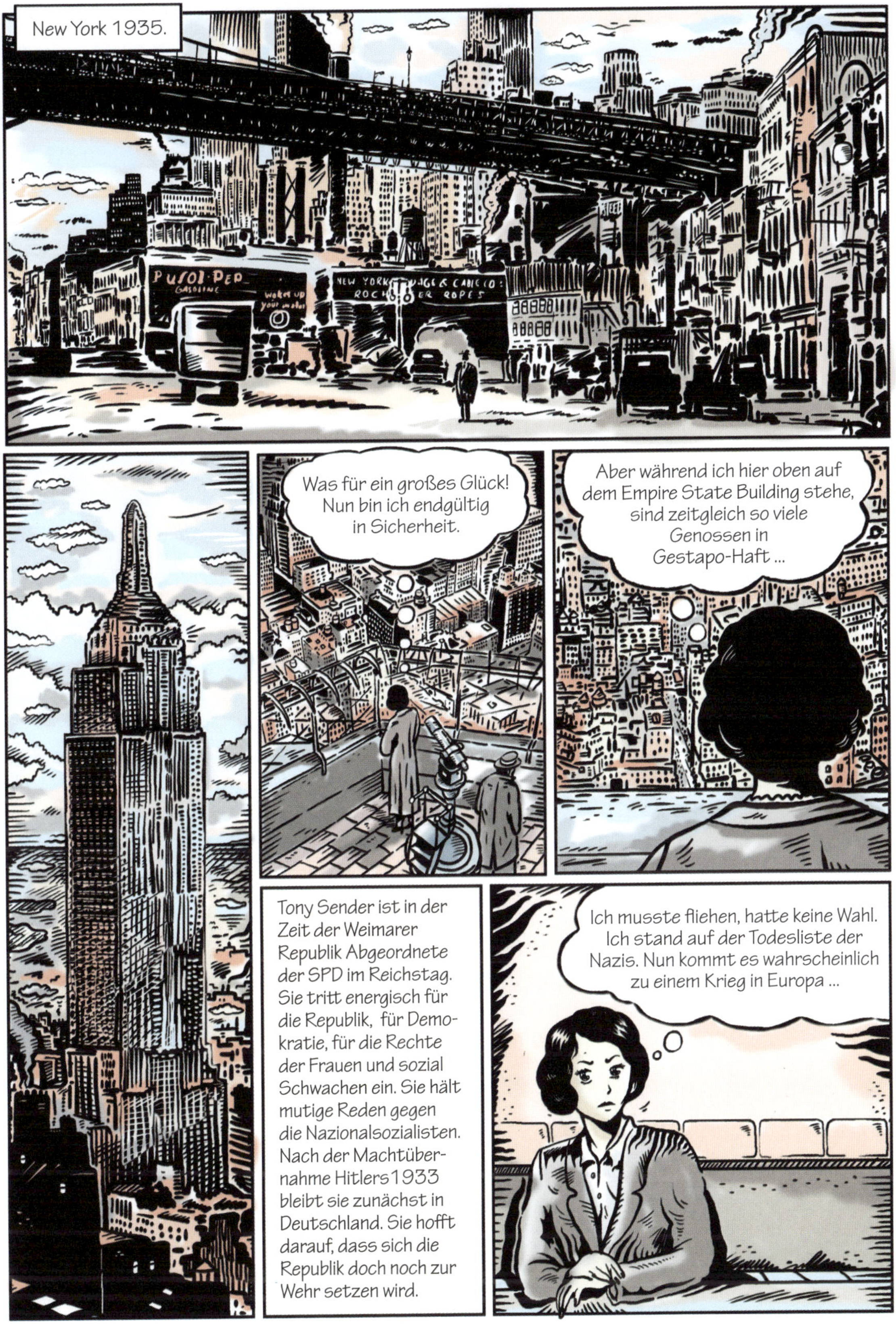
New York 1935.
Was für ein großes Glück! Nun bin ich endgültig in Sicherheit.
Aber während ich hier oben auf dem Empire State Building stehe, sind zeitgleich so viele Genossen in Gestapo-Haft ...
Tony Sender ist in der Zeit der Weimarer Republik Abgeordnete der SPD im Reichstag. Sie tritt energisch für die Republik, für Demokratie, für die Rechte der Frauen und sozial Schwachen ein. Sie hält mutige Reden gegen die Nazionalsozialisten. Nach der Machtübernahme Hitlers 1933 bleibt sie zunächst in Deutschland. Sie hofft darauf, dass sich die Republik doch noch zur Wehr setzen wird.
Ich musste fliehen, hatte keine Wahl. Ich stand auf der Todesliste der Nazis. Nun kommt es wahrscheinlich zu einem Krieg in Europa ...

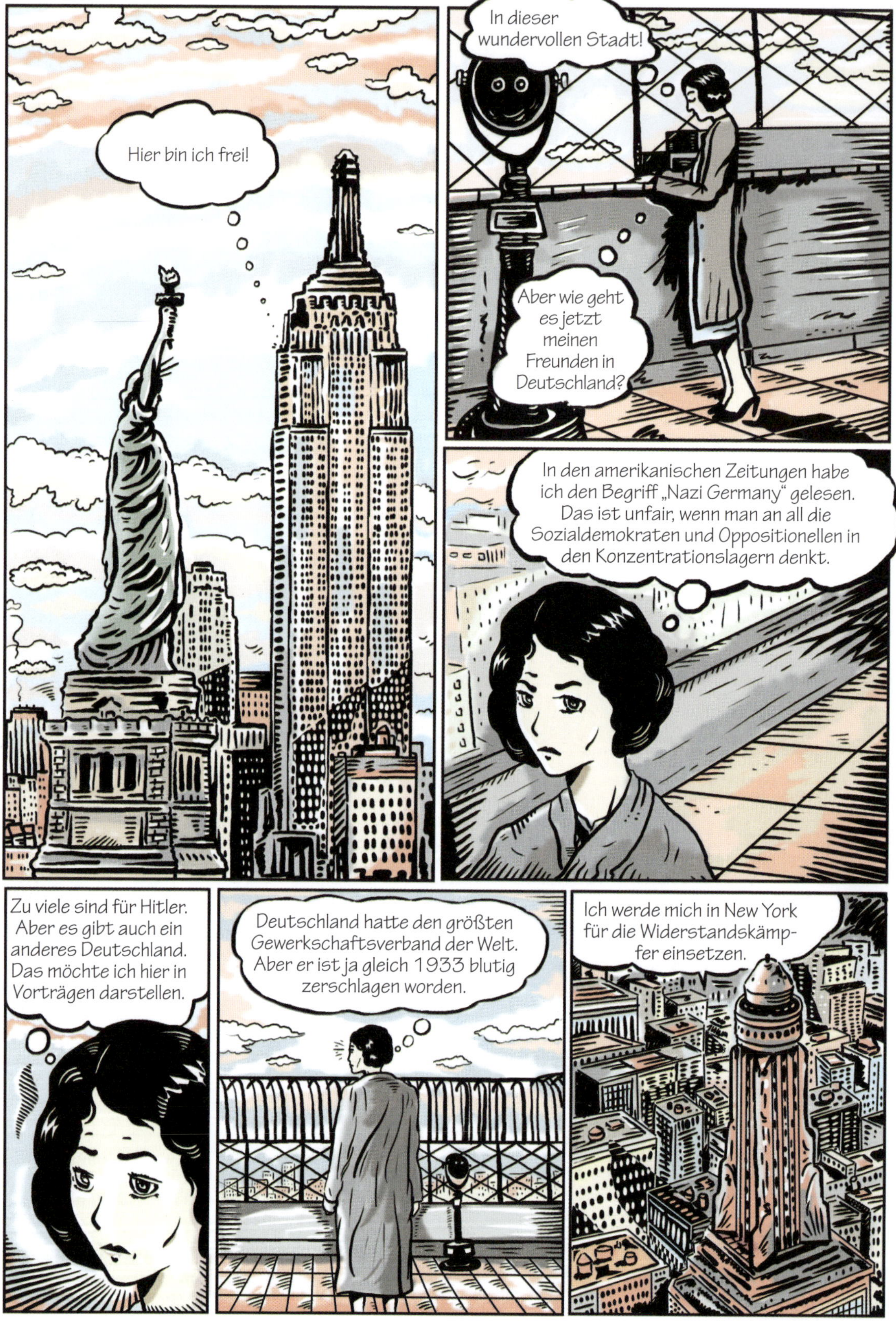
Hier bin ich frei!
In dieser wundervollen Stadt!
Aber wie geht es jetzt meinen Freunden in Deutschland?
In den amerikanischen Zeitungen habe ich den Begriff „Nazi Germany“ gelesen. Das ist unfair, wenn man an all die Sozialdemokraten und Oppositionellen in den Konzentrationslagern denkt.
Zu viele sind für Hitler. Aber es gibt auch ein anderes Deutschland. Das möchte ich hier in Vorträgen darstellen.
Deutschland hatte den größten Gewerkschaftsverband der Welt. Aber er ist ja gleich 1933 blutig zerschlagen worden.
Ich werde mich in New York für die Widerstandskämpfer einsetzen.

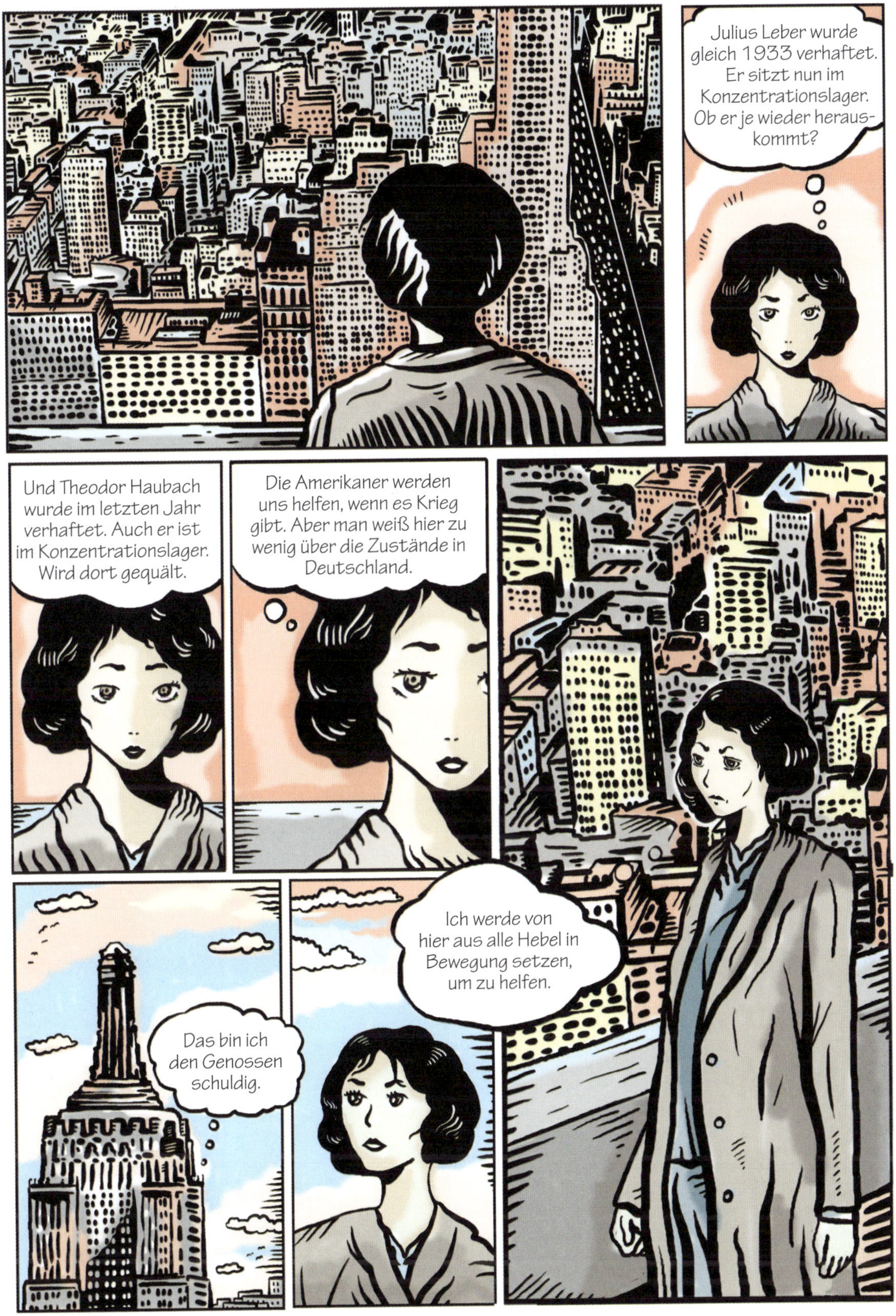
Julius Leber wurde gleich 1933 verhaftet. Er sitzt nun im Konzentrationslager. Ob er je wieder herauskommt?
Und Theodor Haubach wurde im letzten Jahr verhaftet. Auch er ist im Konzentrationslager. Wird dort gequält.
Die Amerikaner werden uns helfen, wenn es Krieg gibt. Aber man weiß hier zu wenig über die Zustände in Deutschland.
Das bin ich den Genossen schuldig.
Ich werde von hier aus alle Hebel in Bewegung setzen, um zu helfen.

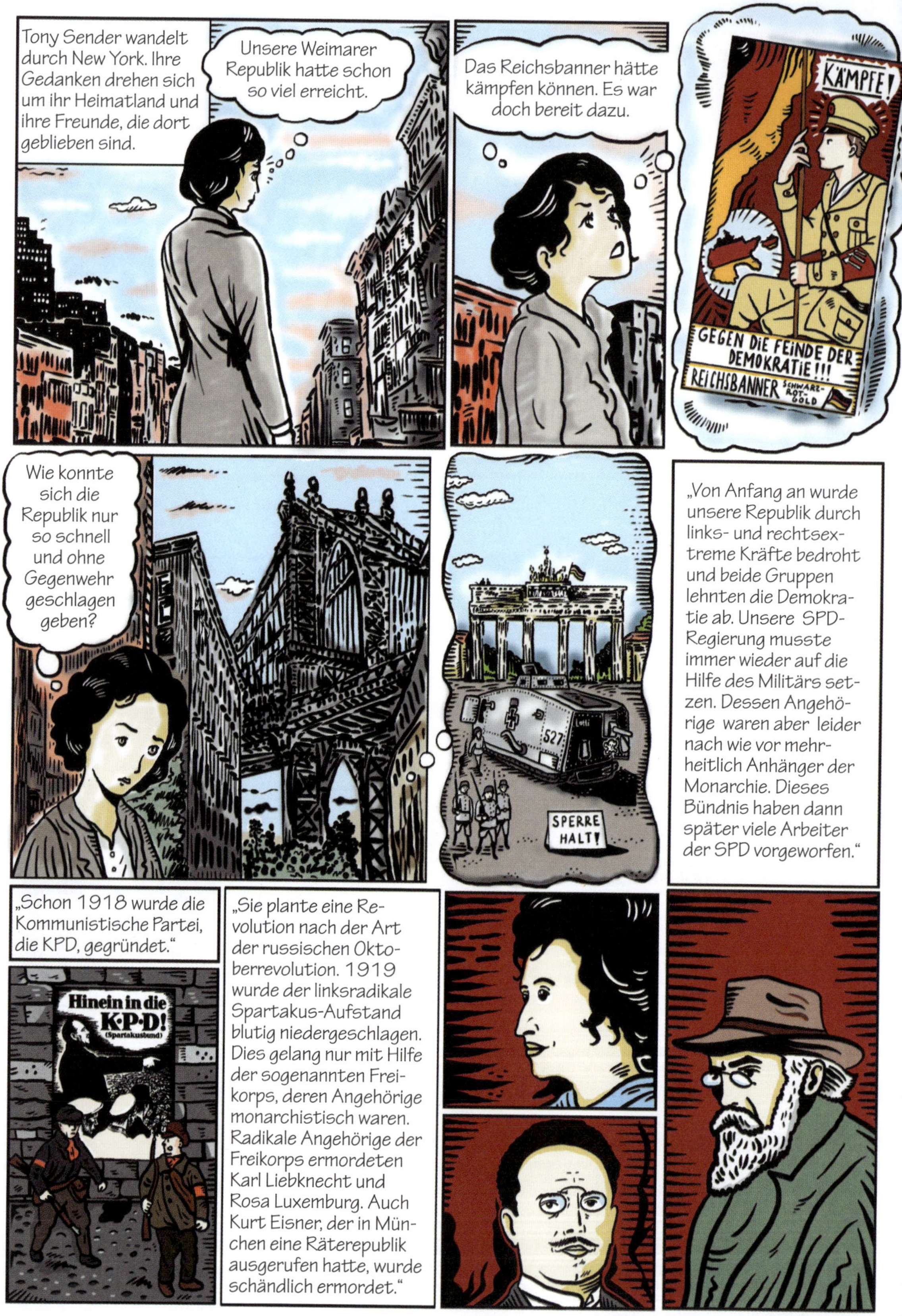
Tony Sender wandelt durch New York. Ihre Gedanken drehen sich um ihr Heimatland und ihre Freunde, die dort geblieben sind.
Unsere Weimarer Republik hatte schon so viel erreicht.
Das Reichsbanner hätte kämpfen können. Es war doch bereit dazu.
KÄMPFE!
GEGEN DIE FEINDE DER DEMOKRATIE!!!
REICHSBANNER SCHWARZ-ROT-GOLD
Wie konnte sich die Republik nur so schnell und ohne Gegenwehr geschlagen geben?
527
SPERRE HALT!
„Von Anfang an wurde unsere Republik durch links- und rechtsextreme Kräfte bedroht und beide Gruppen lehnten die Demokratie ab. Unsere SPD-Regierung musste immer wieder auf die Hilfe des Militärs setzen. Dessen Angehörige waren aber leider nach wie vor mehrheitlich Anhänger der Monarchie. Dieses Bündnis haben dann später viele Arbeiter der SPD vorgeworfen."
„Schon 1918 wurde die Kommunistische Partei, die KPD, gegründet."
Hinein in die K·P·D! (Spartakusbund)
„Sie plante eine Revolution nach der Art der russischen Oktoberrevolution. 1919 wurde der linksradikale Spartakus-Aufstand blutig niedergeschlagen. Dies gelang nur mit Hilfe der sogenannten Freikorps, deren Angehörige monarchistisch waren. Radikale Angehörige der Freikorps ermordeten Karl Liebknecht und Rosa Luxemburg. Auch Kurt Eisner, der in München eine Räterepublik ausgerufen hatte, wurde schändlich ermordet."

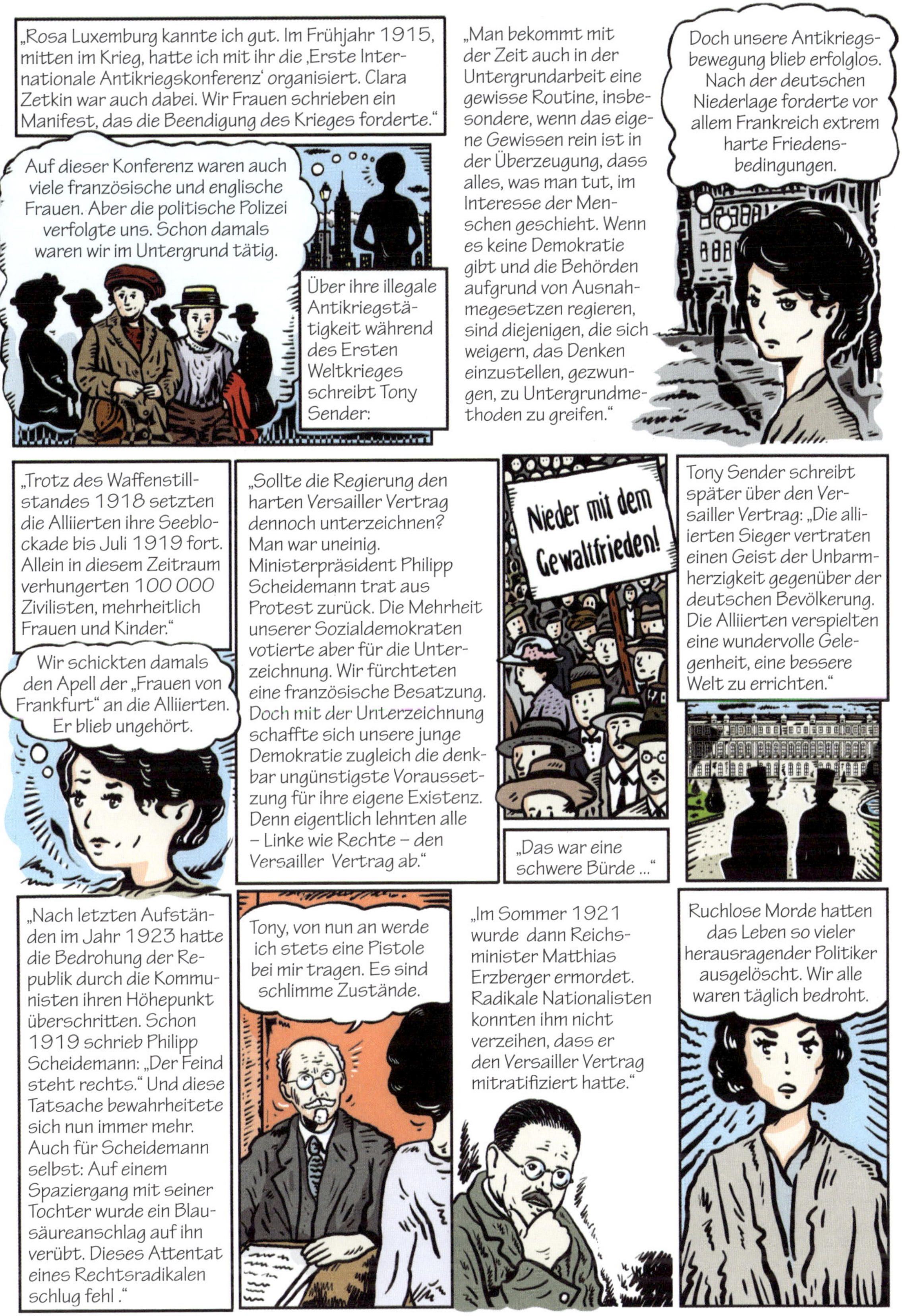
„Rosa Luxemburg kannte ich gut. Im Frühjahr 1915, mitten im Krieg, hatte ich mit ihr die ‚Erste Internationale Antikriegskonferenz' organisiert. Clara Zetkin war auch dabei. Wir Frauen schrieben ein Manifest, das die Beendigung des Krieges forderte."
Auf dieser Konferenz waren auch viele französische und englische Frauen. Aber die politische Polizei verfolgte uns. Schon damals waren wir im Untergrund tätig.
Über ihre illegale Antikriegstätigkeit während des Ersten Weltkrieges schreibt Tony Sender:
„Man bekommt mit der Zeit auch in der Untergrundarbeit eine gewisse Routine, insbesondere, wenn das eigene Gewissen rein ist in der Überzeugung, dass alles, was man tut, im Interesse der Menschen geschieht. Wenn es keine Demokratie gibt und die Behörden aufgrund von Ausnahmegesetzen regieren, sind diejenigen, die sich weigern, das Denken einzustellen, gezwungen, zu Untergrundmethoden zu greifen."
Doch unsere Antikriegsbewegung blieb erfolglos. Nach der deutschen Niederlage forderte vor allem Frankreich extrem harte Friedensbedingungen.
„Trotz des Waffenstillstandes 1918 setzten die Alliierten ihre Seeblockade bis Juli 1919 fort. Allein in diesem Zeitraum verhungerten 100 000 Zivilisten, mehrheitlich Frauen und Kinder."
Wir schickten damals den Apell der „Frauen von Frankfurt" an die Alliierten. Er blieb ungehört.
„Sollte die Regierung den harten Versailler Vertrag dennoch unterzeichnen? Man war uneinig. Ministerpräsident Philipp Scheidemann trat aus Protest zurück. Die Mehrheit unserer Sozialdemokraten votierte aber für die Unterzeichnung. Wir fürchteten eine französische Besatzung. Doch mit der Unterzeichnung schaffte sich unsere junge Demokratie zugleich die denkbar ungünstigste Voraussetzung für ihre eigene Existenz. Denn eigentlich lehnten alle – Linke wie Rechte – den Versailler Vertrag ab."
Nieder mit dem Gewaltfrieden!
„Das war eine schwere Bürde ..."
Tony Sender schreibt später über den Versailler Vertrag: „Die alliierten Sieger vertraten einen Geist der Unbarmherzigkeit gegenüber der deutschen Bevölkerung. Die Alliierten verspielten eine wundervolle Gelegenheit, eine bessere Welt zu errichten."
„Nach letzten Aufständen im Jahr 1923 hatte die Bedrohung der Republik durch die Kommunisten ihren Höhepunkt überschritten. Schon 1919 schrieb Philipp Scheidemann: „Der Feind steht rechts." Und diese Tatsache bewahrheitete sich nun immer mehr. Auch für Scheidemann selbst: Auf einem Spaziergang mit seiner Tochter wurde ein Blausäureanschlag auf ihn verübt. Dieses Attentat eines Rechtsradikalen schlug fehl."
Tony, von nun an werde ich stets eine Pistole bei mir tragen. Es sind schlimme Zustände.
„Im Sommer 1921 wurde dann Reichsminister Matthias Erzberger ermordet. Radikale Nationalisten konnten ihm nicht verzeihen, dass er den Versailler Vertrag mitratifiziert hatte."
Ruchlose Morde hatten das Leben so vieler herausragender Politiker ausgelöscht. Wir alle waren täglich bedroht.

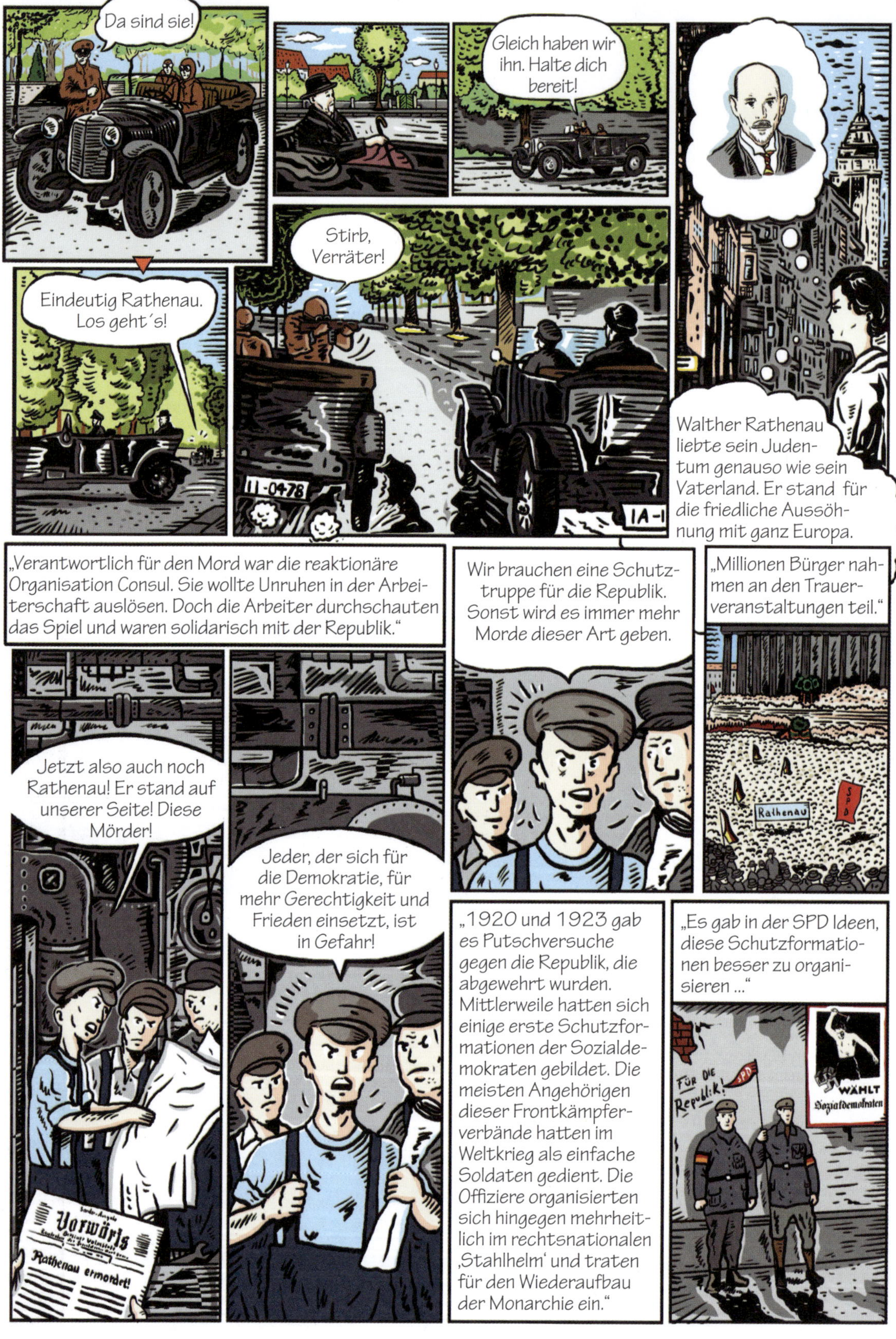
Da sind sie!
Gleich haben wir ihn. Halte dich bereit!
Eindeutig Rathenau. Los geht´s!
Stirb, Verräter!
II-0478
IA-I
Walther Rathenau liebte sein Judentum genauso wie sein Vaterland. Er stand für die friedliche Aussöhnung mit ganz Europa.
„Verantwortlich für den Mord war die reaktionäre Organisation Consul. Sie wollte Unruhen in der Arbeiterschaft auslösen. Doch die Arbeiter durchschauten das Spiel und waren solidarisch mit der Republik."
Wir brauchen eine Schutztruppe für die Republik. Sonst wird es immer mehr Morde dieser Art geben.
„Millionen Bürger nahmen an den Trauerveranstaltungen teil."
ZOO
Rathenau
SPD
Jetzt also auch noch Rathenau! Er stand auf unserer Seite! Diese Mörder!
Vorwärts
Rathenau ermordet!
Jeder, der sich für die Demokratie, für mehr Gerechtigkeit und Frieden einsetzt, ist in Gefahr!
„1920 und 1923 gab es Putschversuche gegen die Republik, die abgewehrt wurden. Mittlerweile hatten sich einige erste Schutzformationen der Sozialdemokraten gebildet. Die meisten Angehörigen dieser Frontkämpferverbände hatten im Weltkrieg als einfache Soldaten gedient. Die Offiziere organisierten sich hingegen mehrheitlich im rechtsnationalen ‚Stahlhelm' und traten für den Wiederaufbau der Monarchie ein."
„Es gab in der SPD Ideen, diese Schutzformationen besser zu organisieren ..."
Für die Republik!
SPD
WÄHLT Sozialdemokraten

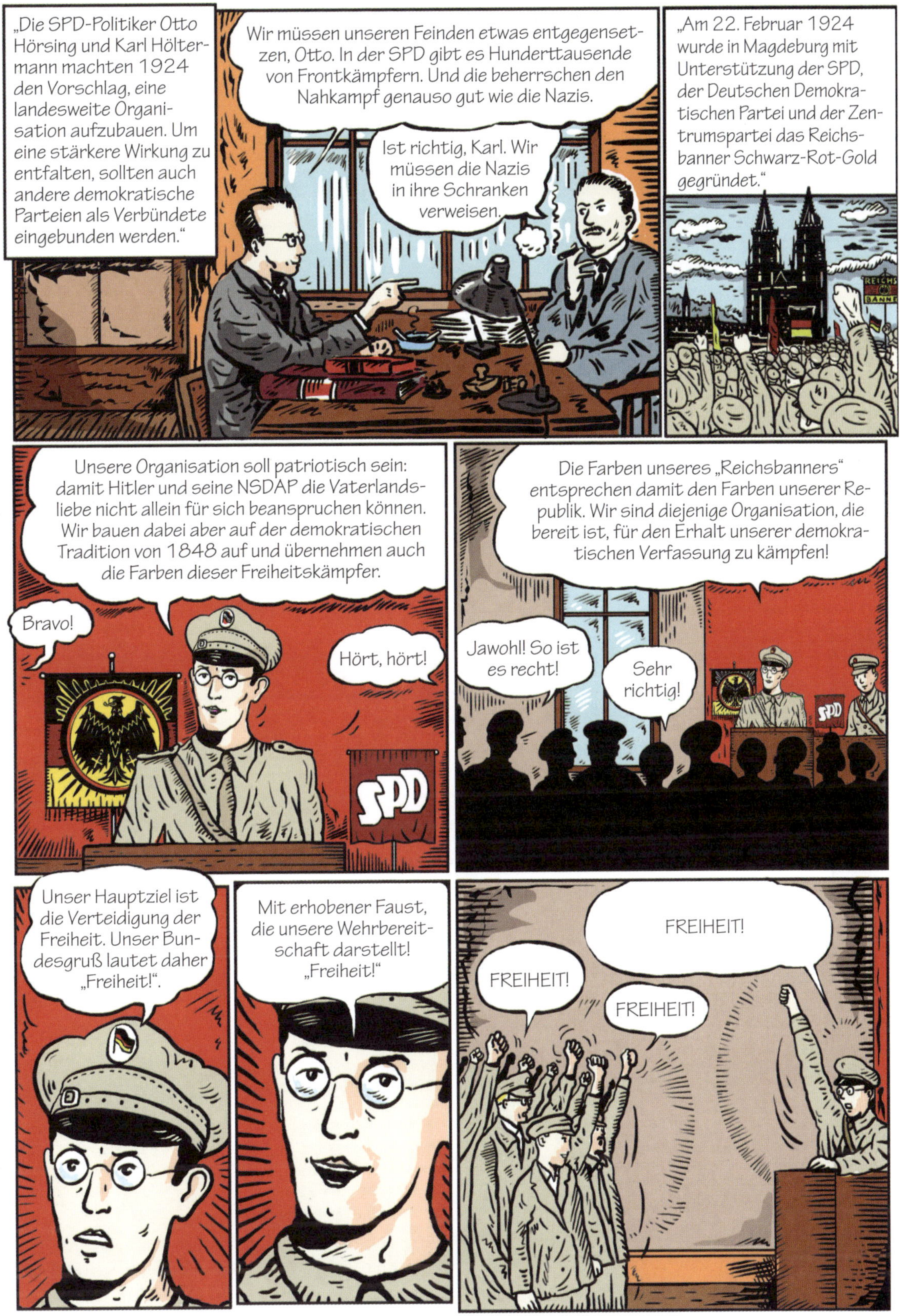
„Die SPD-Politiker Otto Hörsing und Karl Höltermann machten 1924 den Vorschlag, eine landesweite Organisation aufzubauen. Um eine stärkere Wirkung zu entfalten, sollten auch andere demokratische Parteien als Verbündete eingebunden werden."
Wir müssen unseren Feinden etwas entgegensetzen, Otto. In der SPD gibt es Hunderttausende von Frontkämpfern. Und die beherrschen den Nahkampf genauso gut wie die Nazis.
Ist richtig, Karl. Wir müssen die Nazis in ihre Schranken verweisen.
„Am 22. Februar 1924 wurde in Magdeburg mit Unterstützung der SPD, der Deutschen Demokratischen Partei und der Zentrumspartei das Reichsbanner Schwarz-Rot-Gold gegründet."
Unsere Organisation soll patriotisch sein: damit Hitler und seine NSDAP die Vaterlandsliebe nicht allein für sich beanspruchen können. Wir bauen dabei aber auf der demokratischen Tradition von 1848 auf und übernehmen auch die Farben dieser Freiheitskämpfer.
Bravo!
Hört, hört!
SPD
Die Farben unseres „Reichsbanners" entsprechen damit den Farben unserer Republik. Wir sind diejenige Organisation, die bereit ist, für den Erhalt unserer demokratischen Verfassung zu kämpfen!
Jawohl! So ist es recht!
Sehr richtig!
SPD
Unser Hauptziel ist die Verteidigung der Freiheit. Unser Bundesgruß lautet daher „Freiheit!".
Mit erhobener Faust, die unsere Wehrbereitschaft darstellt! „Freiheit!"
FREIHEIT!
FREIHEIT!
FREIHEIT!

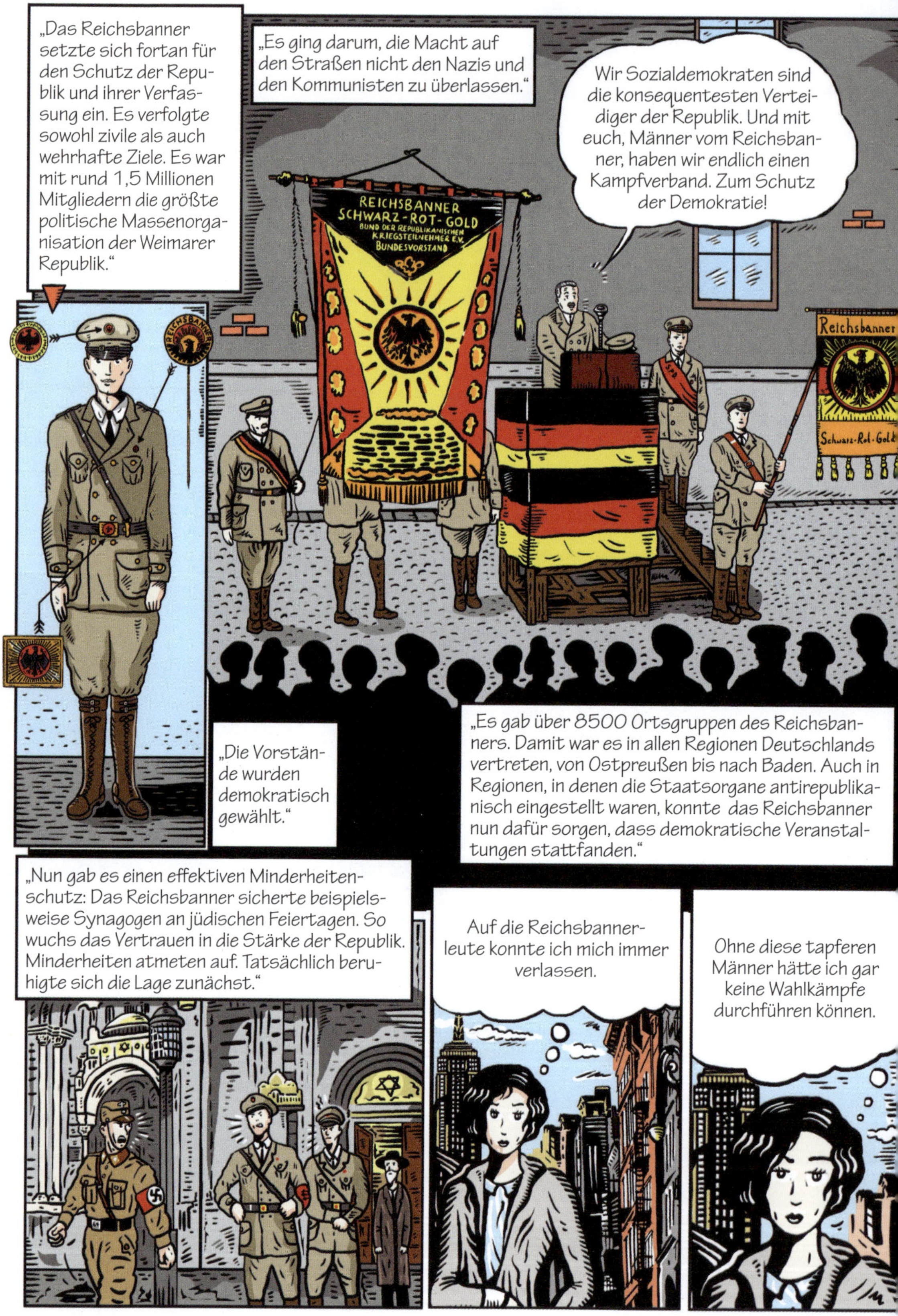
„Das Reichsbanner setzte sich fortan für den Schutz der Republik und ihrer Verfassung ein. Es verfolgte sowohl zivile als auch wehrhafte Ziele. Es war mit rund 1,5 Millionen Mitgliedern die größte politische Massenorganisation der Weimarer Republik."
„Es ging darum, die Macht auf den Straßen nicht den Nazis und den Kommunisten zu überlassen."
Wir Sozialdemokraten sind die konsequentesten Verteidiger der Republik. Und mit euch, Männer vom Reichsbanner, haben wir endlich einen Kampfverband. Zum Schutz der Demokratie!
REICHSBANNER SCHWARZ-ROT-GOLD BUND DER REPUBLIKANISCHEN KRIEGSTEILNEHMER E.V. BUNDESVORSTAND
Reichsbanner
Schwarz-Rot-Gold
„Die Vorstände wurden demokratisch gewählt."
„Es gab über 8500 Ortsgruppen des Reichsbanners. Damit war es in allen Regionen Deutschlands vertreten, von Ostpreußen bis nach Baden. Auch in Regionen, in denen die Staatsorgane antirepublikanisch eingestellt waren, konnte das Reichsbanner nun dafür sorgen, dass demokratische Veranstaltungen stattfanden."
„Nun gab es einen effektiven Minderheitenschutz: Das Reichsbanner sicherte beispielsweise Synagogen an jüdischen Feiertagen. So wuchs das Vertrauen in die Stärke der Republik. Minderheiten atmeten auf. Tatsächlich beruhigte sich die Lage zunächst."
Auf die Reichsbannerleute konnte ich mich immer verlassen.
Ohne diese tapferen Männer hätte ich gar keine Wahlkämpfe durchführen können.

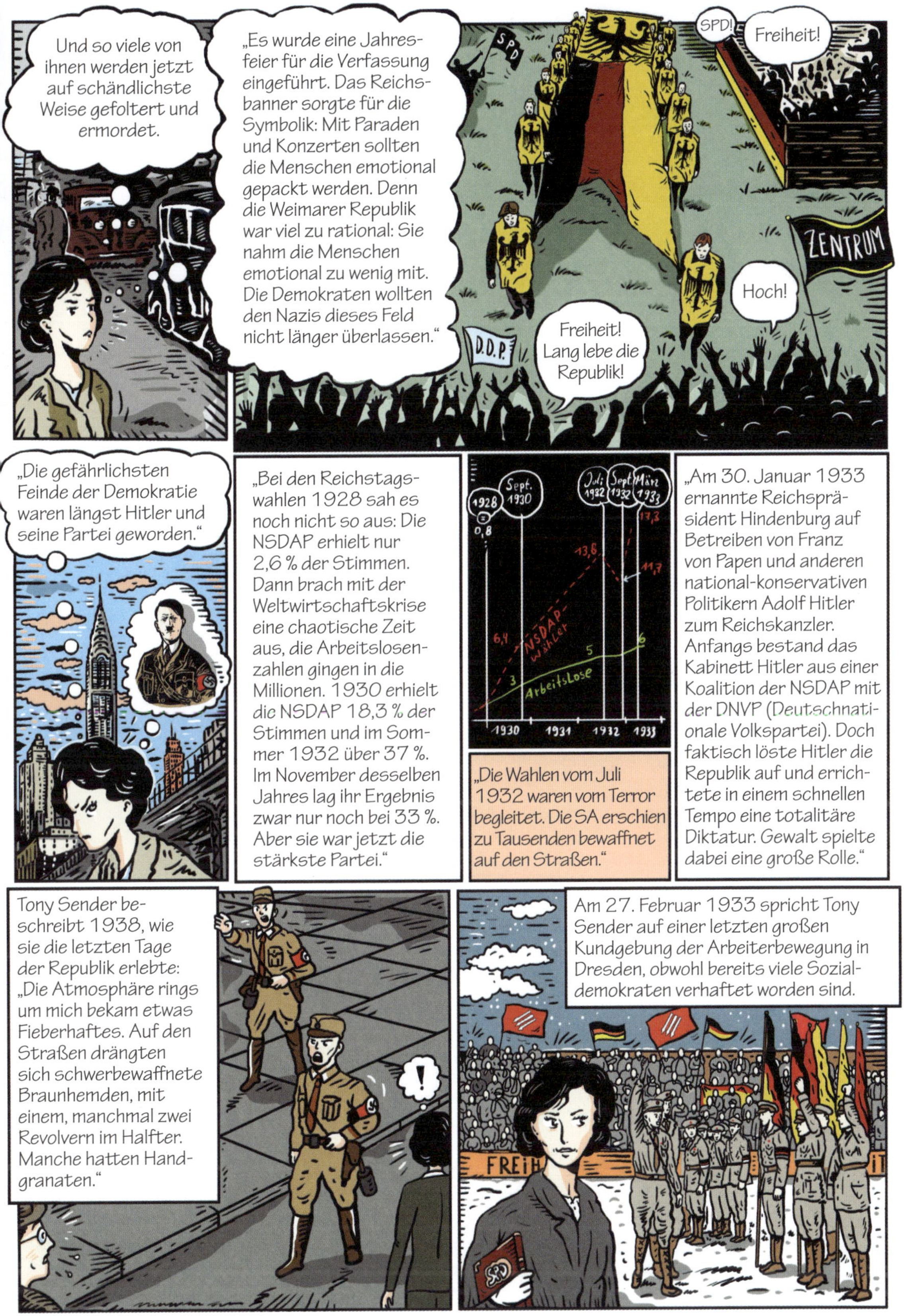
Und so viele von ihnen werden jetzt auf schändlichste Weise gefoltert und ermordet.
„Es wurde eine Jahresfeier für die Verfassung eingeführt. Das Reichsbanner sorgte für die Symbolik: Mit Paraden und Konzerten sollten die Menschen emotional gepackt werden. Denn die Weimarer Republik war viel zu rational: Sie nahm die Menschen emotional zu wenig mit. Die Demokraten wollten den Nazis dieses Feld nicht länger überlassen."
SPD
SPD!
Freiheit!
ZENTRUM
Hoch!
D.D.P.
Freiheit! Lang lebe die Republik!
„Die gefährlichsten Feinde der Demokratie waren längst Hitler und seine Partei geworden."
„Bei den Reichstagswahlen 1928 sah es noch nicht so aus: Die NSDAP erhielt nur 2,6 % der Stimmen. Dann brach mit der Weltwirtschaftskrise eine chaotische Zeit aus, die Arbeitslosenzahlen gingen in die Millionen. 1930 erhielt die NSDAP 18,3 % der Stimmen und im Sommer 1932 über 37 %. Im November desselben Jahres lag ihr Ergebnis zwar nur noch bei 33 %. Aber sie war jetzt die stärkste Partei."
1928
Sept. 1930
Juli 1932
Sept. 1932
März 1933
0,8
17,3
13,6
11,7
6,4
NSDAP-Wähler
6
5
3
Arbeitslose
1930
1931
1932
1933
„Die Wahlen vom Juli 1932 waren vom Terror begleitet. Die SA erschien zu Tausenden bewaffnet auf den Straßen."
„Am 30. Januar 1933 ernannte Reichspräsident Hindenburg auf Betreiben von Franz von Papen und anderen national-konservativen Politikern Adolf Hitler zum Reichskanzler. Anfangs bestand das Kabinett Hitler aus einer Koalition der NSDAP mit der DNVP (Deutschnationale Volkspartei). Doch faktisch löste Hitler die Republik auf und errichtete in einem schnellen Tempo eine totalitäre Diktatur. Gewalt spielte dabei eine große Rolle."
Tony Sender beschreibt 1938, wie sie die letzten Tage der Republik erlebte: „Die Atmosphäre rings um mich bekam etwas Fieberhaftes. Auf den Straßen drängten sich schwerbewaffnete Braunhemden, mit einem, manchmal zwei Revolvern im Halfter. Manche hatten Handgranaten."
!
Am 27. Februar 1933 spricht Tony Sender auf einer letzten großen Kundgebung der Arbeiterbewegung in Dresden, obwohl bereits viele Sozialdemokraten verhaftet worden sind.
FREIH
SPD

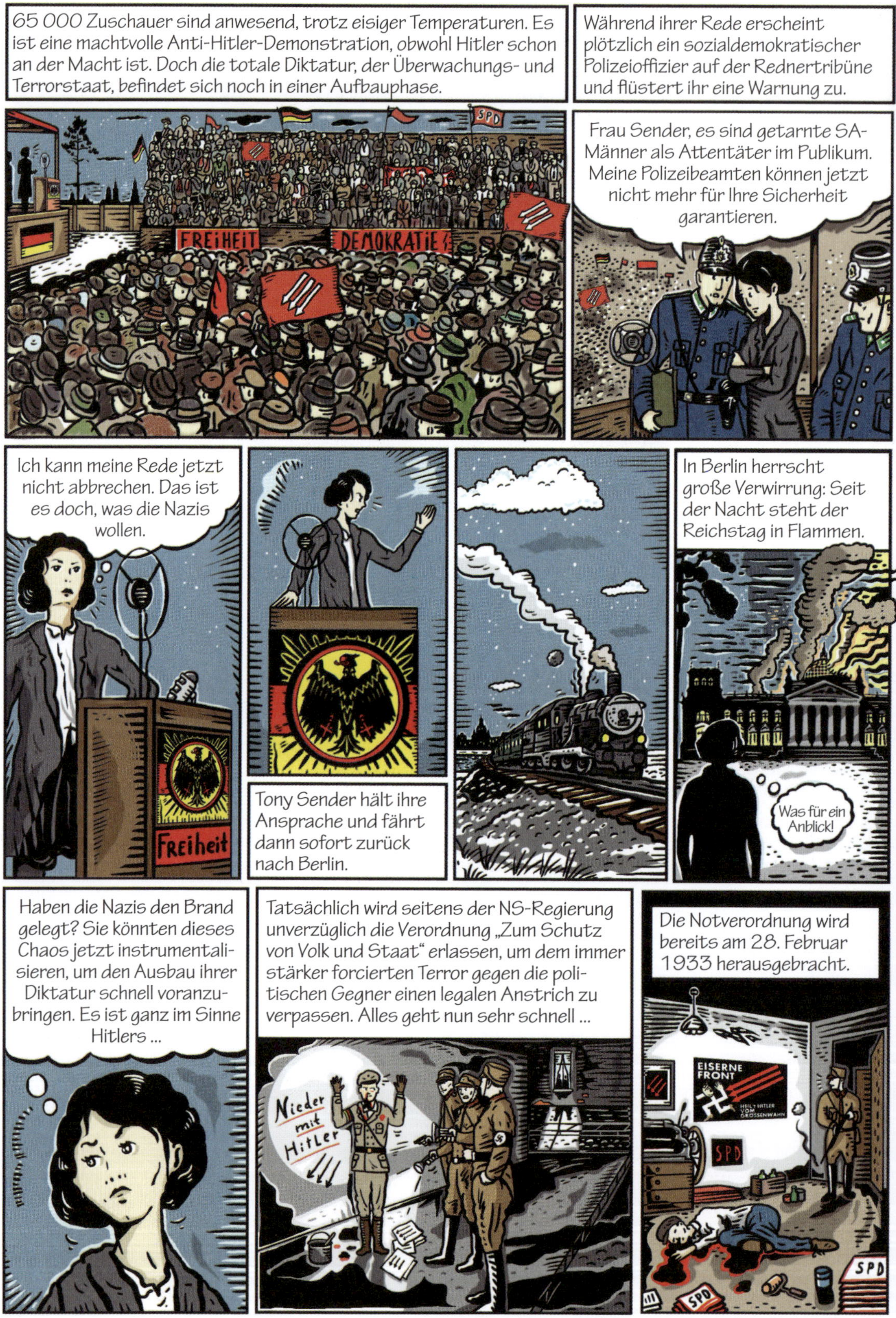
65 000 Zuschauer sind anwesend, trotz eisiger Temperaturen. Es ist eine machtvolle Anti-Hitler-Demonstration, obwohl Hitler schon an der Macht ist. Doch die totale Diktatur, der Überwachungs- und Terrorstaat, befindet sich noch in einer Aufbauphase.
SPD
FREIHEIT
DEMOKRATIE
Während ihrer Rede erscheint plötzlich ein sozialdemokratischer Polizeioffizier auf der Rednertribüne und flüstert ihr eine Warnung zu.
Frau Sender, es sind getarnte SA-Männer als Attentäter im Publikum. Meine Polizeibeamten können jetzt nicht mehr für Ihre Sicherheit garantieren.
Ich kann meine Rede jetzt nicht abbrechen. Das ist es doch, was die Nazis wollen.
Freiheit
Tony Sender hält ihre Ansprache und fährt dann sofort zurück nach Berlin.
In Berlin herrscht große Verwirrung: Seit der Nacht steht der Reichstag in Flammen.
Was für ein Anblick!
Haben die Nazis den Brand gelegt? Sie könnten dieses Chaos jetzt instrumentalisieren, um den Ausbau ihrer Diktatur schnell voranzubringen. Es ist ganz im Sinne Hitlers ...
Tatsächlich wird seitens der NS-Regierung unverzüglich die Verordnung „Zum Schutz von Volk und Staat“ erlassen, um dem immer stärker forcierten Terror gegen die politischen Gegner einen legalen Anstrich zu verpassen. Alles geht nun sehr schnell ...
Nieder mit Hitler
Die Notverordnung wird bereits am 28. Februar 1933 herausgebracht.
EISERNE FRONT
SPD
SPD
SPD

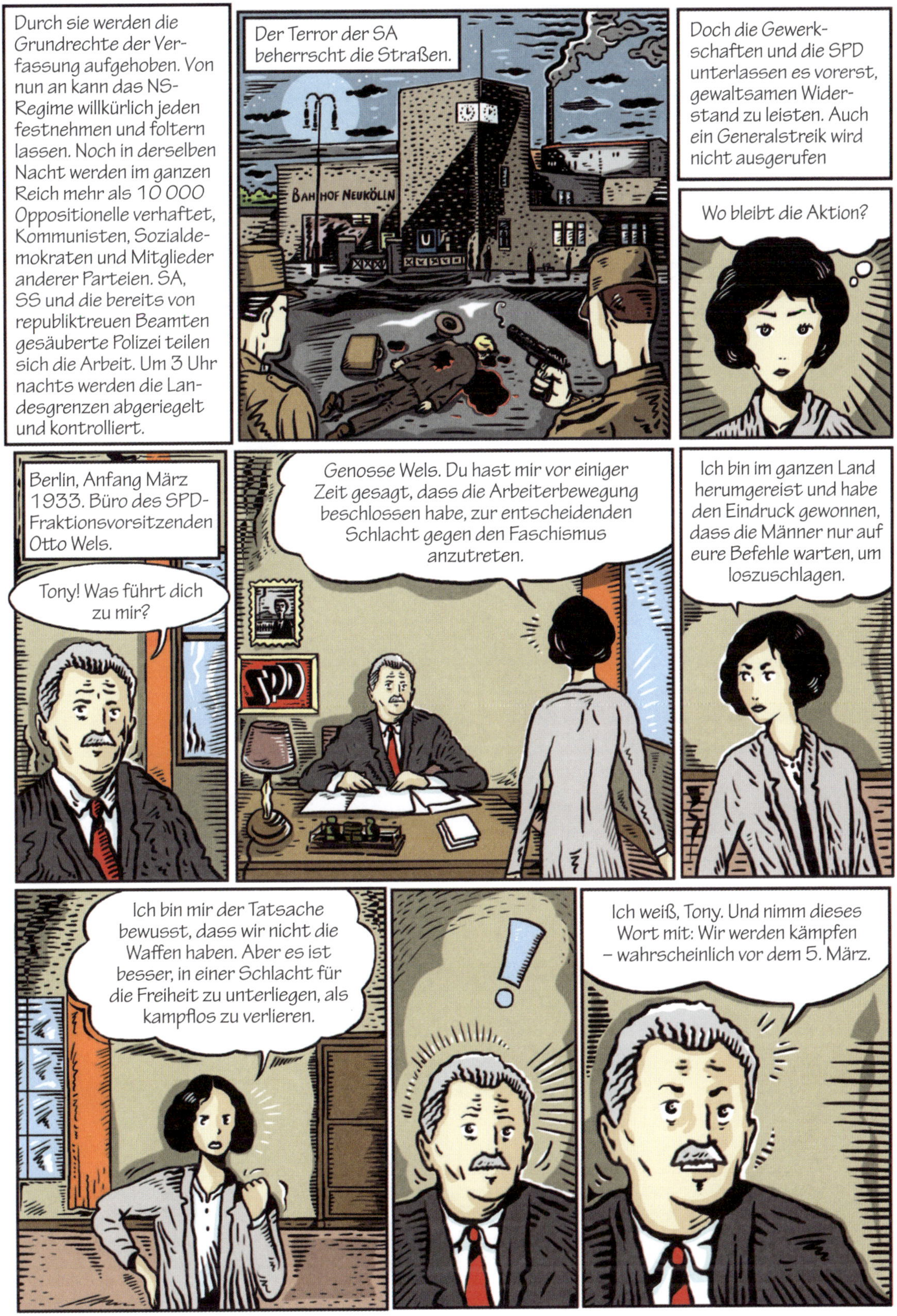

Durch sie werden die Grundrechte der Verfassung aufgehoben. Von nun an kann das NS-Regime willkürlich jeden festnehmen und foltern lassen. Noch in derselben Nacht werden im ganzen Reich mehr als 10 000 Oppositionelle verhaftet, Kommunisten, Sozialdemokraten und Mitglieder anderer Parteien. SA, SS und die bereits von republiktreuen Beamten gesäuberte Polizei teilen sich die Arbeit. Um 3 Uhr nachts werden die Landesgrenzen abgeriegelt und kontrolliert.
Der Terror der SA beherrscht die Straßen.
BAHNHOF NEUKÖLLN
Doch die Gewerkschaften und die SPD unterlassen es vorerst, gewaltsamen Widerstand zu leisten. Auch ein Generalstreik wird nicht ausgerufen
Wo bleibt die Aktion?
Berlin, Anfang März 1933. Büro des SPD-Fraktionsvorsitzenden Otto Wels.
Tony! Was führt dich zu mir?
Genosse Wels. Du hast mir vor einiger Zeit gesagt, dass die Arbeiterbewegung beschlossen habe, zur entscheidenden Schlacht gegen den Faschismus anzutreten.
SPD
Ich bin im ganzen Land herumgereist und habe den Eindruck gewonnen, dass die Männer nur auf eure Befehle warten, um loszuschlagen.
Ich bin mir der Tatsache bewusst, dass wir nicht die Waffen haben. Aber es ist besser, in einer Schlacht für die Freiheit zu unterliegen, als kampflos zu verlieren.
!
Ich weiß, Tony. Und nimm dieses Wort mit: Wir werden kämpfen – wahrscheinlich vor dem 5. März.

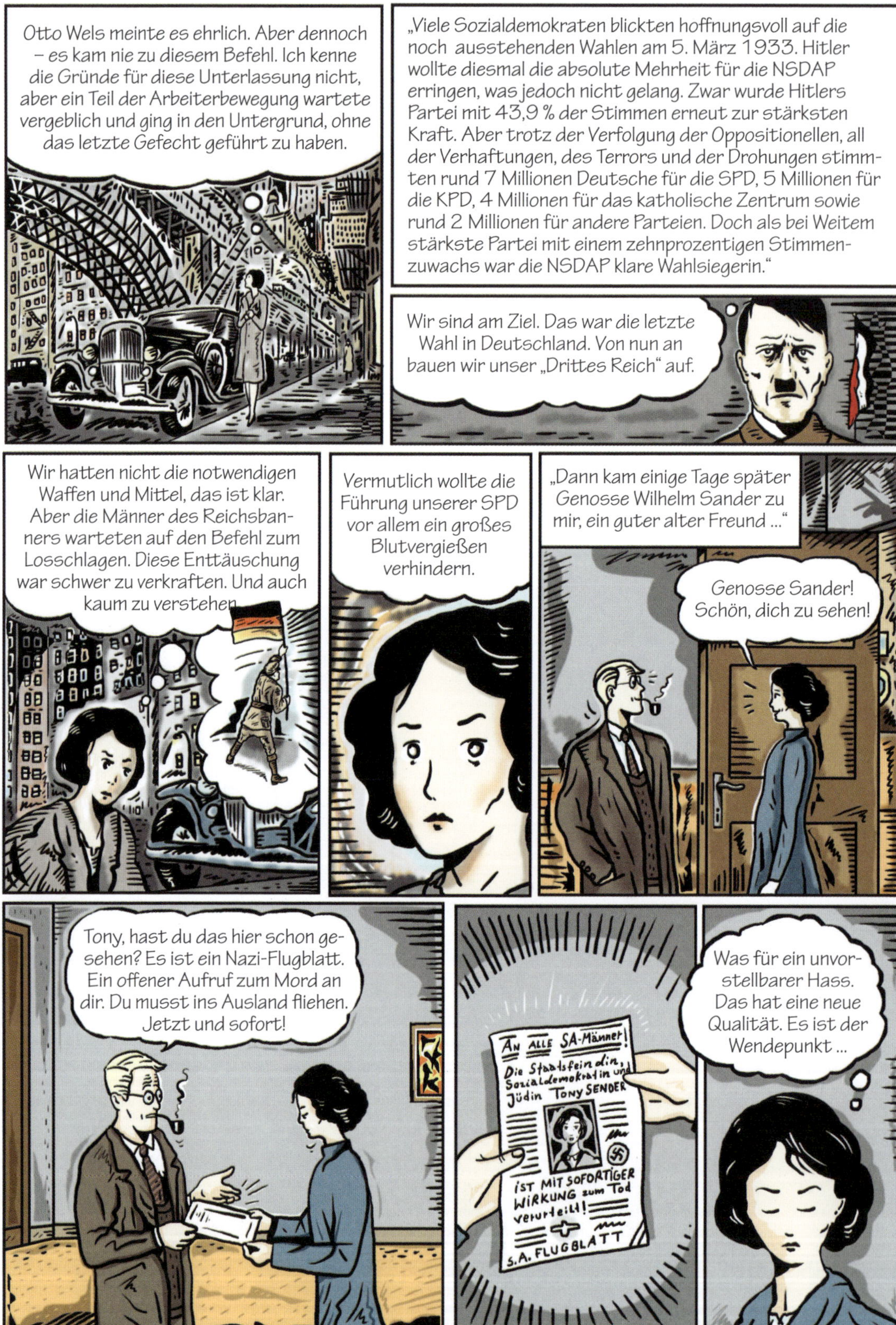
Otto Wels meinte es ehrlich. Aber dennoch – es kam nie zu diesem Befehl. Ich kenne die Gründe für diese Unterlassung nicht, aber ein Teil der Arbeiterbewegung wartete vergeblich und ging in den Untergrund, ohne das letzte Gefecht geführt zu haben.
„Viele Sozialdemokraten blickten hoffnungsvoll auf die noch ausstehenden Wahlen am 5. März 1933. Hitler wollte diesmal die absolute Mehrheit für die NSDAP erringen, was jedoch nicht gelang. Zwar wurde Hitlers Partei mit 43,9 % der Stimmen erneut zur stärksten Kraft. Aber trotz der Verfolgung der Oppositionellen, all der Verhaftungen, des Terrors und der Drohungen stimmten rund 7 Millionen Deutsche für die SPD, 5 Millionen für die KPD, 4 Millionen für das katholische Zentrum sowie rund 2 Millionen für andere Parteien. Doch als bei Weitem stärkste Partei mit einem zehnprozentigen Stimmenzuwachs war die NSDAP klare Wahlsiegerin."
Wir sind am Ziel. Das war die letzte Wahl in Deutschland. Von nun an bauen wir unser „Drittes Reich" auf.
Wir hatten nicht die notwendigen Waffen und Mittel, das ist klar. Aber die Männer des Reichsbanners warteten auf den Befehl zum Losschlagen. Diese Enttäuschung war schwer zu verkraften. Und auch kaum zu verstehen.
Vermutlich wollte die Führung unserer SPD vor allem ein großes Blutvergießen verhindern.
„Dann kam einige Tage später Genosse Wilhelm Sander zu mir, ein guter alter Freund ..."
Genosse Sander! Schön, dich zu sehen!
Tony, hast du das hier schon gesehen? Es ist ein Nazi-Flugblatt. Ein offener Aufruf zum Mord an dir. Du musst ins Ausland fliehen. Jetzt und sofort!
An alle SA-Männer!
Die Staatsfeindin, Sozialdemokratin und Jüdin Tony Sender
ist mit sofortiger Wirkung zum Tod verurteilt!
S.A. Flugblatt
Was für ein unvorstellbarer Hass. Das hat eine neue Qualität. Es ist der Wendepunkt ...

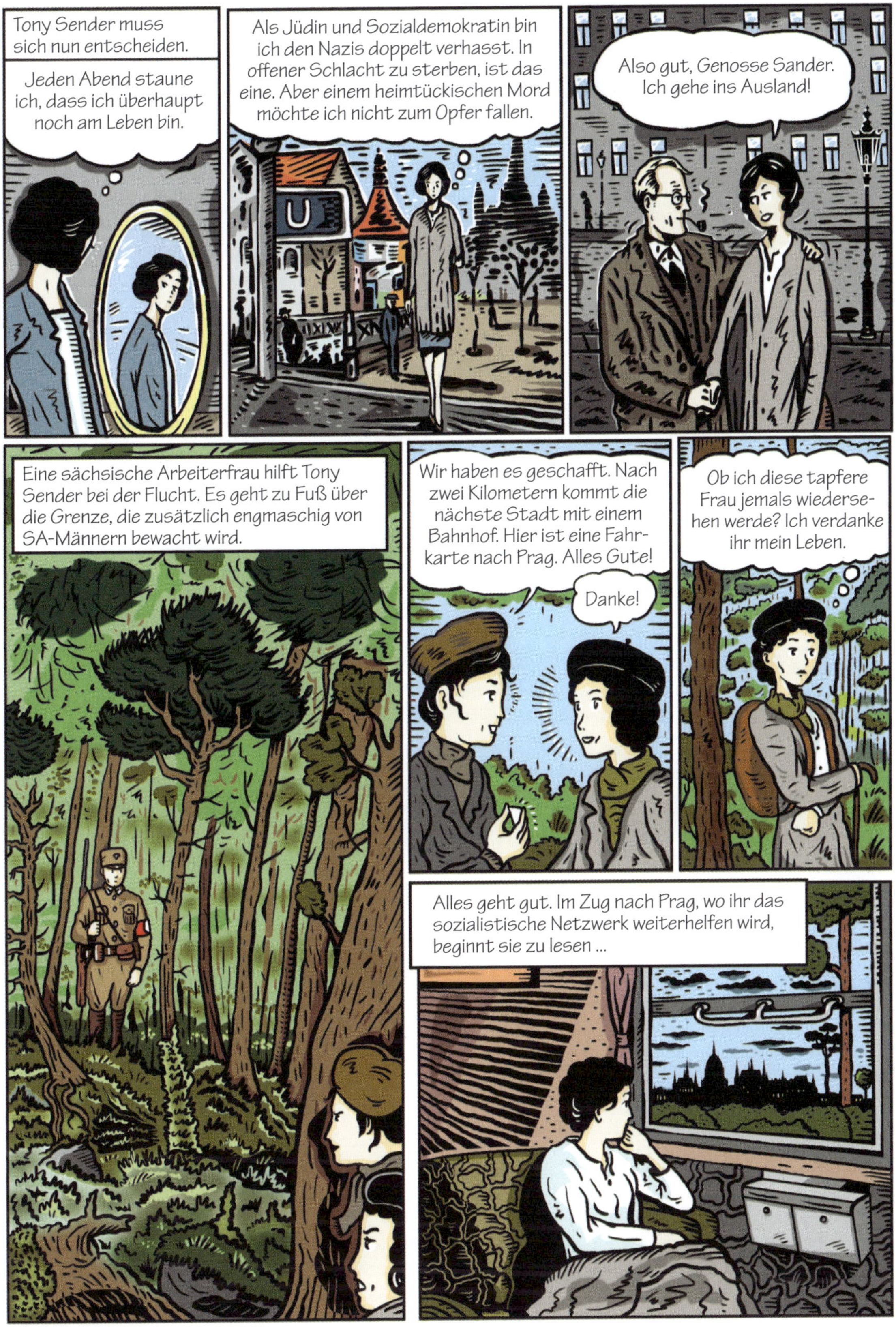
Tony Sender muss sich nun entscheiden.
Jeden Abend staune ich, dass ich überhaupt noch am Leben bin.
Als Jüdin und Sozialdemokratin bin ich den Nazis doppelt verhasst. In offener Schlacht zu sterben, ist das eine. Aber einem heimtückischen Mord möchte ich nicht zum Opfer fallen.
U
Also gut, Genosse Sander. Ich gehe ins Ausland!
Eine sächsische Arbeiterfrau hilft Tony Sender bei der Flucht. Es geht zu Fuß über die Grenze, die zusätzlich engmaschig von SA-Männern bewacht wird.
Wir haben es geschafft. Nach zwei Kilometern kommt die nächste Stadt mit einem Bahnhof. Hier ist eine Fahrkarte nach Prag. Alles Gute!
Danke!
Ob ich diese tapfere Frau jemals wiedersehen werde? Ich verdanke ihr mein Leben.
Alles geht gut. Im Zug nach Prag, wo ihr das sozialistische Netzwerk weiterhelfen wird, beginnt sie zu lesen ...

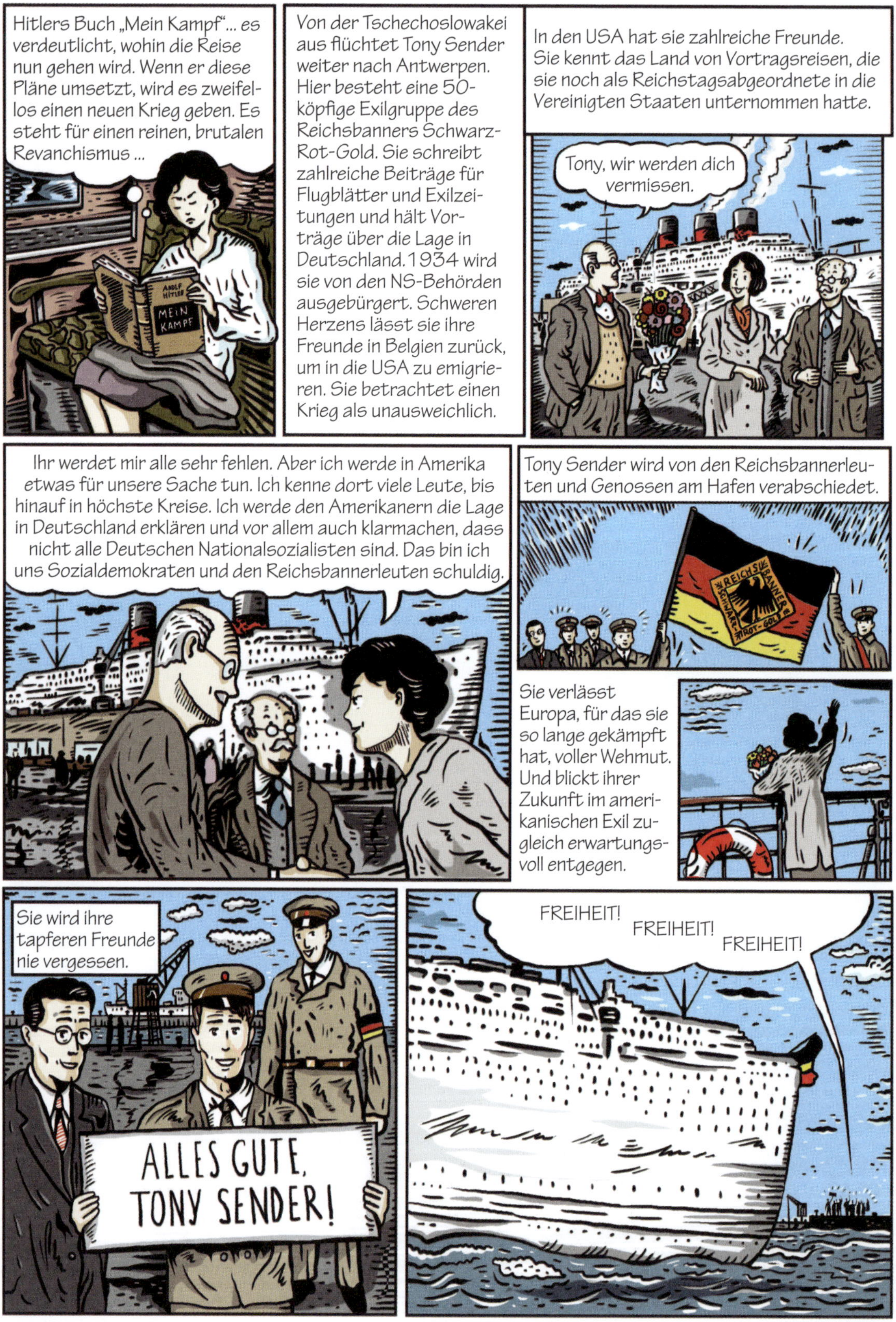
Hitlers Buch „Mein Kampf“... es verdeutlicht, wohin die Reise nun gehen wird. Wenn er diese Pläne umsetzt, wird es zweifellos einen neuen Krieg geben. Es steht für einen reinen, brutalen Revanchismus ...
ADOLF HITLER MEIN KAMPF
Von der Tschechoslowakei aus flüchtet Tony Sender weiter nach Antwerpen. Hier besteht eine 50-köpfige Exilgruppe des Reichsbanners Schwarz-Rot-Gold. Sie schreibt zahlreiche Beiträge für Flugblätter und Exilzeitungen und hält Vorträge über die Lage in Deutschland. 1934 wird sie von den NS-Behörden ausgebürgert. Schweren Herzens lässt sie ihre Freunde in Belgien zurück, um in die USA zu emigrieren. Sie betrachtet einen Krieg als unausweichlich.
In den USA hat sie zahlreiche Freunde. Sie kennt das Land von Vortragsreisen, die sie noch als Reichstagsabgeordnete in die Vereinigten Staaten unternommen hatte.
Tony, wir werden dich vermissen.
Ihr werdet mir alle sehr fehlen. Aber ich werde in Amerika etwas für unsere Sache tun. Ich kenne dort viele Leute, bis hinauf in höchste Kreise. Ich werde den Amerikanern die Lage in Deutschland erklären und vor allem auch klarmachen, dass nicht alle Deutschen Nationalsozialisten sind. Das bin ich uns Sozialdemokraten und den Reichsbannerleuten schuldig.
Tony Sender wird von den Reichsbannerleuten und Genossen am Hafen verabschiedet.
REICHSBANNER SCHWARZ-ROT-GOLD
Sie verlässt Europa, für das sie so lange gekämpft hat, voller Wehmut. Und blickt ihrer Zukunft im amerikanischen Exil zugleich erwartungsvoll entgegen.
Sie wird ihre tapferen Freunde nie vergessen.
ALLES GUTE, TONY SENDER!
FREIHEIT! FREIHEIT! FREIHEIT!

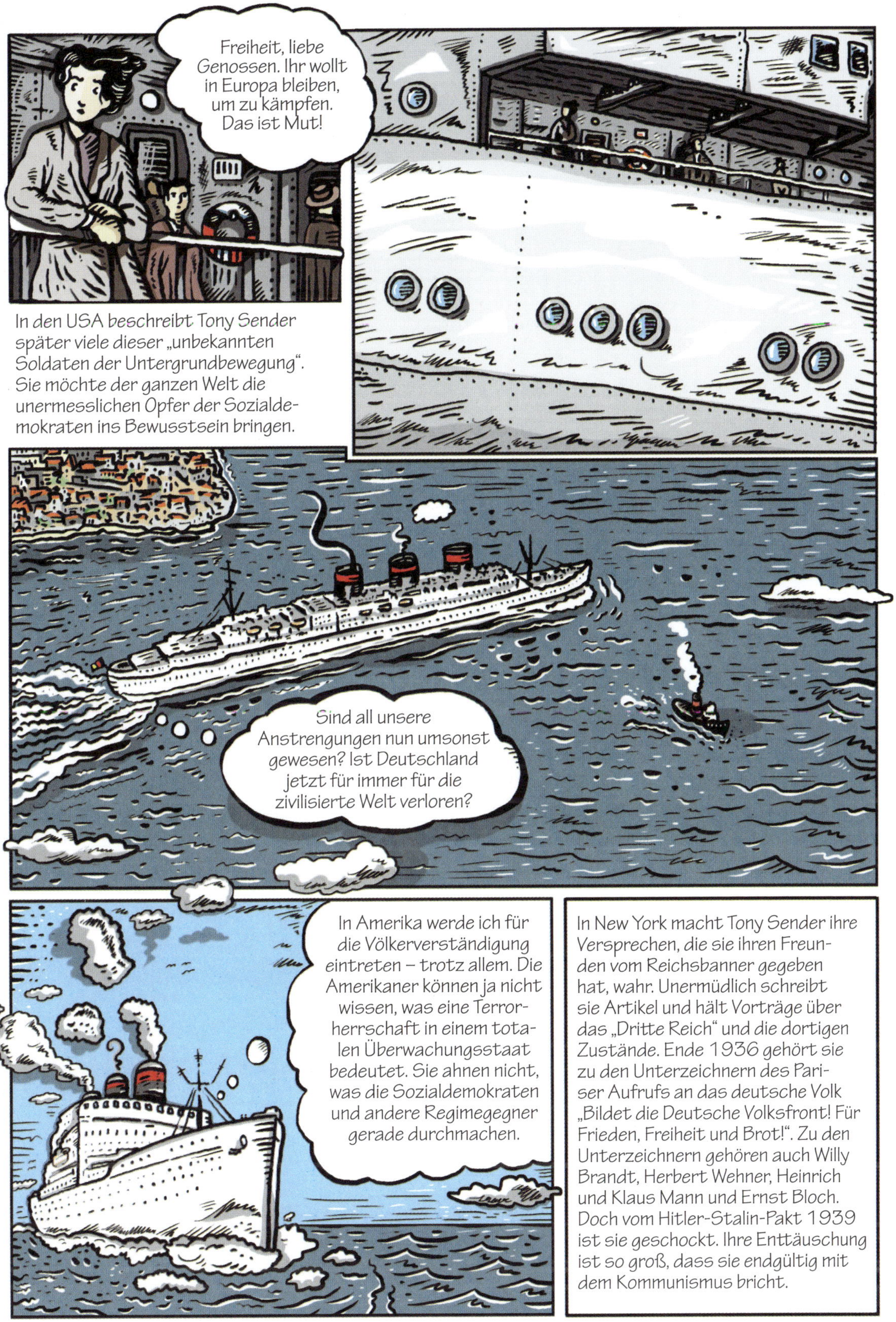

Freiheit, liebe Genossen. Ihr wollt in Europa bleiben, um zu kämpfen. Das ist Mut!
In den USA beschreibt Tony Sender später viele dieser „unbekannten Soldaten der Untergrundbewegung“. Sie möchte der ganzen Welt die unermesslichen Opfer der Sozialdemokraten ins Bewusstsein bringen.
Sind all unsere Anstrengungen nun umsonst gewesen? Ist Deutschland jetzt für immer für die zivilisierte Welt verloren?
In Amerika werde ich für die Völkerverständigung eintreten – trotz allem. Die Amerikaner können ja nicht wissen, was eine Terrorherrschaft in einem totalen Überwachungsstaat bedeutet. Sie ahnen nicht, was die Sozialdemokraten und andere Regimegegner gerade durchmachen.
In New York macht Tony Sender ihre Versprechen, die sie ihren Freunden vom Reichsbanner gegeben hat, wahr. Unermüdlich schreibt sie Artikel und hält Vorträge über das „Dritte Reich“ und die dortigen Zustände. Ende 1936 gehört sie zu den Unterzeichnern des Pariser Aufrufs an das deutsche Volk „Bildet die Deutsche Volksfront! Für Frieden, Freiheit und Brot!“. Zu den Unterzeichnern gehören auch Willy Brandt, Herbert Wehner, Heinrich und Klaus Mann und Ernst Bloch. Doch vom Hitler-Stalin-Pakt 1939 ist sie geschockt. Ihre Enttäuschung ist so groß, dass sie endgültig mit dem Kommunismus bricht.

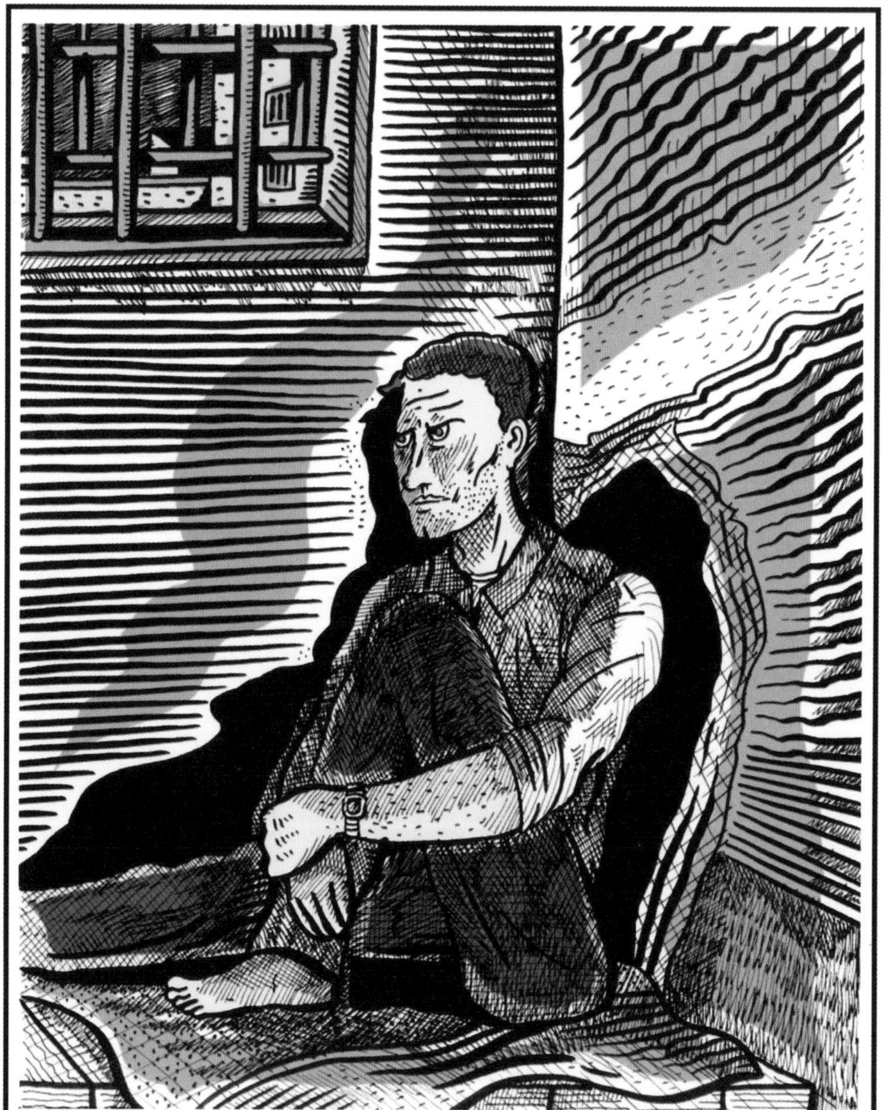

Erstes Kapitel
Theodor Haubach

„Ich bin gelähmt und müde und weiß doch, dass dies erst der Anfang aller Schrecken ist."

Theodor Haubach in einem Brief
an Viktor und Erika Bausch, 13.12.1943

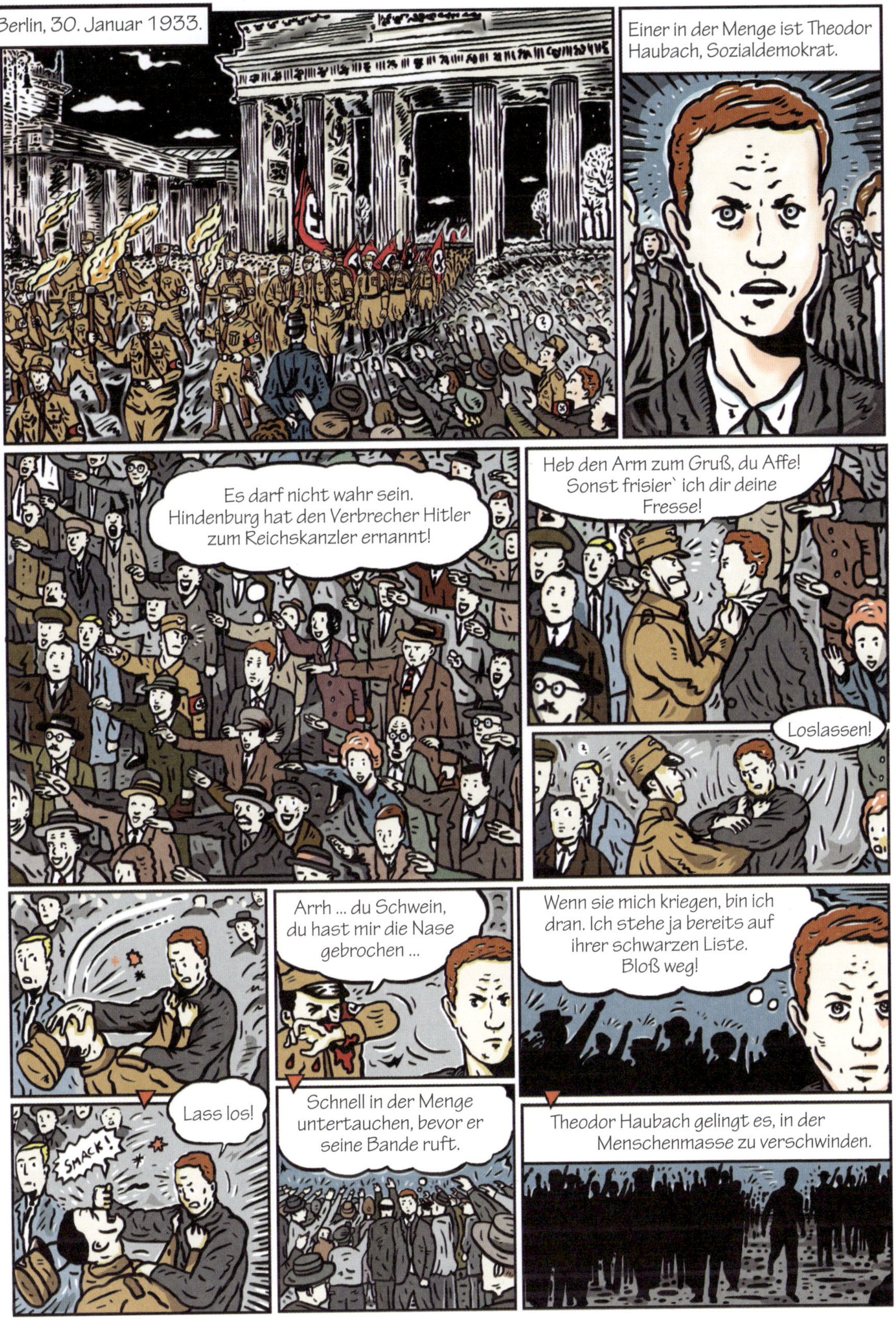
Berlin, 30. Januar 1933.
Einer in der Menge ist Theodor Haubach, Sozialdemokrat.
Es darf nicht wahr sein. Hindenburg hat den Verbrecher Hitler zum Reichskanzler ernannt!
Heb den Arm zum Gruß, du Affe! Sonst frisier` ich dir deine Fresse!
Loslassen!
Lass los!
SMACK!
Arrh ... du Schwein, du hast mir die Nase gebrochen ...
Schnell in der Menge untertauchen, bevor er seine Bande ruft.
Wenn sie mich kriegen, bin ich dran. Ich stehe ja bereits auf ihrer schwarzen Liste. Bloß weg!
Theodor Haubach gelingt es, in der Menschenmasse zu verschwinden.

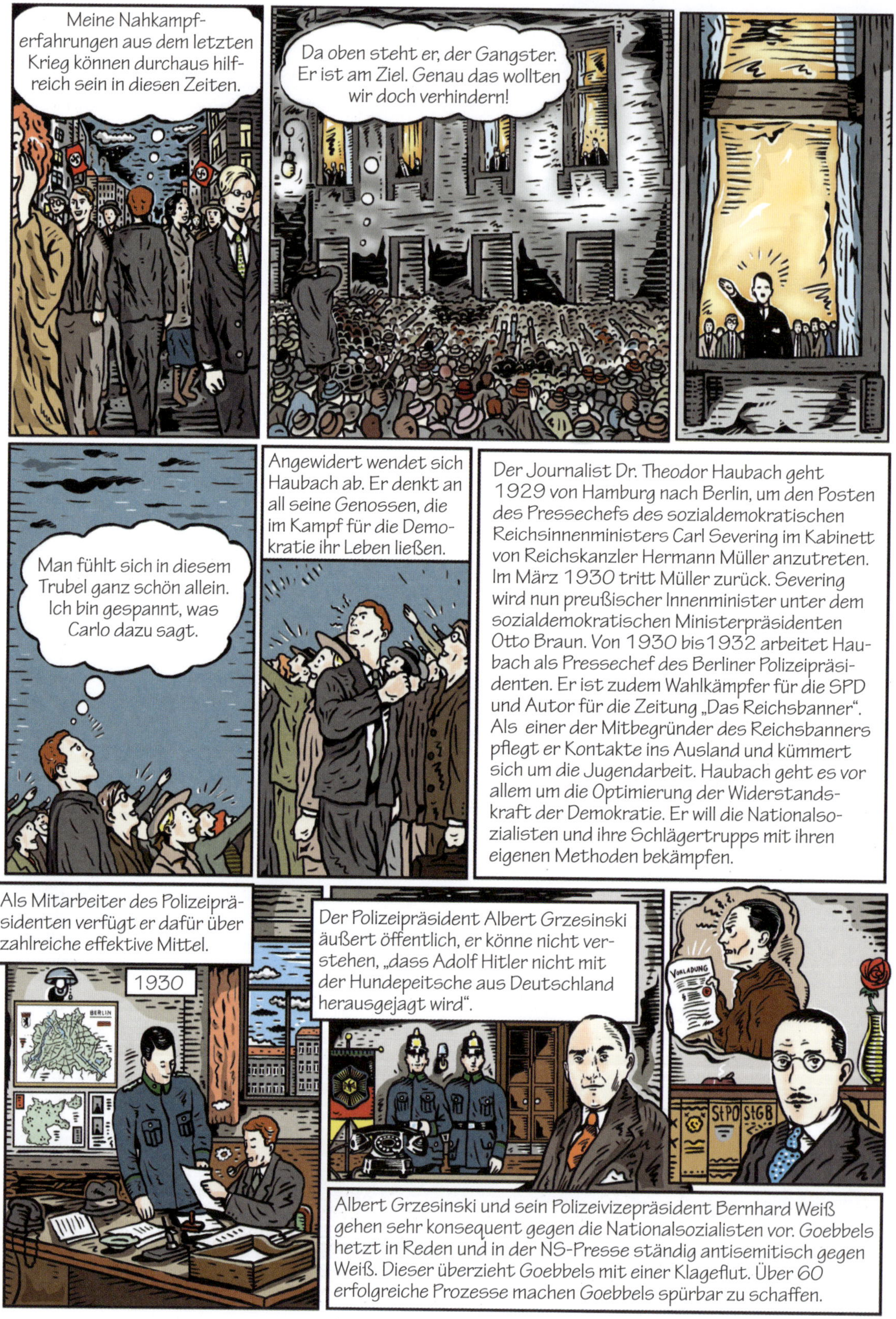

Meine Nahkampferfahrungen aus dem letzten Krieg können durchaus hilfreich sein in diesen Zeiten.
Da oben steht er, der Gangster. Er ist am Ziel. Genau das wollten wir doch verhindern!
Man fühlt sich in diesem Trubel ganz schön allein. Ich bin gespannt, was Carlo dazu sagt.
Angewidert wendet sich Haubach ab. Er denkt an all seine Genossen, die im Kampf für die Demokratie ihr Leben ließen.
Der Journalist Dr. Theodor Haubach geht 1929 von Hamburg nach Berlin, um den Posten des Pressechefs des sozialdemokratischen Reichsinnenministers Carl Severing im Kabinett von Reichskanzler Hermann Müller anzutreten. Im März 1930 tritt Müller zurück. Severing wird nun preußischer Innenminister unter dem sozialdemokratischen Ministerpräsidenten Otto Braun. Von 1930 bis1932 arbeitet Haubach als Pressechef des Berliner Polizeipräsidenten. Er ist zudem Wahlkämpfer für die SPD und Autor für die Zeitung „Das Reichsbanner". Als einer der Mitbegründer des Reichsbanners pflegt er Kontakte ins Ausland und kümmert sich um die Jugendarbeit. Haubach geht es vor allem um die Optimierung der Widerstandskraft der Demokratie. Er will die Nationalsozialisten und ihre Schlägertrupps mit ihren eigenen Methoden bekämpfen.
Als Mitarbeiter des Polizeipräsidenten verfügt er dafür über zahlreiche effektive Mittel.
1930
Der Polizeipräsident Albert Grzesinski äußert öffentlich, er könne nicht verstehen, „dass Adolf Hitler nicht mit der Hundepeitsche aus Deutschland herausgejagt wird".
VORLADUNG
StPO
StGB
Albert Grzesinski und sein Polizeivizepräsident Bernhard Weiß gehen sehr konsequent gegen die Nationalsozialisten vor. Goebbels hetzt in Reden und in der NS-Presse ständig antisemitisch gegen Weiß. Dieser überzieht Goebbels mit einer Klageflut. Über 60 erfolgreiche Prozesse machen Goebbels spürbar zu schaffen.

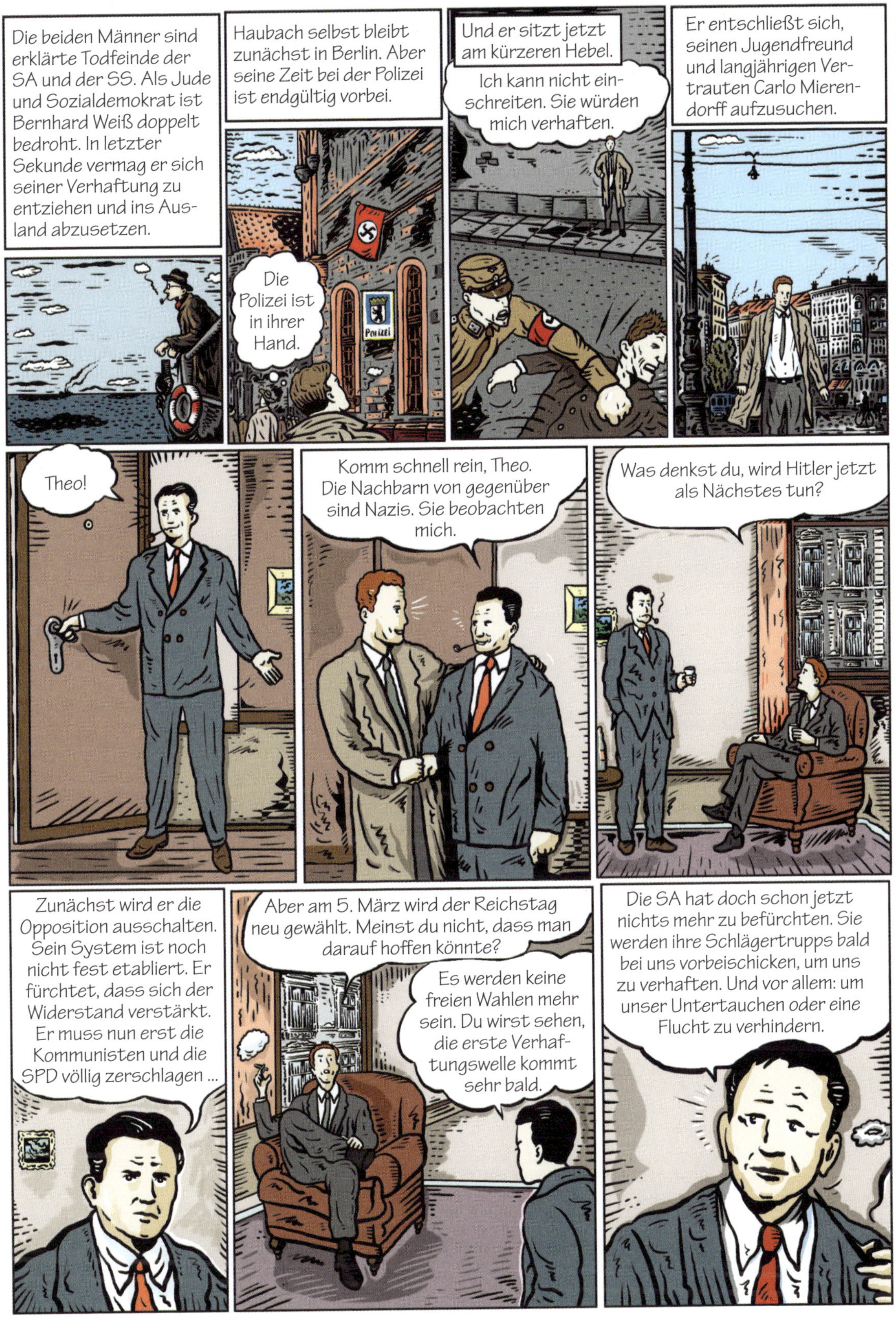

Die beiden Männer sind erklärte Todfeinde der SA und der SS. Als Jude und Sozialdemokrat ist Bernhard Weiß doppelt bedroht. In letzter Sekunde vermag er sich seiner Verhaftung zu entziehen und ins Ausland abzusetzen.
Haubach selbst bleibt zunächst in Berlin. Aber seine Zeit bei der Polizei ist endgültig vorbei.
Die Polizei ist in ihrer Hand.
Polizei
Und er sitzt jetzt am kürzeren Hebel.
Ich kann nicht einschreiten. Sie würden mich verhaften.
Er entschließt sich, seinen Jugendfreund und langjährigen Vertrauten Carlo Mierendorff aufzusuchen.
Theo!
Komm schnell rein, Theo. Die Nachbarn von gegenüber sind Nazis. Sie beobachten mich.
Was denkst du, wird Hitler jetzt als Nächstes tun?
Zunächst wird er die Opposition ausschalten. Sein System ist noch nicht fest etabliert. Er fürchtet, dass sich der Widerstand verstärkt. Er muss nun erst die Kommunisten und die SPD völlig zerschlagen ...
Aber am 5. März wird der Reichstag neu gewählt. Meinst du nicht, dass man darauf hoffen könnte?
Es werden keine freien Wahlen mehr sein. Du wirst sehen, die erste Verhaftungswelle kommt sehr bald.
Die SA hat doch schon jetzt nichts mehr zu befürchten. Sie werden ihre Schlägertrupps bald bei uns vorbeischicken, um uns zu verhaften. Und vor allem: um unser Untertauchen oder eine Flucht zu verhindern.

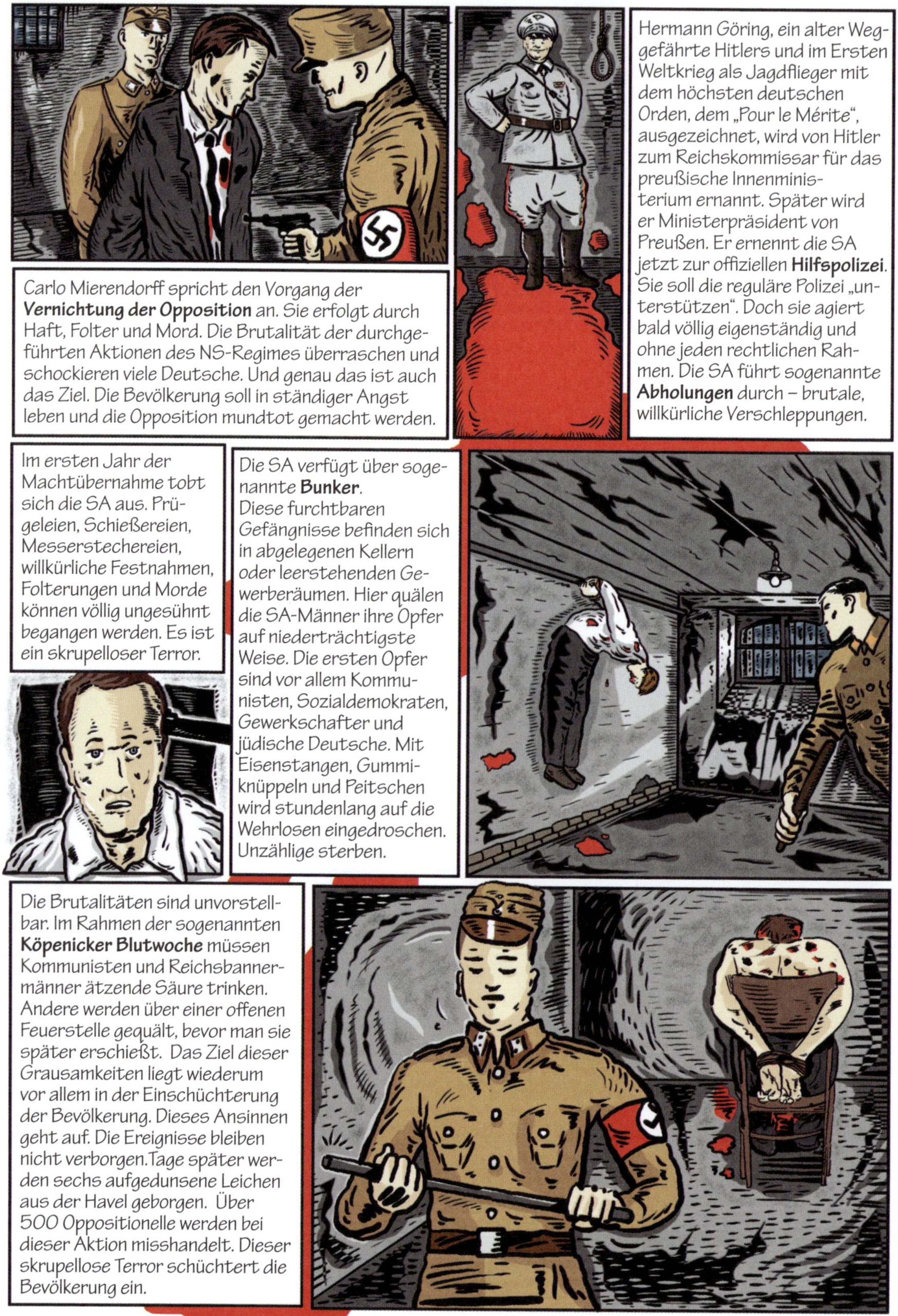
Carlo Mierendorff spricht den Vorgang der **Vernichtung der Opposition** an. Sie erfolgt durch Haft, Folter und Mord. Die Brutalität der durchgeführten Aktionen des NS-Regimes überraschen und schockieren viele Deutsche. Und genau das ist auch das Ziel. Die Bevölkerung soll in ständiger Angst leben und die Opposition mundtot gemacht werden.
Hermann Göring, ein alter Weggefährte Hitlers und im Ersten Weltkrieg als Jagdflieger mit dem höchsten deutschen Orden, dem „Pour le Mérite“, ausgezeichnet, wird von Hitler zum Reichskommissar für das preußische Innenministerium ernannt. Später wird er Ministerpräsident von Preußen. Er ernennt die SA jetzt zur offiziellen **Hilfspolizei**. Sie soll die reguläre Polizei „unterstützen“. Doch sie agiert bald völlig eigenständig und ohne jeden rechtlichen Rahmen. Die SA führt sogenannte **Abholungen** durch – brutale, willkürliche Verschleppungen.
Im ersten Jahr der Machtübernahme tobt sich die SA aus. Prügeleien, Schießereien, Messerstechereien, willkürliche Festnahmen, Folterungen und Morde können völlig ungesühnt begangen werden. Es ist ein skrupelloser Terror.
Die SA verfügt über sogenannte **Bunker**.
Diese furchtbaren Gefängnisse befinden sich in abgelegenen Kellern oder leerstehenden Gewerberäumen. Hier quälen die SA-Männer ihre Opfer auf niederträchtigste Weise. Die ersten Opfer sind vor allem Kommunisten, Sozialdemokraten, Gewerkschafter und jüdische Deutsche. Mit Eisenstangen, Gummiknüppeln und Peitschen wird stundenlang auf die Wehrlosen eingedroschen. Unzählige sterben.
Die Brutalitäten sind unvorstellbar. Im Rahmen der sogenannten **Köpenicker Blutwoche** müssen Kommunisten und Reichsbannermänner ätzende Säure trinken. Andere werden über einer offenen Feuerstelle gequält, bevor man sie später erschießt. Das Ziel dieser Grausamkeiten liegt wiederum vor allem in der Einschüchterung der Bevölkerung. Dieses Ansinnen geht auf. Die Ereignisse bleiben nicht verborgen. Tage später werden sechs aufgedunsene Leichen aus der Havel geborgen. Über 500 Oppositionelle werden bei dieser Aktion misshandelt. Dieser skrupellose Terror schüchtert die Bevölkerung ein.

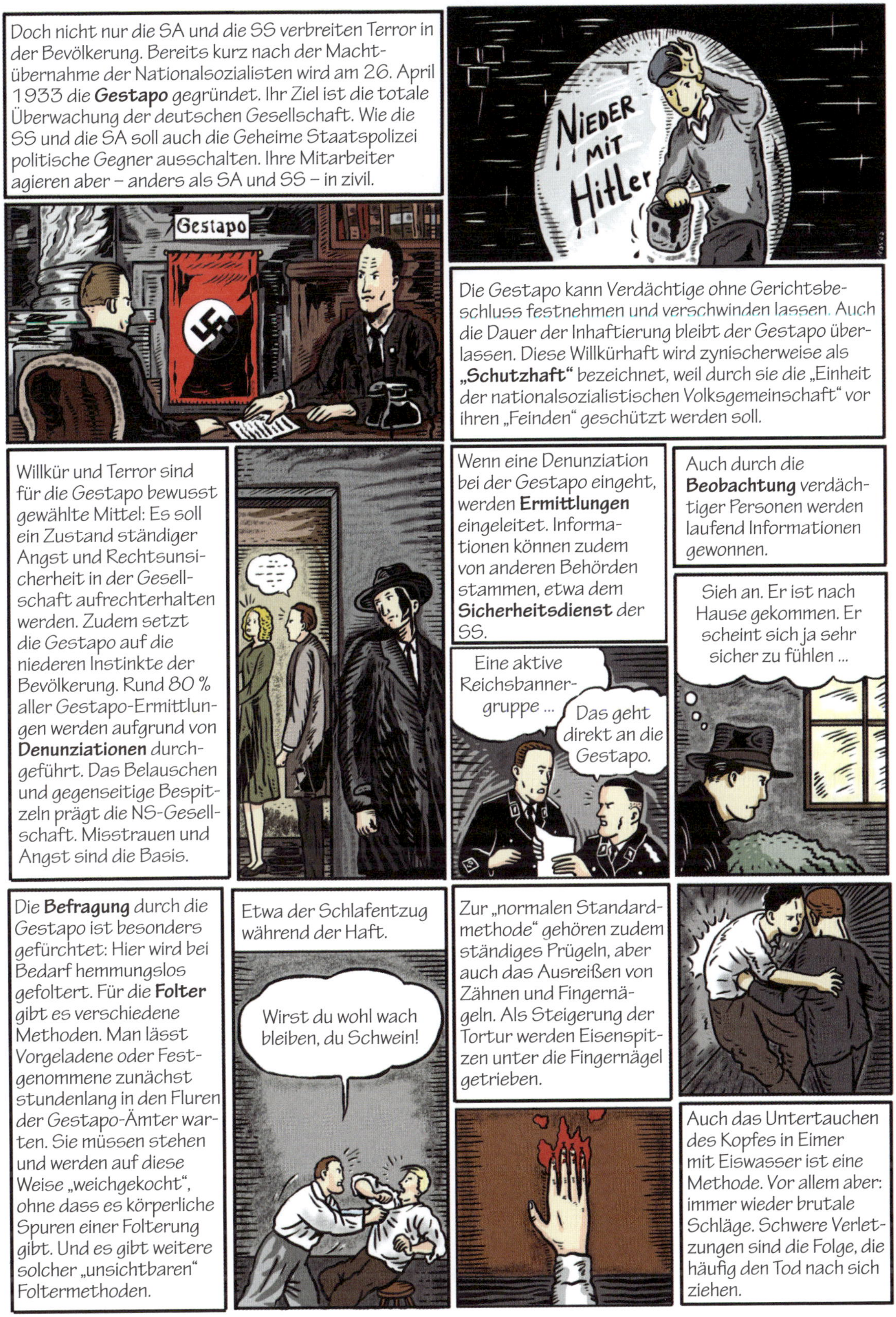
Doch nicht nur die SA und die SS verbreiten Terror in der Bevölkerung. Bereits kurz nach der Machtübernahme der Nationalsozialisten wird am 26. April 1933 die **Gestapo** gegründet. Ihr Ziel ist die totale Überwachung der deutschen Gesellschaft. Wie die SS und die SA soll auch die Geheime Staatspolizei politische Gegner ausschalten. Ihre Mitarbeiter agieren aber – anders als SA und SS – in zivil.
NIEDER MIT HitLer
Gestapo
Die Gestapo kann Verdächtige ohne Gerichtsbeschluss festnehmen und verschwinden lassen. Auch die Dauer der Inhaftierung bleibt der Gestapo überlassen. Diese Willkürhaft wird zynischerweise als **„Schutzhaft“** bezeichnet, weil durch sie die „Einheit der nationalsozialistischen Volksgemeinschaft“ vor ihren „Feinden“ geschützt werden soll.
Willkür und Terror sind für die Gestapo bewusst gewählte Mittel: Es soll ein Zustand ständiger Angst und Rechtsunsicherheit in der Gesellschaft aufrechterhalten werden. Zudem setzt die Gestapo auf die niederen Instinkte der Bevölkerung. Rund 80 % aller Gestapo-Ermittlungen werden aufgrund von **Denunziationen** durchgeführt. Das Belauschen und gegenseitige Bespitzeln prägt die NS-Gesellschaft. Misstrauen und Angst sind die Basis.
Wenn eine Denunziation bei der Gestapo eingeht, werden **Ermittlungen** eingeleitet. Informationen können zudem von anderen Behörden stammen, etwa dem **Sicherheitsdienst** der SS.
Eine aktive Reichsbannergruppe ...
Das geht direkt an die Gestapo.
Auch durch die **Beobachtung** verdächtiger Personen werden laufend Informationen gewonnen.
Sieh an. Er ist nach Hause gekommen. Er scheint sich ja sehr sicher zu fühlen ...
Die **Befragung** durch die Gestapo ist besonders gefürchtet: Hier wird bei Bedarf hemmungslos gefoltert. Für die **Folter** gibt es verschiedene Methoden. Man lässt Vorgeladene oder Festgenommene zunächst stundenlang in den Fluren der Gestapo-Ämter warten. Sie müssen stehen und werden auf diese Weise „weichgekocht“, ohne dass es körperliche Spuren einer Folterung gibt. Und es gibt weitere solcher „unsichtbaren“ Foltermethoden.
Etwa der Schlafentzug während der Haft.
Wirst du wohl wach bleiben, du Schwein!
Zur „normalen Standardmethode“ gehören zudem ständiges Prügeln, aber auch das Ausreißen von Zähnen und Fingernägeln. Als Steigerung der Tortur werden Eisenspitzen unter die Fingernägel getrieben.
Auch das Untertauchen des Kopfes in Eimer mit Eiswasser ist eine Methode. Vor allem aber: immer wieder brutale Schläge. Schwere Verletzungen sind die Folge, die häufig den Tod nach sich ziehen.

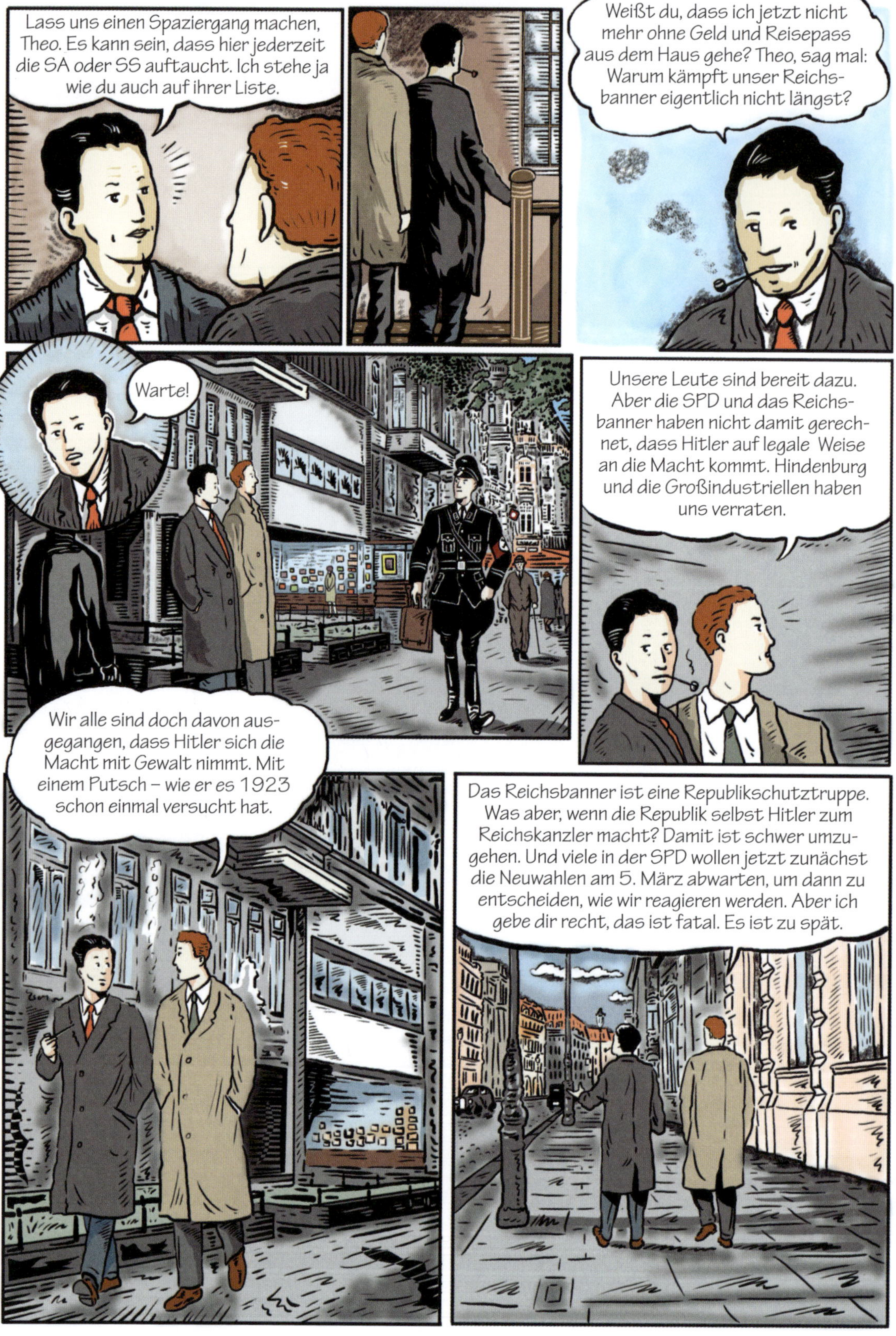
Lass uns einen Spaziergang machen, Theo. Es kann sein, dass hier jederzeit die SA oder SS auftaucht. Ich stehe ja wie du auch auf ihrer Liste.
Weißt du, dass ich jetzt nicht mehr ohne Geld und Reisepass aus dem Haus gehe? Theo, sag mal: Warum kämpft unser Reichsbanner eigentlich nicht längst?
Warte!
Unsere Leute sind bereit dazu. Aber die SPD und das Reichsbanner haben nicht damit gerechnet, dass Hitler auf legale Weise an die Macht kommt. Hindenburg und die Großindustriellen haben uns verraten.
Wir alle sind doch davon ausgegangen, dass Hitler sich die Macht mit Gewalt nimmt. Mit einem Putsch – wie er es 1923 schon einmal versucht hat.
Das Reichsbanner ist eine Republikschutztruppe. Was aber, wenn die Republik selbst Hitler zum Reichskanzler macht? Damit ist schwer umzugehen. Und viele in der SPD wollen jetzt zunächst die Neuwahlen am 5. März abwarten, um dann zu entscheiden, wie wir reagieren werden. Aber ich gebe dir recht, das ist fatal. Es ist zu spät.

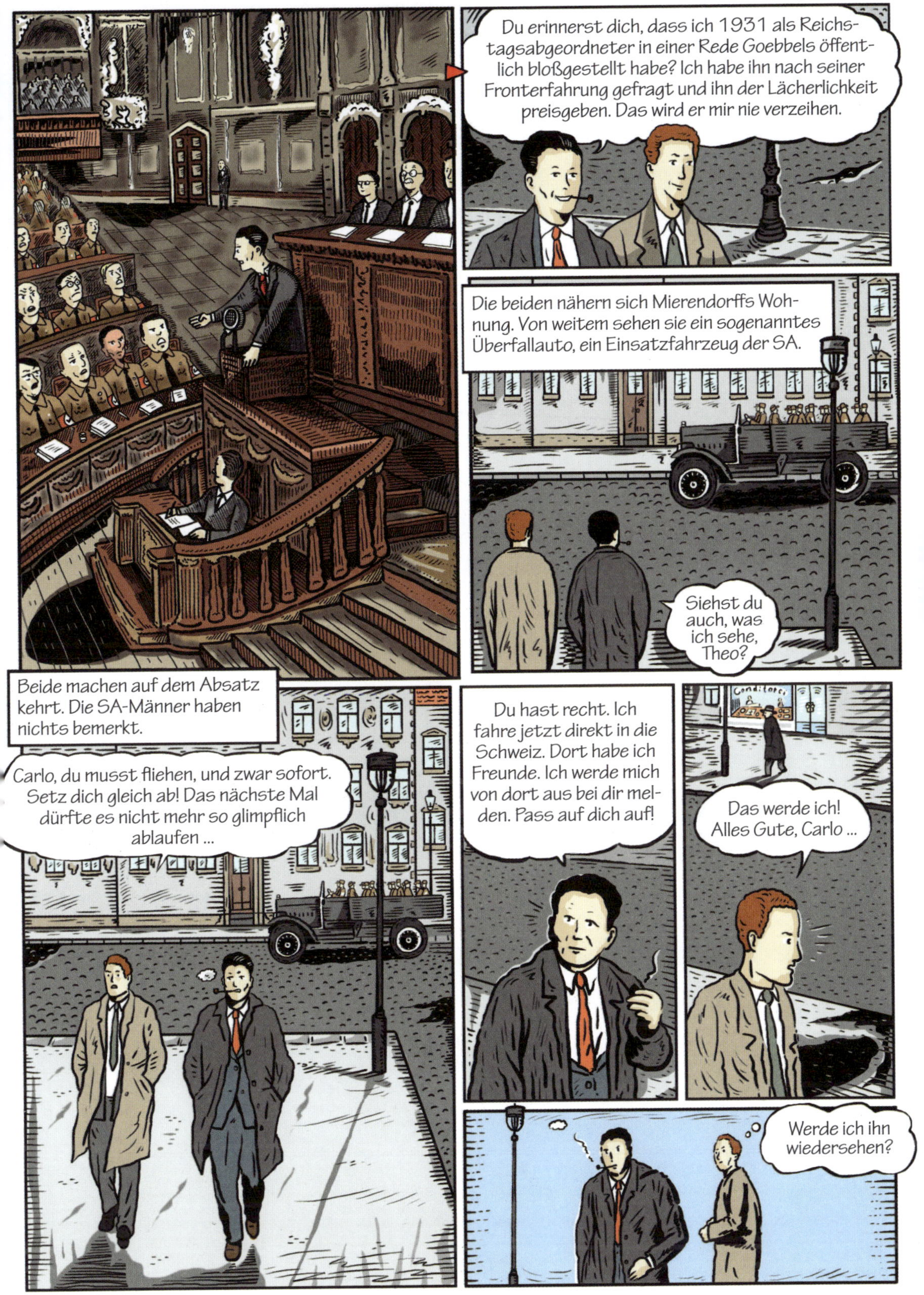
Du erinnerst dich, dass ich 1931 als Reichstagsabgeordneter in einer Rede Goebbels öffentlich bloßgestellt habe? Ich habe ihn nach seiner Fronterfahrung gefragt und ihn der Lächerlichkeit preisgeben. Das wird er mir nie verzeihen.
Die beiden nähern sich Mierendorffs Wohnung. Von weitem sehen sie ein sogenanntes Überfallauto, ein Einsatzfahrzeug der SA.
Siehst du auch, was ich sehe, Theo?
Beide machen auf dem Absatz kehrt. Die SA-Männer haben nichts bemerkt.
Carlo, du musst fliehen, und zwar sofort. Setz dich gleich ab! Das nächste Mal dürfte es nicht mehr so glimpflich ablaufen ...
Du hast recht. Ich fahre jetzt direkt in die Schweiz. Dort habe ich Freunde. Ich werde mich von dort aus bei dir melden. Pass auf dich auf!
Das werde ich! Alles Gute, Carlo ...
Werde ich ihn wiedersehen?

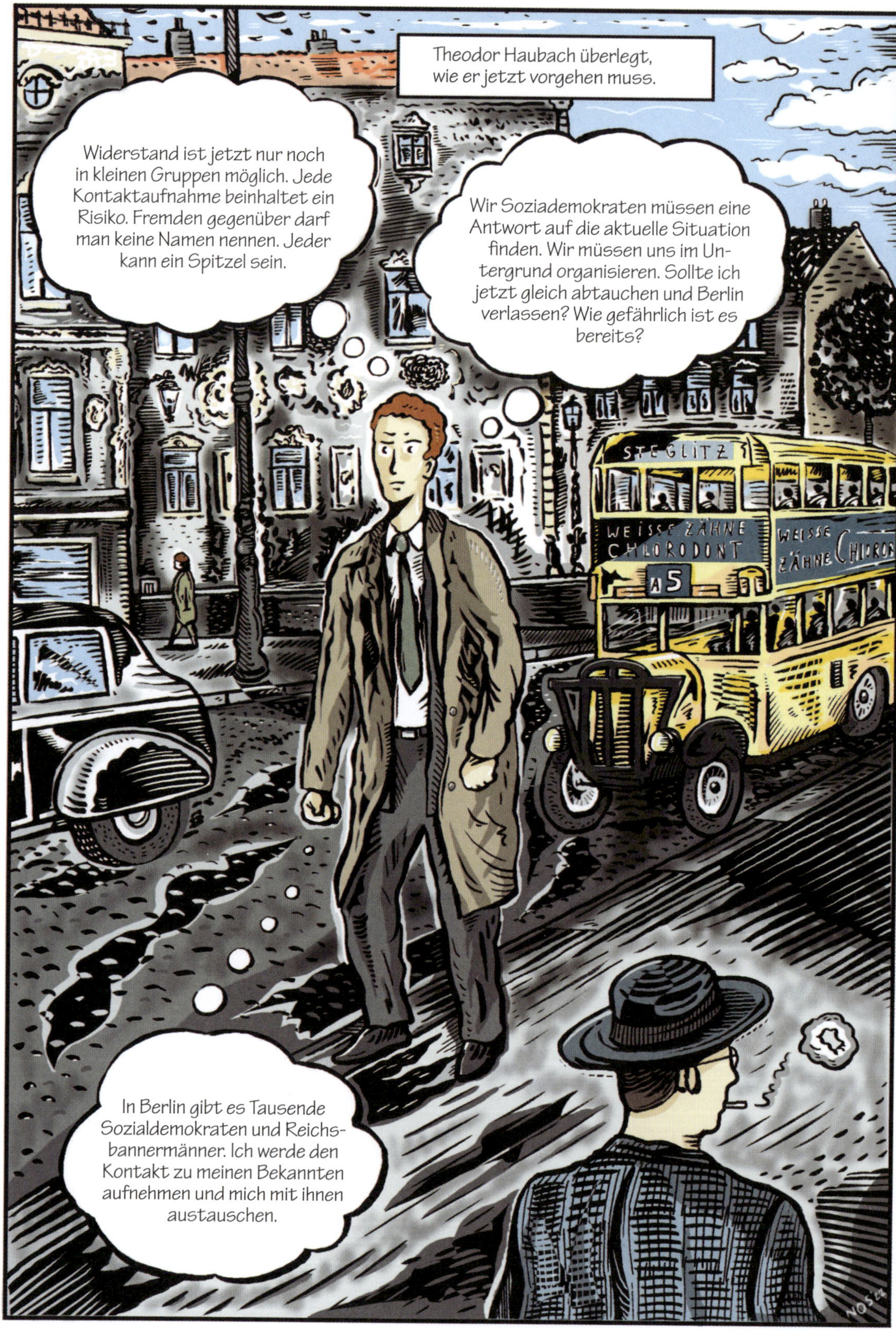
Theodor Haubach überlegt, wie er jetzt vorgehen muss.
Widerstand ist jetzt nur noch in kleinen Gruppen möglich. Jede Kontaktaufnahme beinhaltet ein Risiko. Fremden gegenüber darf man keine Namen nennen. Jeder kann ein Spitzel sein.
Wir Soziademokraten müssen eine Antwort auf die aktuelle Situation finden. Wir müssen uns im Untergrund organisieren. Sollte ich jetzt gleich abtauchen und Berlin verlassen? Wie gefährlich ist es bereits?
STEGLITZ
WEISSE ZÄHNE CHLORODONT
A5
WEISSE ZÄHNE CHLORO
In Berlin gibt es Tausende Sozialdemokraten und Reichsbannermänner. Ich werde den Kontakt zu meinen Bekannten aufnehmen und mich mit ihnen austauschen.

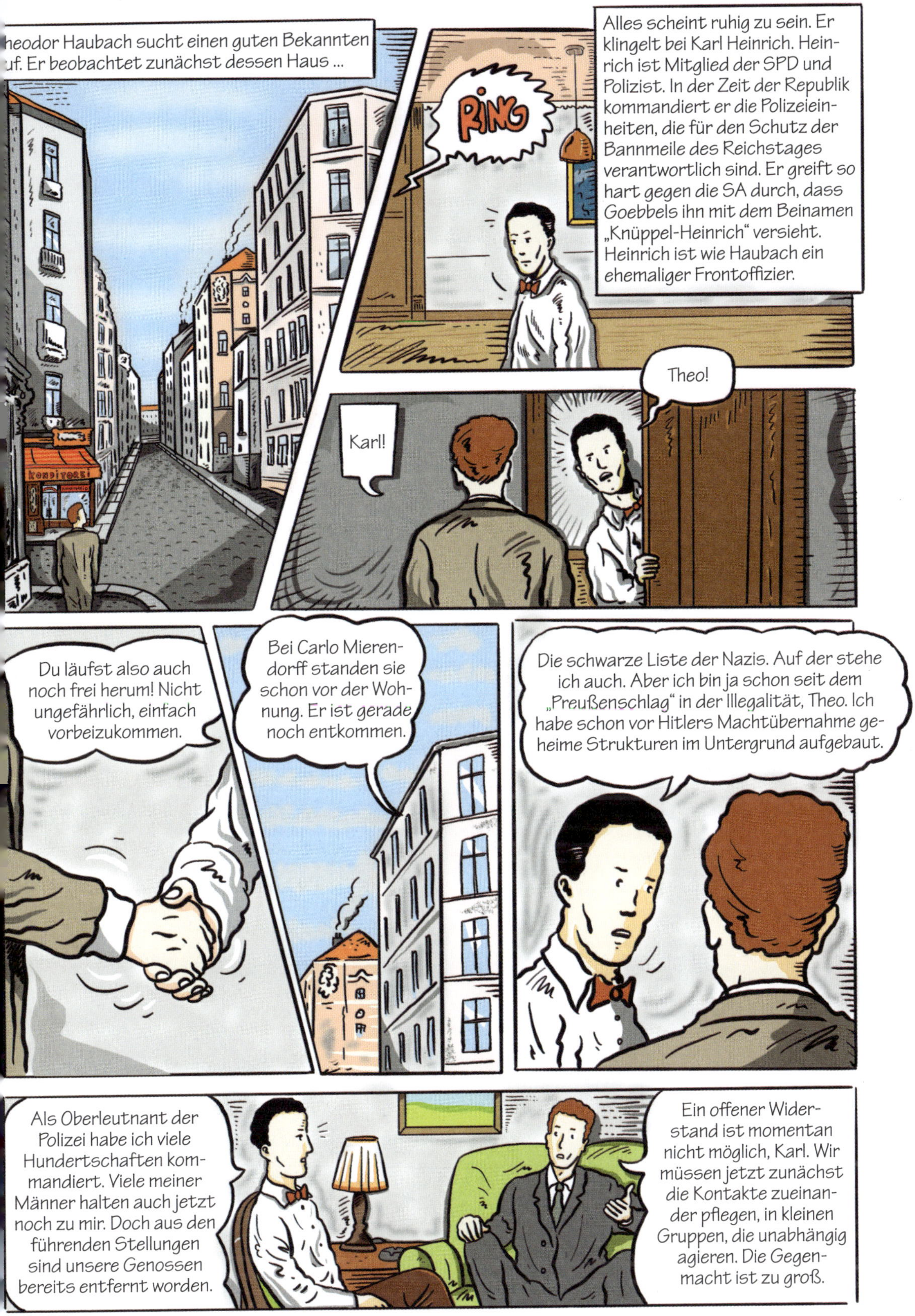
heodor Haubach sucht einen guten Bekannten
uf. Er beobachtet zunächst dessen Haus ...
KONDITOREI
RING
Alles scheint ruhig zu sein. Er klingelt bei Karl Heinrich. Heinrich ist Mitglied der SPD und Polizist. In der Zeit der Republik kommandiert er die Polizeieinheiten, die für den Schutz der Bannmeile des Reichstages verantwortlich sind. Er greift so hart gegen die SA durch, dass Goebbels ihn mit dem Beinamen „Knüppel-Heinrich" versieht. Heinrich ist wie Haubach ein ehemaliger Frontoffizier.
Theo!
Karl!
Du läufst also auch noch frei herum! Nicht ungefährlich, einfach vorbeizukommen.
Bei Carlo Mierendorff standen sie schon vor der Wohnung. Er ist gerade noch entkommen.
Die schwarze Liste der Nazis. Auf der stehe ich auch. Aber ich bin ja schon seit dem „Preußenschlag" in der Illegalität, Theo. Ich habe schon vor Hitlers Machtübernahme geheime Strukturen im Untergrund aufgebaut.
Als Oberleutnant der Polizei habe ich viele Hundertschaften kommandiert. Viele meiner Männer halten auch jetzt noch zu mir. Doch aus den führenden Stellungen sind unsere Genossen bereits entfernt worden.
Ein offener Widerstand ist momentan nicht möglich, Karl. Wir müssen jetzt zunächst die Kontakte zueinander pflegen, in kleinen Gruppen, die unabhängig agieren. Die Gegenmacht ist zu groß.

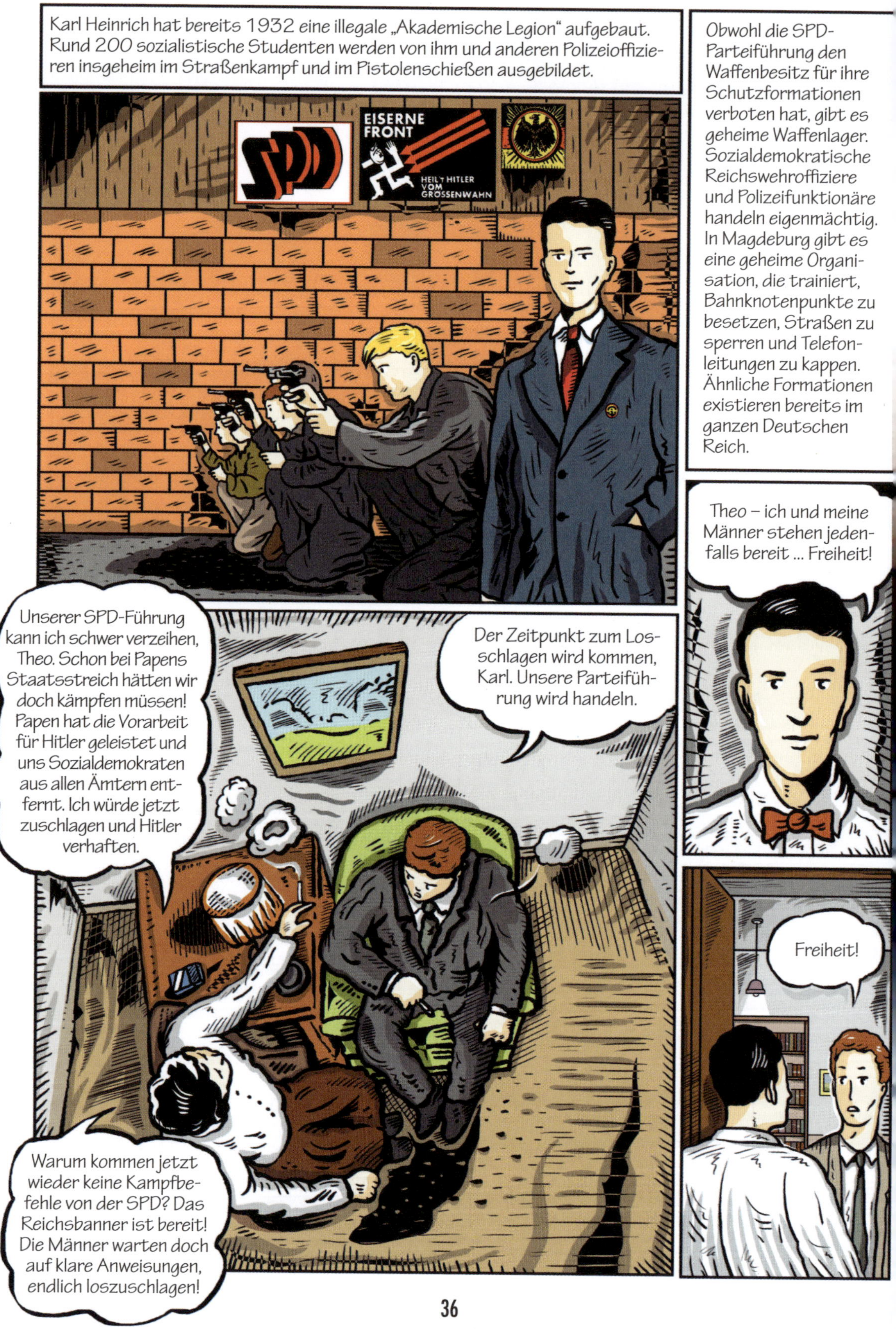
Karl Heinrich hat bereits 1932 eine illegale „Akademische Legion" aufgebaut. Rund 200 sozialistische Studenten werden von ihm und anderen Polizeioffizieren insgeheim im Straßenkampf und im Pistolenschießen ausgebildet.
SPD
EISERNE FRONT
HEIL'T HITLER VOM GROSSENWAHN
Obwohl die SPD-Parteiführung den Waffenbesitz für ihre Schutzformationen verboten hat, gibt es geheime Waffenlager. Sozialdemokratische Reichswehroffiziere und Polizeifunktionäre handeln eigenmächtig. In Magdeburg gibt es eine geheime Organisation, die trainiert, Bahnknotenpunkte zu besetzen, Straßen zu sperren und Telefonleitungen zu kappen. Ähnliche Formationen existieren bereits im ganzen Deutschen Reich.
Unserer SPD-Führung kann ich schwer verzeihen, Theo. Schon bei Papens Staatsstreich hätten wir doch kämpfen müssen! Papen hat die Vorarbeit für Hitler geleistet und uns Sozialdemokraten aus allen Ämtern entfernt. Ich würde jetzt zuschlagen und Hitler verhaften.
Der Zeitpunkt zum Losschlagen wird kommen, Karl. Unsere Parteiführung wird handeln.
Warum kommen jetzt wieder keine Kampfbefehle von der SPD? Das Reichsbanner ist bereit! Die Männer warten doch auf klare Anweisungen, endlich loszuschlagen!
Theo – ich und meine Männer stehen jedenfalls bereit ... Freiheit!
Freiheit!

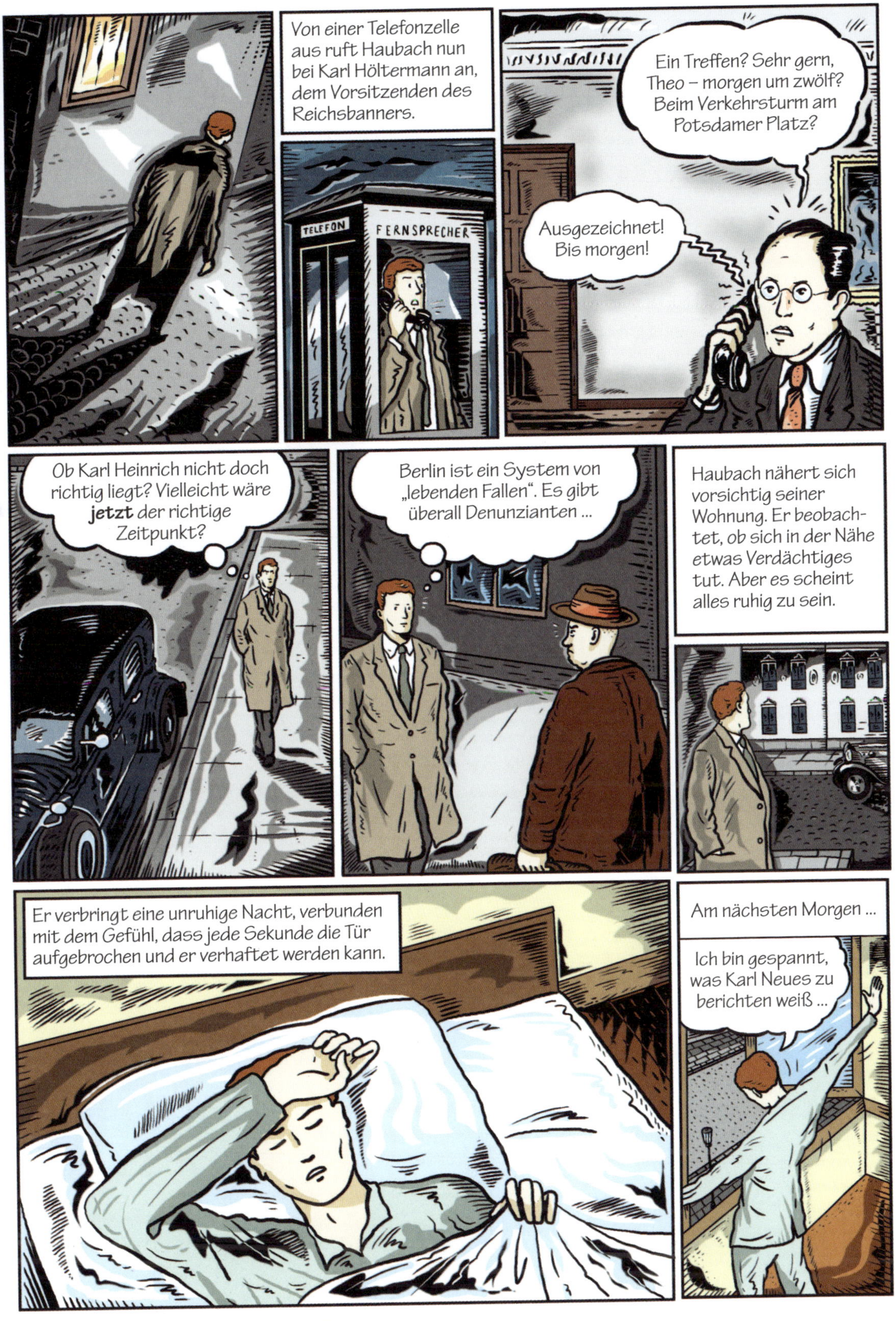
Von einer Telefonzelle aus ruft Haubach nun bei Karl Höltermann an, dem Vorsitzenden des Reichsbanners.
TELEFON
FERNSPRECHER
Ein Treffen? Sehr gern, Theo – morgen um zwölf? Beim Verkehrsturm am Potsdamer Platz?
Ausgezeichnet! Bis morgen!
Ob Karl Heinrich nicht doch richtig liegt? Vielleicht wäre **jetzt** der richtige Zeitpunkt?
Berlin ist ein System von „lebenden Fallen“. Es gibt überall Denunzianten ...
Haubach nähert sich vorsichtig seiner Wohnung. Er beobachtet, ob sich in der Nähe etwas Verdächtiges tut. Aber es scheint alles ruhig zu sein.
Er verbringt eine unruhige Nacht, verbunden mit dem Gefühl, dass jede Sekunde die Tür aufgebrochen und er verhaftet werden kann.
Am nächsten Morgen ...
Ich bin gespannt, was Karl Neues zu berichten weiß ...

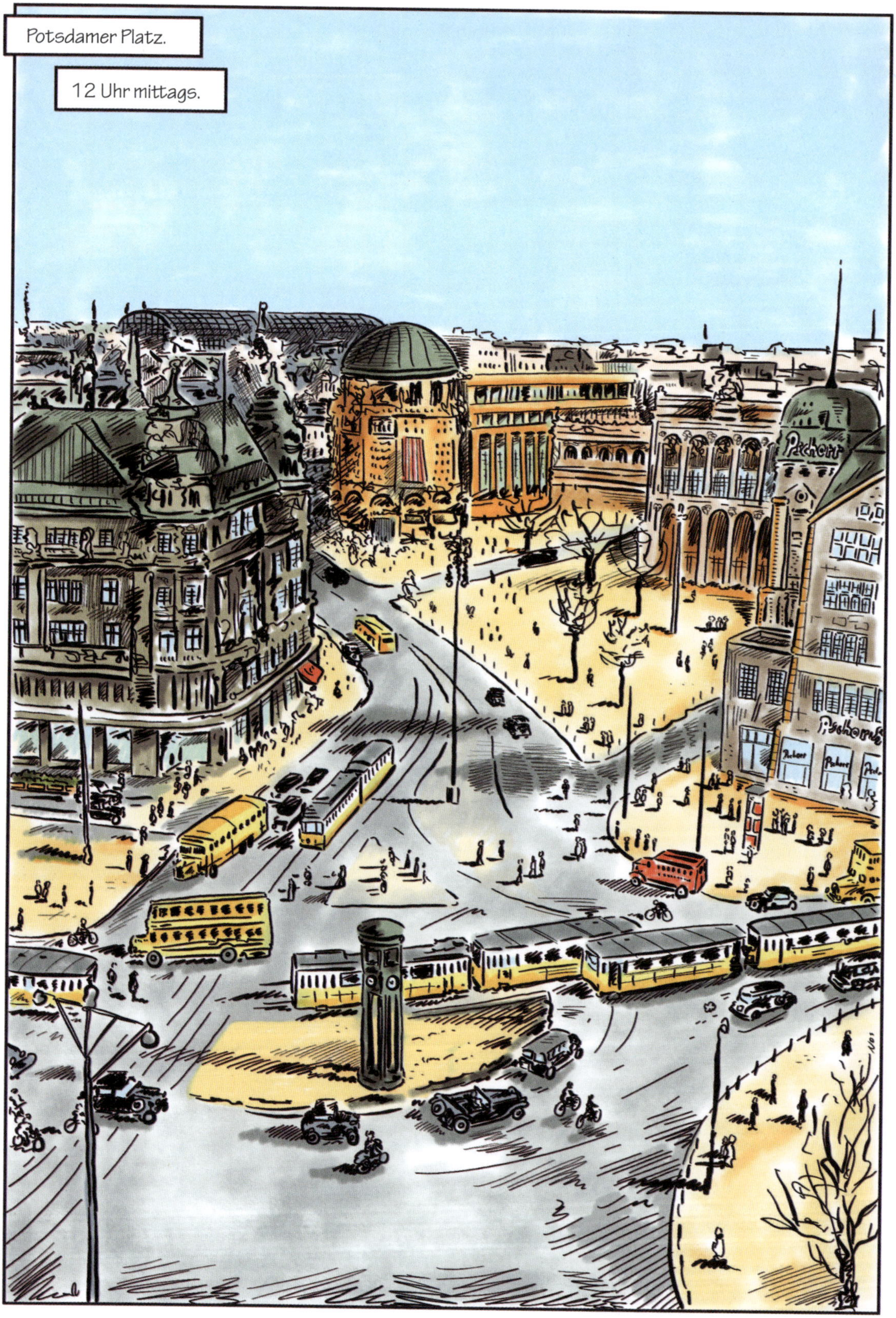
Potsdamer Platz.
12 Uhr mittags.

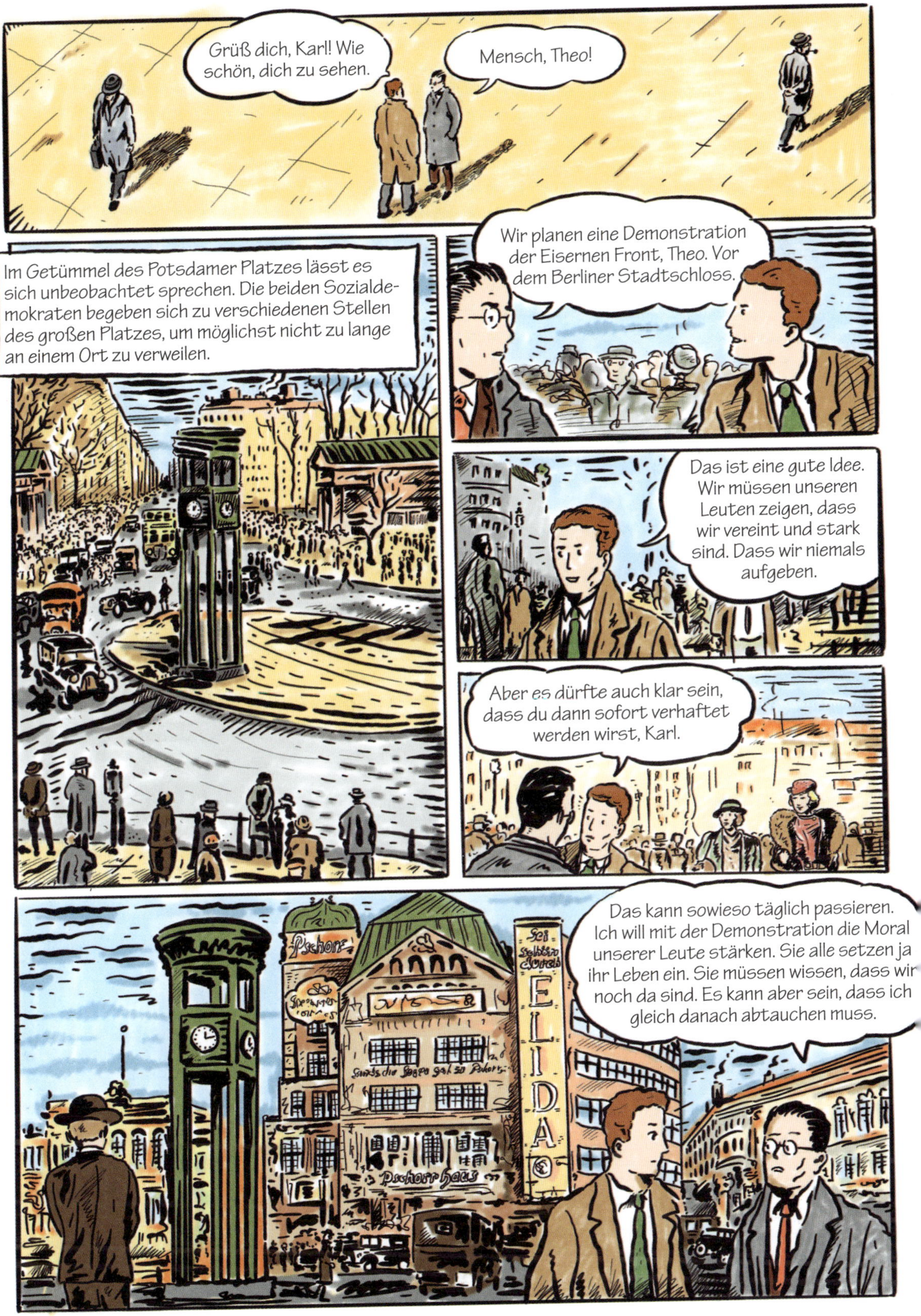
Grüß dich, Karl! Wie schön, dich zu sehen.
Mensch, Theo!
Im Getümmel des Potsdamer Platzes lässt es sich unbeobachtet sprechen. Die beiden Sozialdemokraten begeben sich zu verschiedenen Stellen des großen Platzes, um möglichst nicht zu lange an einem Ort zu verweilen.
Wir planen eine Demonstration der Eisernen Front, Theo. Vor dem Berliner Stadtschloss.
Das ist eine gute Idee. Wir müssen unseren Leuten zeigen, dass wir vereint und stark sind. Dass wir niemals aufgeben.
Aber es dürfte auch klar sein, dass du dann sofort verhaftet werden wirst, Karl.
Das kann sowieso täglich passieren. Ich will mit der Demonstration die Moral unserer Leute stärken. Sie alle setzen ja ihr Leben ein. Sie müssen wissen, dass wir noch da sind. Es kann aber sein, dass ich gleich danach abtauchen muss.
Pschorr
ELIDA
Pschorrhaus

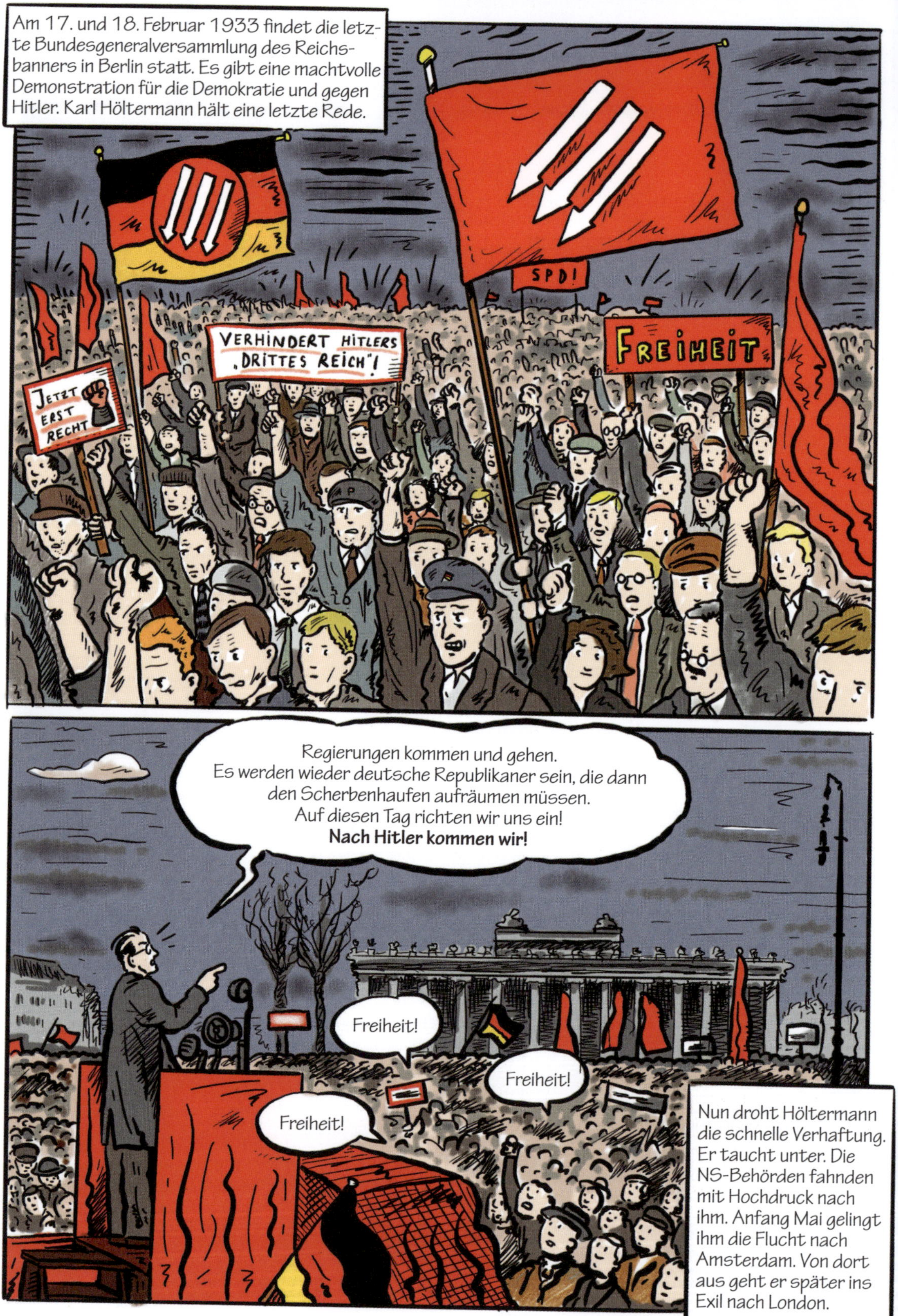
Am 17. und 18. Februar 1933 findet die letzte Bundesgeneralversammlung des Reichsbanners in Berlin statt. Es gibt eine machtvolle Demonstration für die Demokratie und gegen Hitler. Karl Höltermann hält eine letzte Rede.
JETZT ERST RECHT
VERHINDERT HITLERS „DRITTES REICH“!
SPD!
FREIHEIT
Regierungen kommen und gehen. Es werden wieder deutsche Republikaner sein, die dann den Scherbenhaufen aufräumen müssen. Auf diesen Tag richten wir uns ein! **Nach Hitler kommen wir!**
Freiheit!
Freiheit!
Freiheit!
Nun droht Höltermann die schnelle Verhaftung. Er taucht unter. Die NS-Behörden fahnden mit Hochdruck nach ihm. Anfang Mai gelingt ihm die Flucht nach Amsterdam. Von dort aus geht er später ins Exil nach London.

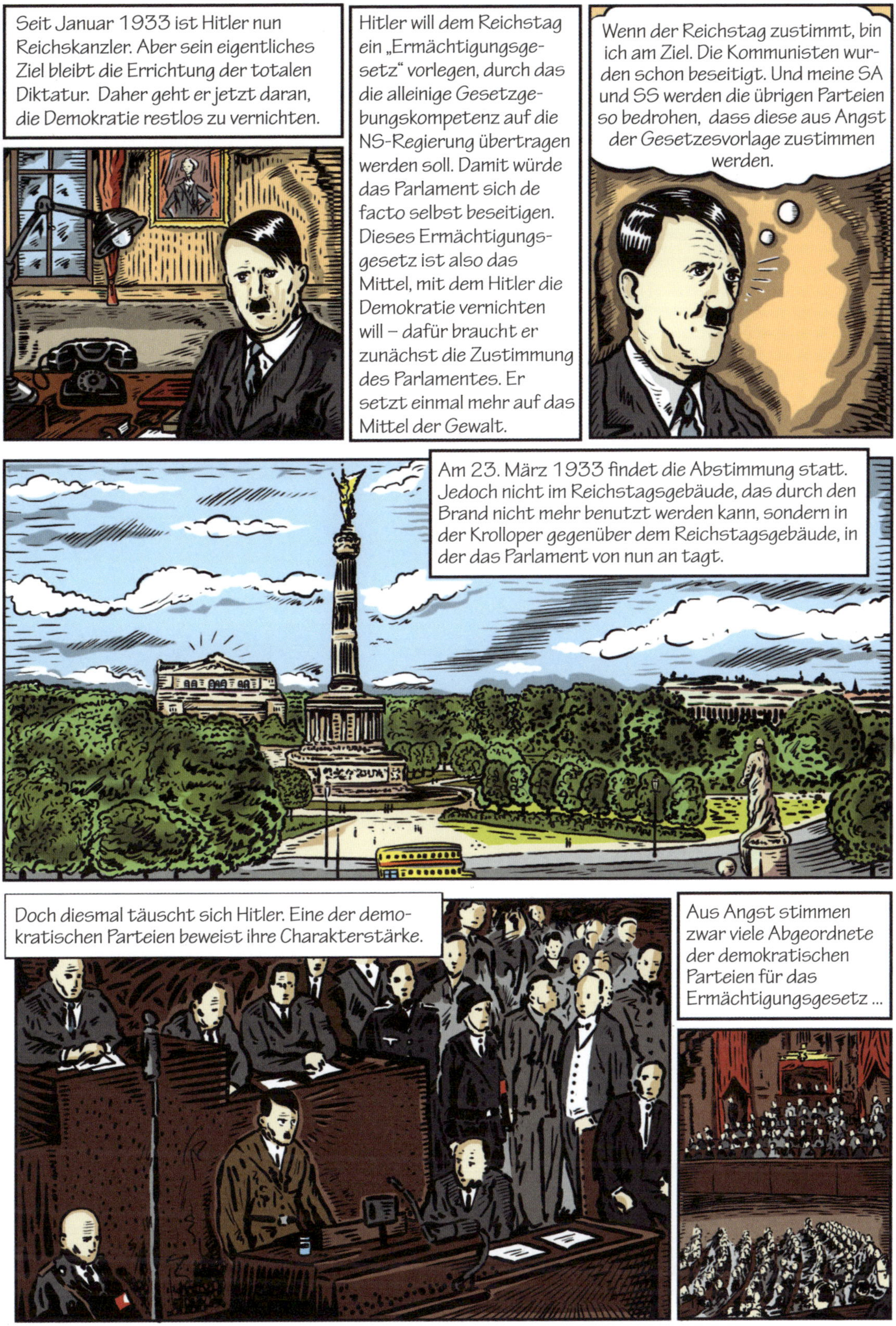
Seit Januar 1933 ist Hitler nun Reichskanzler. Aber sein eigentliches Ziel bleibt die Errichtung der totalen Diktatur. Daher geht er jetzt daran, die Demokratie restlos zu vernichten.
Hitler will dem Reichstag ein „Ermächtigungsgesetz" vorlegen, durch das die alleinige Gesetzgebungskompetenz auf die NS-Regierung übertragen werden soll. Damit würde das Parlament sich de facto selbst beseitigen. Dieses Ermächtigungsgesetz ist also das Mittel, mit dem Hitler die Demokratie vernichten will – dafür braucht er zunächst die Zustimmung des Parlamentes. Er setzt einmal mehr auf das Mittel der Gewalt.
Wenn der Reichstag zustimmt, bin ich am Ziel. Die Kommunisten wurden schon beseitigt. Und meine SA und SS werden die übrigen Parteien so bedrohen, dass diese aus Angst der Gesetzesvorlage zustimmen werden.
Am 23. März 1933 findet die Abstimmung statt. Jedoch nicht im Reichstagsgebäude, das durch den Brand nicht mehr benutzt werden kann, sondern in der Krolloper gegenüber dem Reichstagsgebäude, in der das Parlament von nun an tagt.
Doch diesmal täuscht sich Hitler. Eine der demokratischen Parteien beweist ihre Charakterstärke.
Aus Angst stimmen zwar viele Abgeordnete der demokratischen Parteien für das Ermächtigungsgesetz ...

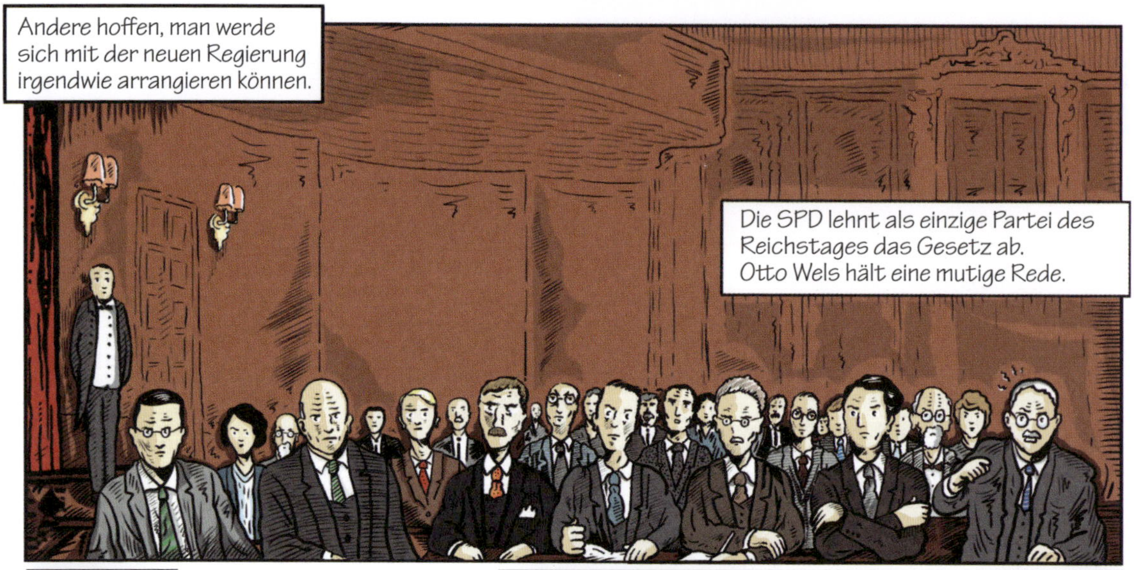
Andere hoffen, man werde sich mit der neuen Regierung irgendwie arrangieren können.
Die SPD lehnt als einzige Partei des Reichstages das Gesetz ab. Otto Wels hält eine mutige Rede.

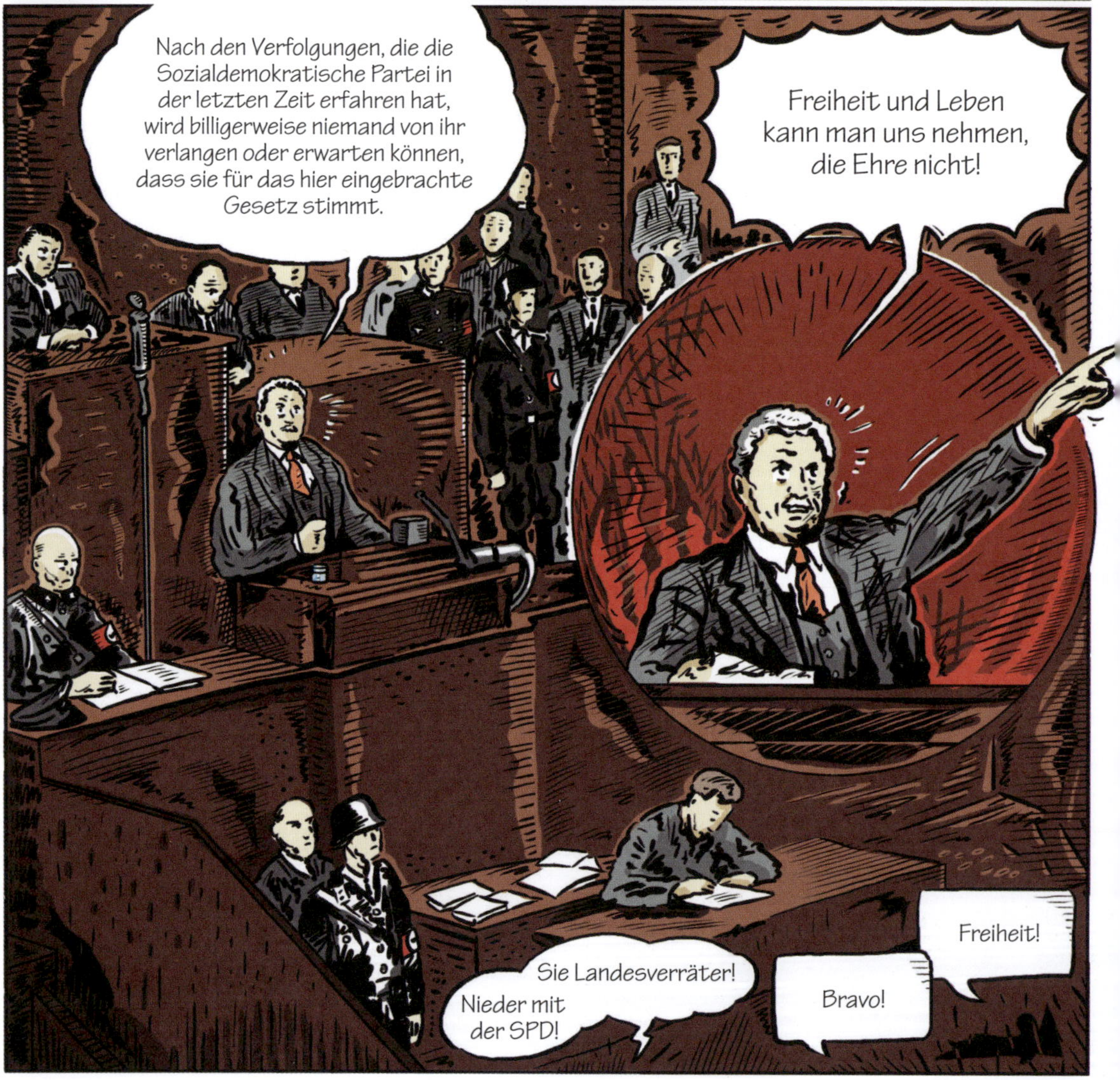
Nach den Verfolgungen, die die Sozialdemokratische Partei in der letzten Zeit erfahren hat, wird billigerweise niemand von ihr verlangen oder erwarten können, dass sie für das hier eingebrachte Gesetz stimmt.
Freiheit und Leben kann man uns nehmen, die Ehre nicht!
Sie Landesverräter!
Nieder mit der SPD!
Bravo!
Freiheit!

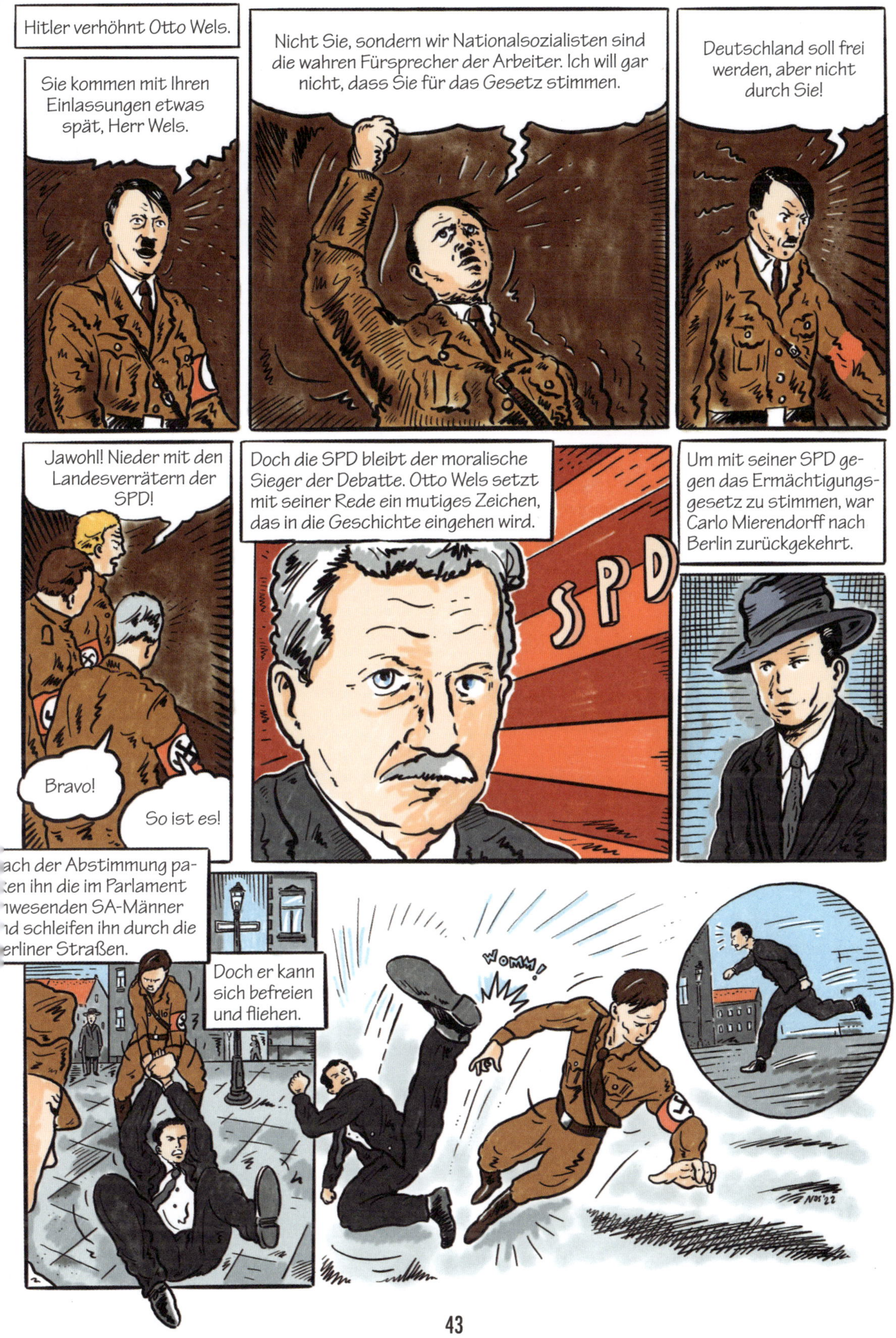

Hitler verhöhnt Otto Wels.
Sie kommen mit Ihren Einlassungen etwas spät, Herr Wels.
Nicht Sie, sondern wir Nationalsozialisten sind die wahren Fürsprecher der Arbeiter. Ich will gar nicht, dass Sie für das Gesetz stimmen.
Deutschland soll frei werden, aber nicht durch Sie!
Jawohl! Nieder mit den Landesverrätern der SPD!
Bravo!
So ist es!
Doch die SPD bleibt der moralische Sieger der Debatte. Otto Wels setzt mit seiner Rede ein mutiges Zeichen, das in die Geschichte eingehen wird.
SPD
Um mit seiner SPD gegen das Ermächtigungsgesetz zu stimmen, war Carlo Mierendorff nach Berlin zurückgekehrt.
ach der Abstimmung pa-
ken ihn die im Parlament
nwesenden SA-Männer
nd schleifen ihn durch die
erliner Straßen.
Doch er kann sich befreien und fliehen.
WOMM!
NOS '22

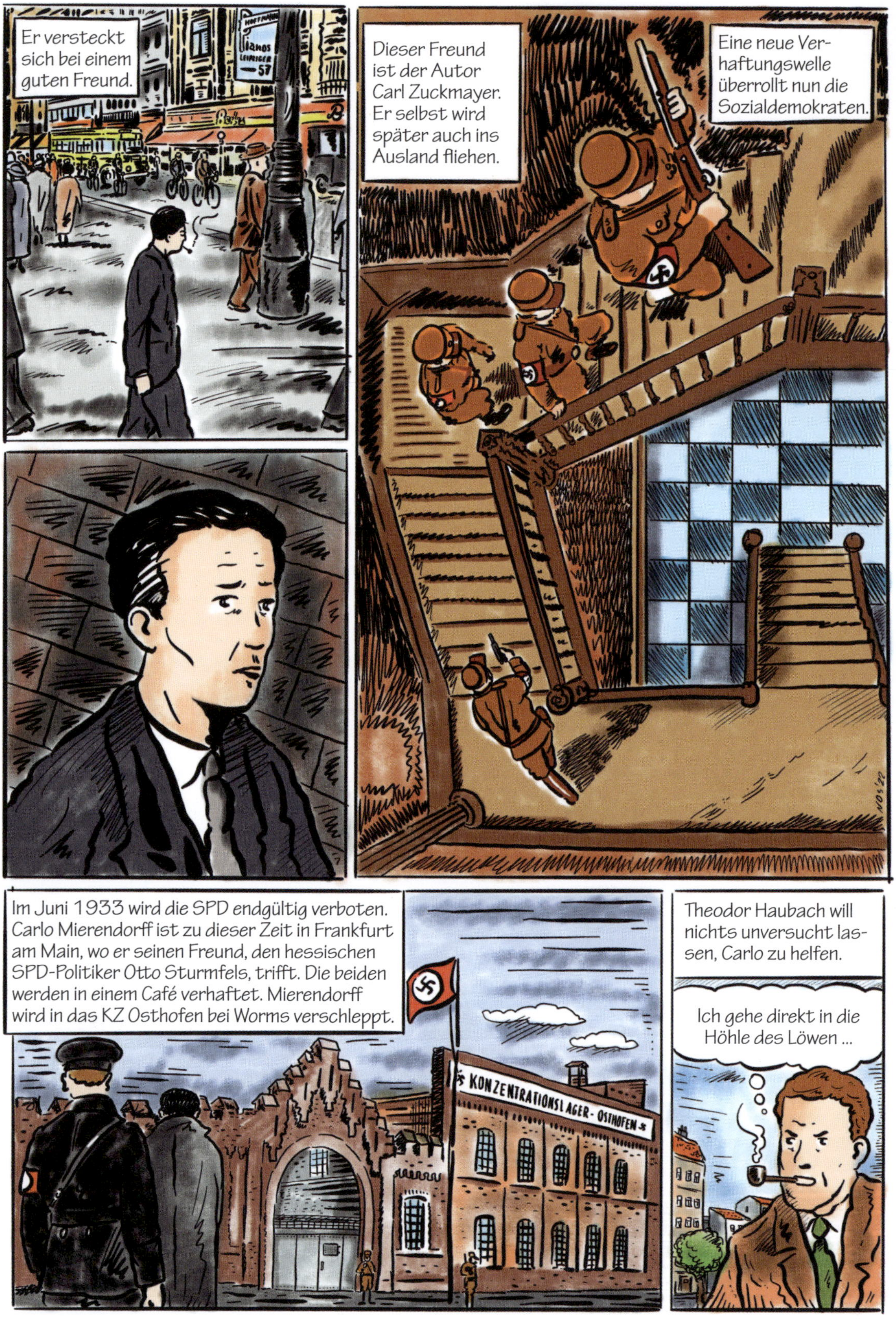
Er versteckt sich bei einem guten Freund.
Dieser Freund ist der Autor Carl Zuckmayer. Er selbst wird später auch ins Ausland fliehen.
Eine neue Verhaftungswelle überrollt nun die Sozialdemokraten.
Im Juni 1933 wird die SPD endgültig verboten. Carlo Mierendorff ist zu dieser Zeit in Frankfurt am Main, wo er seinen Freund, den hessischen SPD-Politiker Otto Sturmfels, trifft. Die beiden werden in einem Café verhaftet. Mierendorff wird in das KZ Osthofen bei Worms verschleppt.
KONZENTRATIONSLAGER - OSTHOFEN
Theodor Haubach will nichts unversucht lassen, Carlo zu helfen.
Ich gehe direkt in die Höhle des Löwen ...

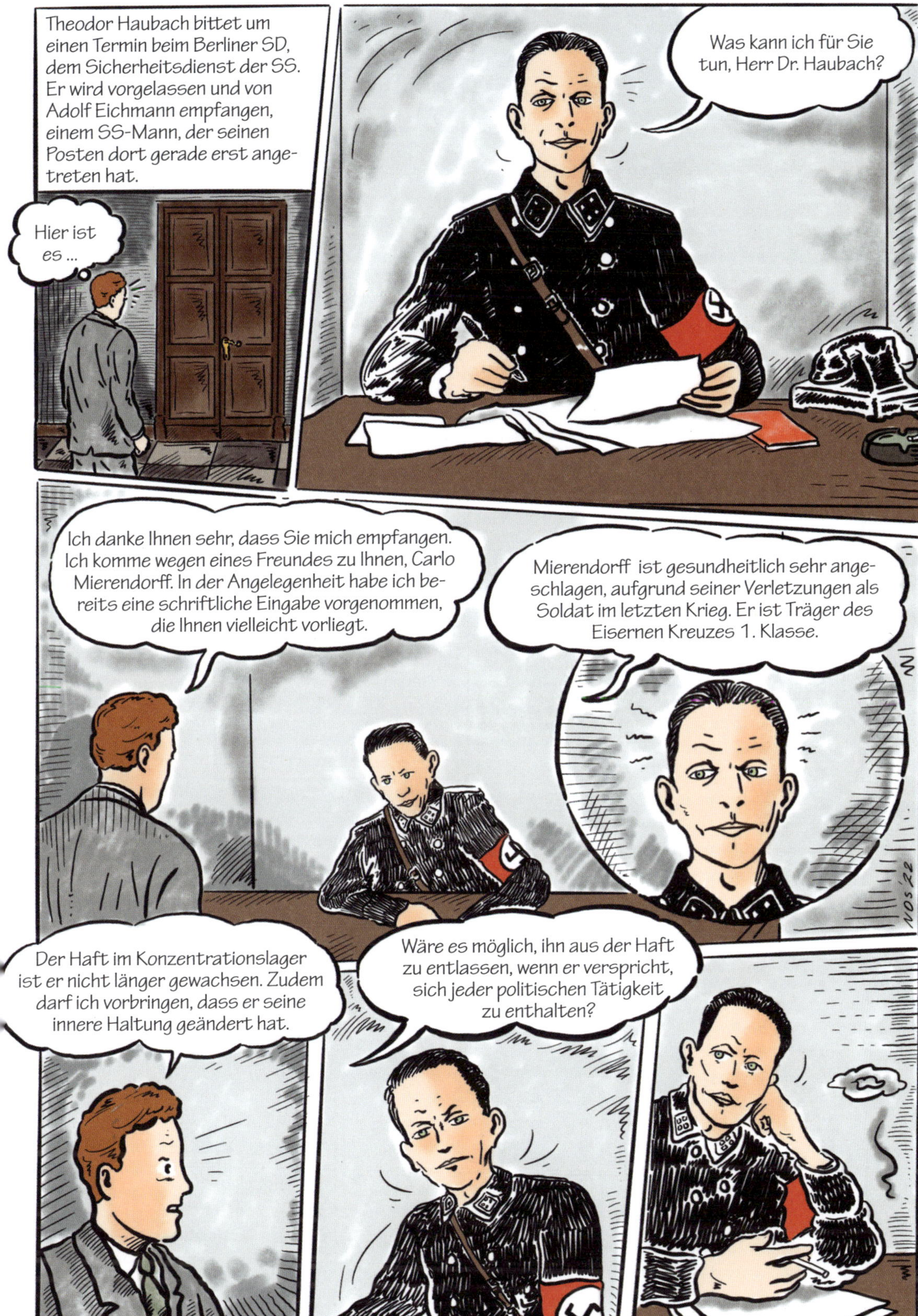

Theodor Haubach bittet um einen Termin beim Berliner SD, dem Sicherheitsdienst der SS. Er wird vorgelassen und von Adolf Eichmann empfangen, einem SS-Mann, der seinen Posten dort gerade erst angetreten hat.
Hier ist es ...
Was kann ich für Sie tun, Herr Dr. Haubach?
Ich danke Ihnen sehr, dass Sie mich empfangen. Ich komme wegen eines Freundes zu Ihnen, Carlo Mierendorff. In der Angelegenheit habe ich bereits eine schriftliche Eingabe vorgenommen, die Ihnen vielleicht vorliegt.
Mierendorff ist gesundheitlich sehr angeschlagen, aufgrund seiner Verletzungen als Soldat im letzten Krieg. Er ist Träger des Eisernen Kreuzes 1. Klasse.
NOS '22
Der Haft im Konzentrationslager ist er nicht länger gewachsen. Zudem darf ich vorbringen, dass er seine innere Haltung geändert hat.
Wäre es möglich, ihn aus der Haft zu entlassen, wenn er verspricht, sich jeder politischen Tätigkeit zu enthalten?

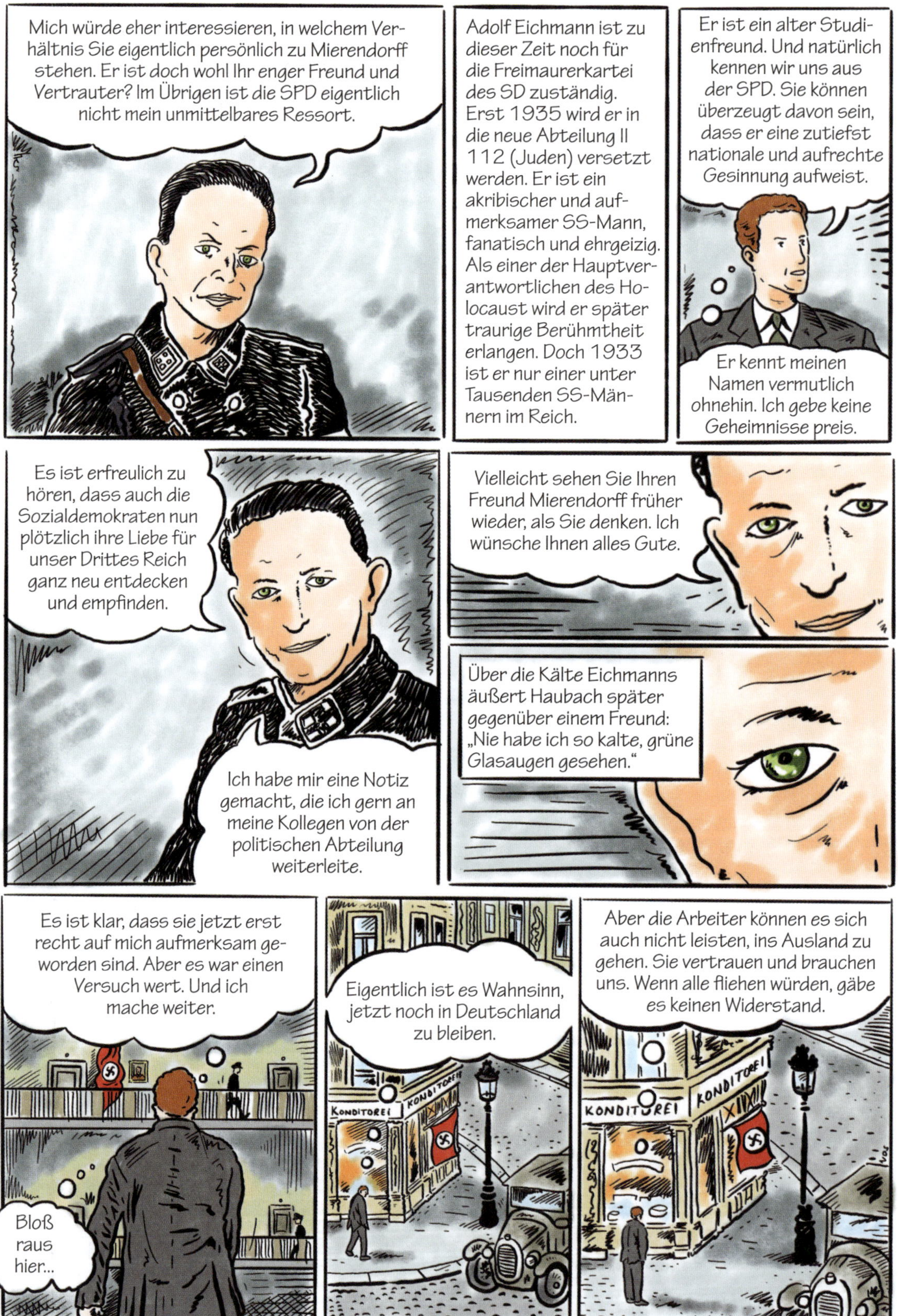
Mich würde eher interessieren, in welchem Verhältnis Sie eigentlich persönlich zu Mierendorff stehen. Er ist doch wohl Ihr enger Freund und Vertrauter? Im Übrigen ist die SPD eigentlich nicht mein unmittelbares Ressort.
Adolf Eichmann ist zu dieser Zeit noch für die Freimaurerkartei des SD zuständig. Erst 1935 wird er in die neue Abteilung II 112 (Juden) versetzt werden. Er ist ein akribischer und aufmerksamer SS-Mann, fanatisch und ehrgeizig. Als einer der Hauptverantwortlichen des Holocaust wird er später traurige Berühmtheit erlangen. Doch 1933 ist er nur einer unter Tausenden SS-Männern im Reich.
Er ist ein alter Studienfreund. Und natürlich kennen wir uns aus der SPD. Sie können überzeugt davon sein, dass er eine zutiefst nationale und aufrechte Gesinnung aufweist.
Er kennt meinen Namen vermutlich ohnehin. Ich gebe keine Geheimnisse preis.
Es ist erfreulich zu hören, dass auch die Sozialdemokraten nun plötzlich ihre Liebe für unser Drittes Reich ganz neu entdecken und empfinden.
Ich habe mir eine Notiz gemacht, die ich gern an meine Kollegen von der politischen Abteilung weiterleite.
Vielleicht sehen Sie Ihren Freund Mierendorff früher wieder, als Sie denken. Ich wünsche Ihnen alles Gute.
Über die Kälte Eichmanns äußert Haubach später gegenüber einem Freund: „Nie habe ich so kalte, grüne Glasaugen gesehen."
Es ist klar, dass sie jetzt erst recht auf mich aufmerksam geworden sind. Aber es war einen Versuch wert. Und ich mache weiter.
Bloß raus hier...
Eigentlich ist es Wahnsinn, jetzt noch in Deutschland zu bleiben.
KONDITOREI
KONDITOREI
Aber die Arbeiter können es sich auch nicht leisten, ins Ausland zu gehen. Sie vertrauen und brauchen uns. Wenn alle fliehen würden, gäbe es keinen Widerstand.
KONDITOREI
KONDITOREI

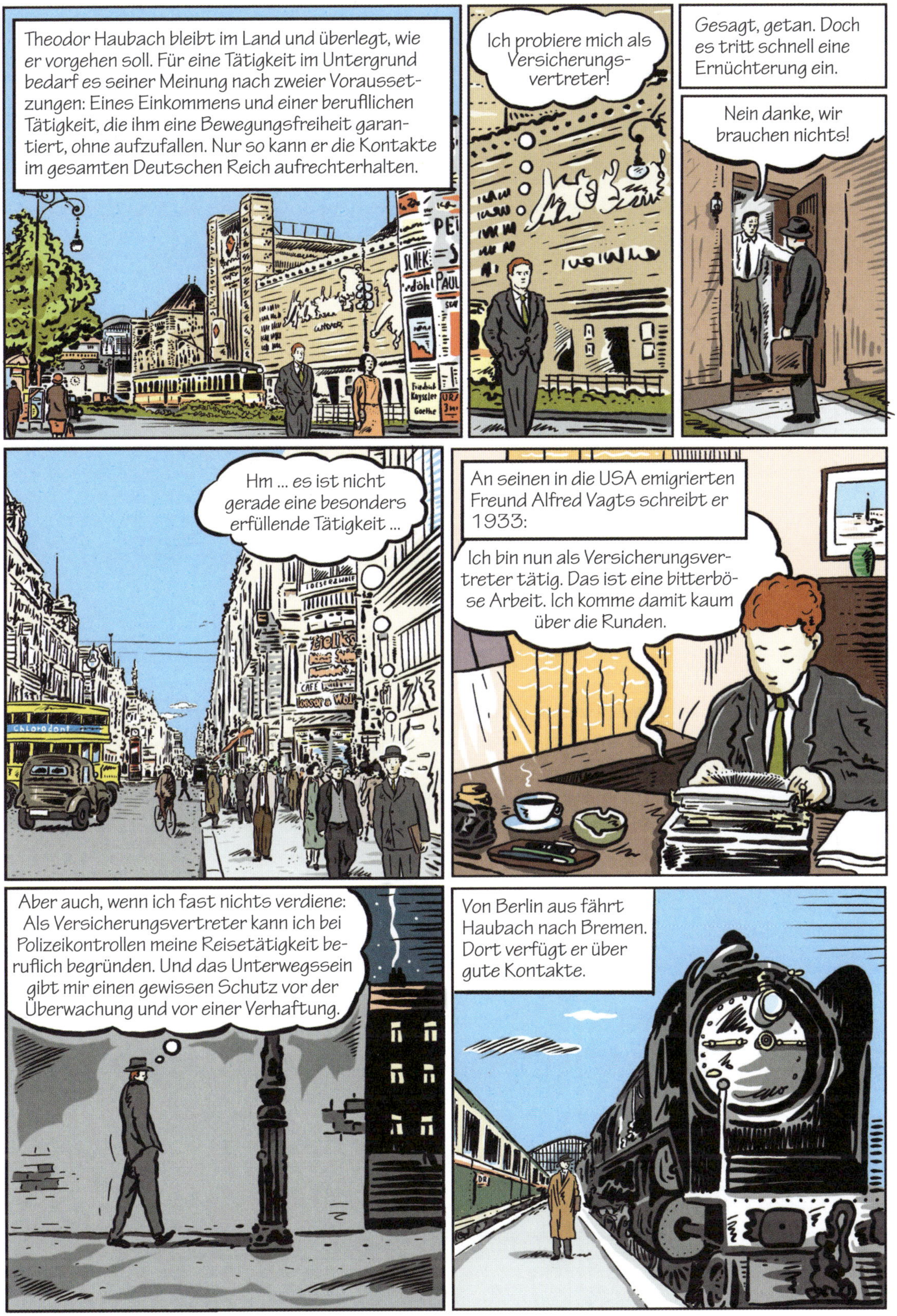
Theodor Haubach bleibt im Land und überlegt, wie er vorgehen soll. Für eine Tätigkeit im Untergrund bedarf es seiner Meinung nach zweier Voraussetzungen: Eines Einkommens und einer beruflichen Tätigkeit, die ihm eine Bewegungsfreiheit garantiert, ohne aufzufallen. Nur so kann er die Kontakte im gesamten Deutschen Reich aufrechterhalten.
Ich probiere mich als Versicherungsvertreter!
Gesagt, getan. Doch es tritt schnell eine Ernüchterung ein.
Nein danke, wir brauchen nichts!
Hm ... es ist nicht gerade eine besonders erfüllende Tätigkeit ...
An seinen in die USA emigrierten Freund Alfred Vagts schreibt er 1933:
Ich bin nun als Versicherungsvertreter tätig. Das ist eine bitterböse Arbeit. Ich komme damit kaum über die Runden.
Aber auch, wenn ich fast nichts verdiene: Als Versicherungsvertreter kann ich bei Polizeikontrollen meine Reisetätigkeit beruflich begründen. Und das Unterwegssein gibt mir einen gewissen Schutz vor der Überwachung und vor einer Verhaftung.
Von Berlin aus fährt Haubach nach Bremen. Dort verfügt er über gute Kontakte.

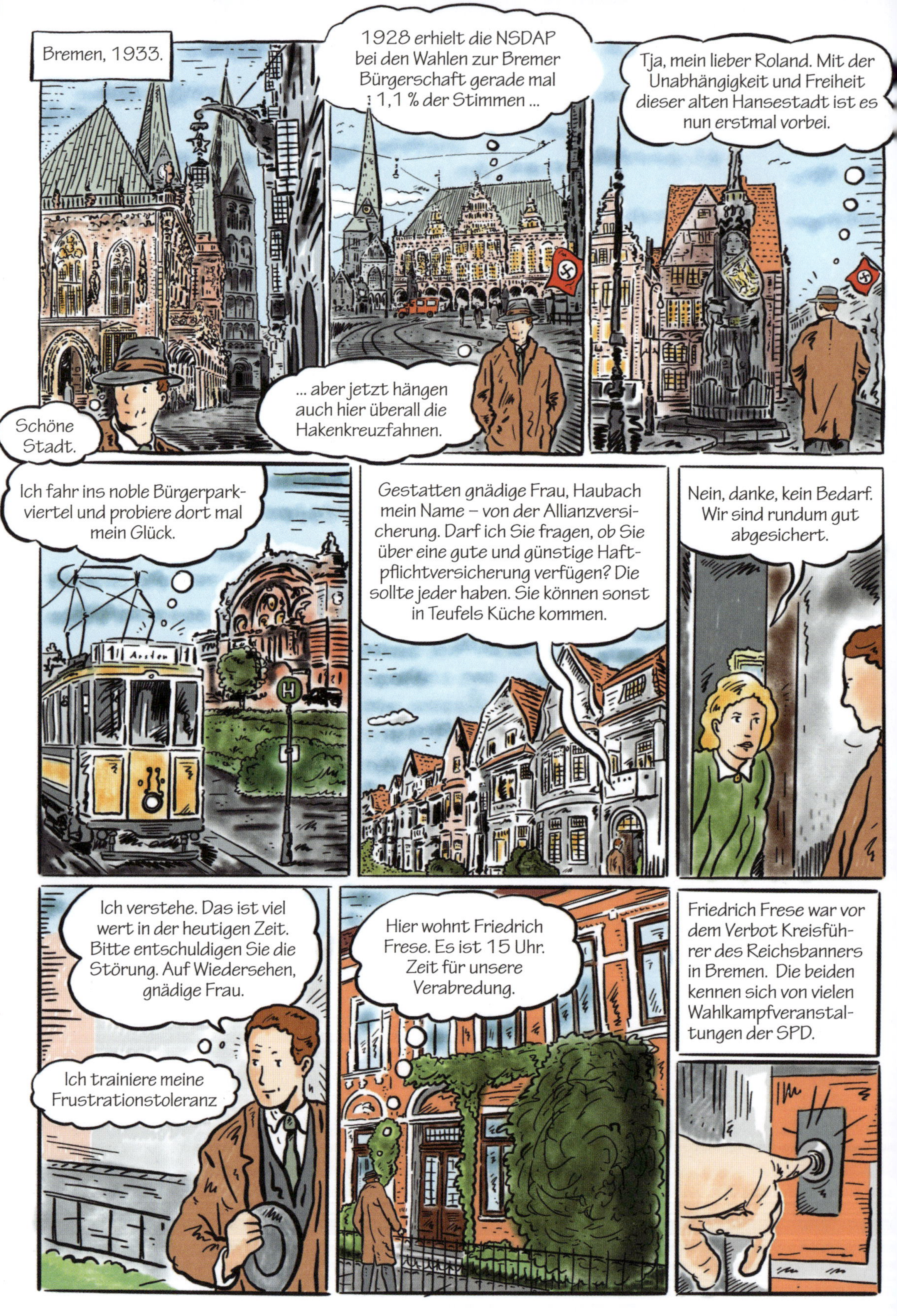
Bremen, 1933.
1928 erhielt die NSDAP bei den Wahlen zur Bremer Bürgerschaft gerade mal 1,1 % der Stimmen ...
... aber jetzt hängen auch hier überall die Hakenkreuzfahnen.
Tja, mein lieber Roland. Mit der Unabhängigkeit und Freiheit dieser alten Hansestadt ist es nun erstmal vorbei.
Schöne Stadt.
Ich fahr ins noble Bürgerpark-viertel und probiere dort mal mein Glück.
Gestatten gnädige Frau, Haubach mein Name – von der Allianzversi-cherung. Darf ich Sie fragen, ob Sie über eine gute und günstige Haft-pflichtversicherung verfügen? Die sollte jeder haben. Sie können sonst in Teufels Küche kommen.
Nein, danke, kein Bedarf. Wir sind rundum gut abgesichert.
Ich verstehe. Das ist viel wert in der heutigen Zeit. Bitte entschuldigen Sie die Störung. Auf Wiedersehen, gnädige Frau.
Ich trainiere meine Frustrationstoleranz
Hier wohnt Friedrich Frese. Es ist 15 Uhr. Zeit für unsere Verabredung.
Friedrich Frese war vor dem Verbot Kreisfüh-rer des Reichsbanners in Bremen. Die beiden kennen sich von vielen Wahlkampfveranstal-tungen der SPD.

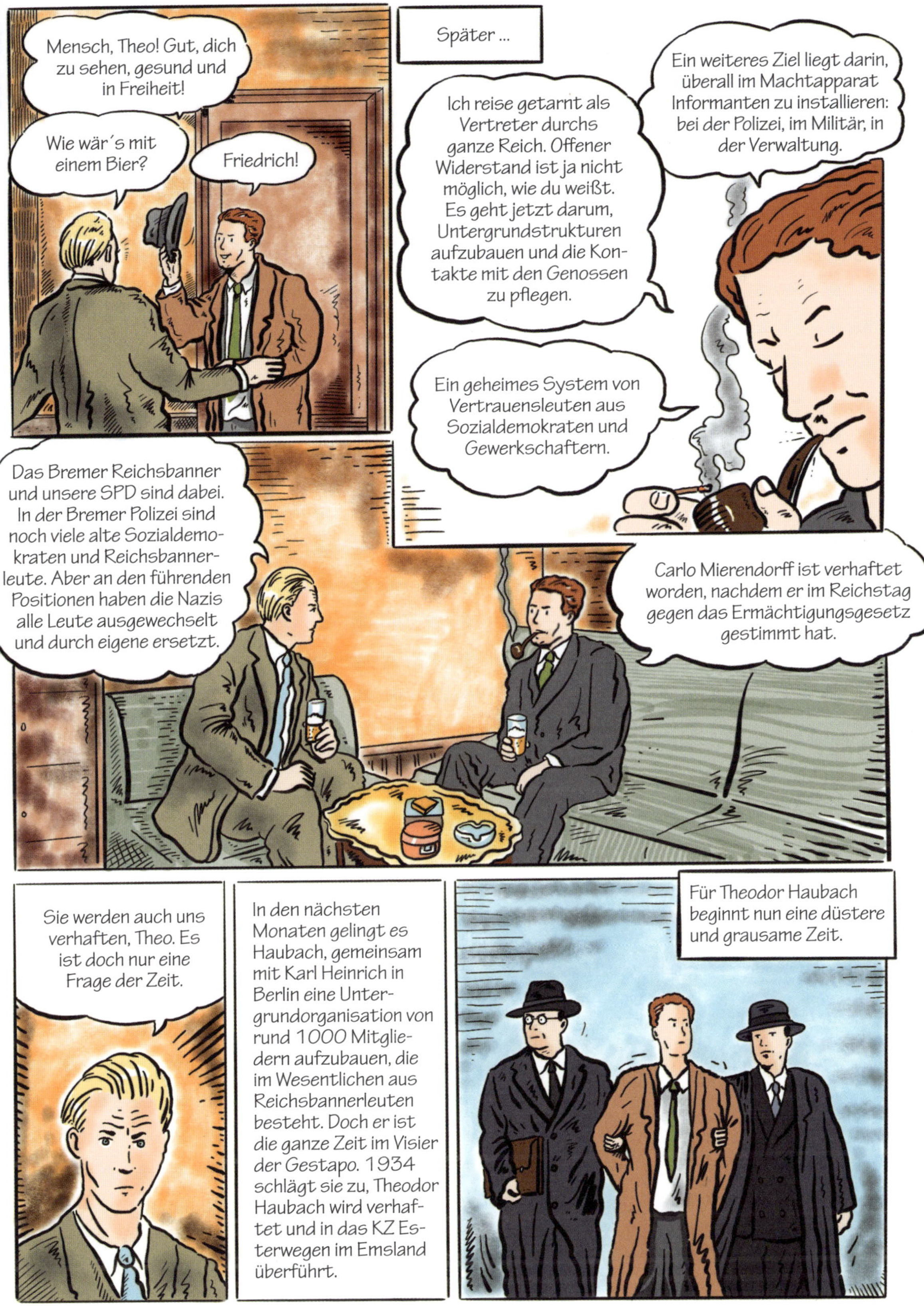
Mensch, Theo! Gut, dich zu sehen, gesund und in Freiheit!
Wie wär´s mit einem Bier?
Friedrich!
Später ...
Ich reise getarnt als Vertreter durchs ganze Reich. Offener Widerstand ist ja nicht möglich, wie du weißt. Es geht jetzt darum, Untergrundstrukturen aufzubauen und die Kontakte mit den Genossen zu pflegen.
Ein weiteres Ziel liegt darin, überall im Machtapparat Informanten zu installieren: bei der Polizei, im Militär, in der Verwaltung.
Ein geheimes System von Vertrauensleuten aus Sozialdemokraten und Gewerkschaftern.
Das Bremer Reichsbanner und unsere SPD sind dabei. In der Bremer Polizei sind noch viele alte Sozialdemokraten und Reichsbannerleute. Aber an den führenden Positionen haben die Nazis alle Leute ausgewechselt und durch eigene ersetzt.
Carlo Mierendorff ist verhaftet worden, nachdem er im Reichstag gegen das Ermächtigungsgesetz gestimmt hat.
Sie werden auch uns verhaften, Theo. Es ist doch nur eine Frage der Zeit.
In den nächsten Monaten gelingt es Haubach, gemeinsam mit Karl Heinrich in Berlin eine Untergrundorganisation von rund 1000 Mitgliedern aufzubauen, die im Wesentlichen aus Reichsbannerleuten besteht. Doch er ist die ganze Zeit im Visier der Gestapo. 1934 schlägt sie zu, Theodor Haubach wird verhaftet und in das KZ Esterwegen im Emsland überführt.
Für Theodor Haubach beginnt nun eine düstere und grausame Zeit.

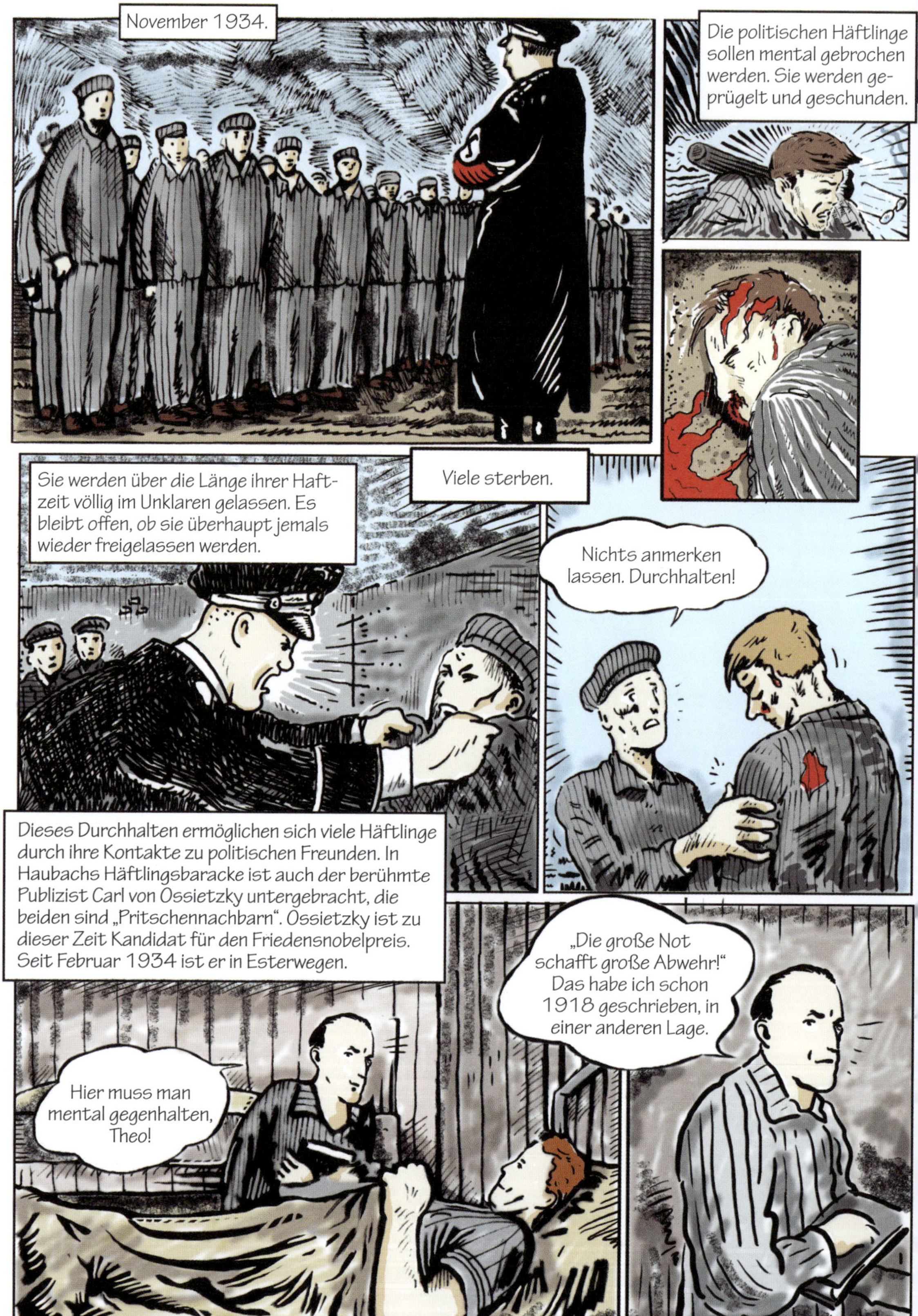

November 1934.
Die politischen Häftlinge sollen mental gebrochen werden. Sie werden geprügelt und geschunden.
Sie werden über die Länge ihrer Haftzeit völlig im Unklaren gelassen. Es bleibt offen, ob sie überhaupt jemals wieder freigelassen werden.
Viele sterben.
Nichts anmerken lassen. Durchhalten!
Dieses Durchhalten ermöglichen sich viele Häftlinge durch ihre Kontakte zu politischen Freunden. In Haubachs Häftlingsbaracke ist auch der berühmte Publizist Carl von Ossietzky untergebracht, die beiden sind „Pritschennachbarn". Ossietzky ist zu dieser Zeit Kandidat für den Friedensnobelpreis. Seit Februar 1934 ist er in Esterwegen.
Hier muss man mental gegenhalten, Theo!
„Die große Not schafft große Abwehr!" Das habe ich schon 1918 geschrieben, in einer anderen Lage.

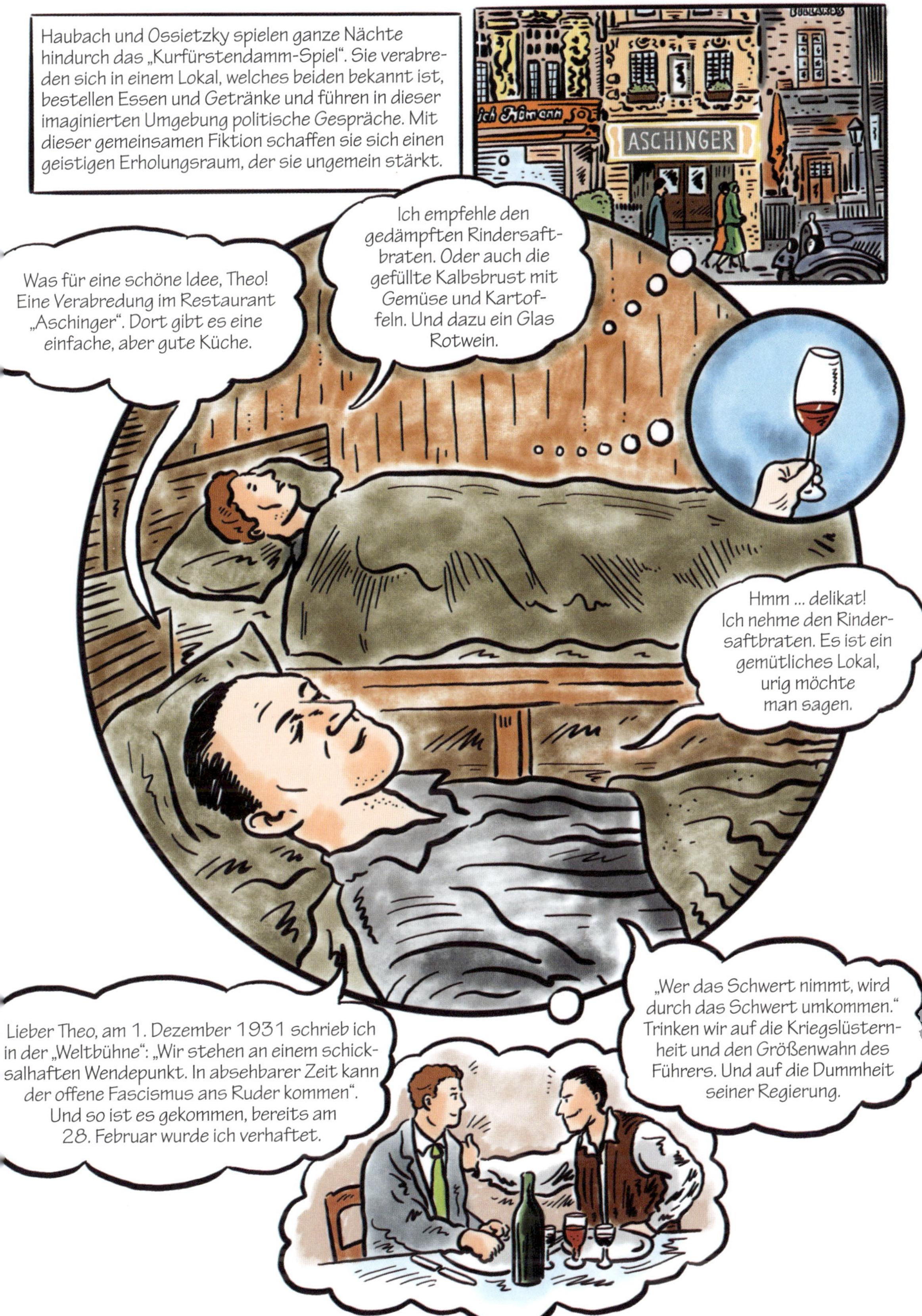
Haubach und Ossietzky spielen ganze Nächte hindurch das „Kurfürstendamm-Spiel". Sie verabreden sich in einem Lokal, welches beiden bekannt ist, bestellen Essen und Getränke und führen in dieser imaginierten Umgebung politische Gespräche. Mit dieser gemeinsamen Fiktion schaffen sie sich einen geistigen Erholungsraum, der sie ungemein stärkt.
ASCHINGER
Was für eine schöne Idee, Theo! Eine Verabredung im Restaurant „Aschinger". Dort gibt es eine einfache, aber gute Küche.
Ich empfehle den gedämpften Rindersaftbraten. Oder auch die gefüllte Kalbsbrust mit Gemüse und Kartoffeln. Und dazu ein Glas Rotwein.
Hmm ... delikat! Ich nehme den Rindersaftbraten. Es ist ein gemütliches Lokal, urig möchte man sagen.
Lieber Theo, am 1. Dezember 1931 schrieb ich in der „Weltbühne": „Wir stehen an einem schicksalhaften Wendepunkt. In absehbarer Zeit kann der offene Fascismus ans Ruder kommen". Und so ist es gekommen, bereits am 28. Februar wurde ich verhaftet.
„Wer das Schwert nimmt, wird durch das Schwert umkommen." Trinken wir auf die Kriegslüsternheit und den Größenwahn des Führers. Und auf die Dummheit seiner Regierung.

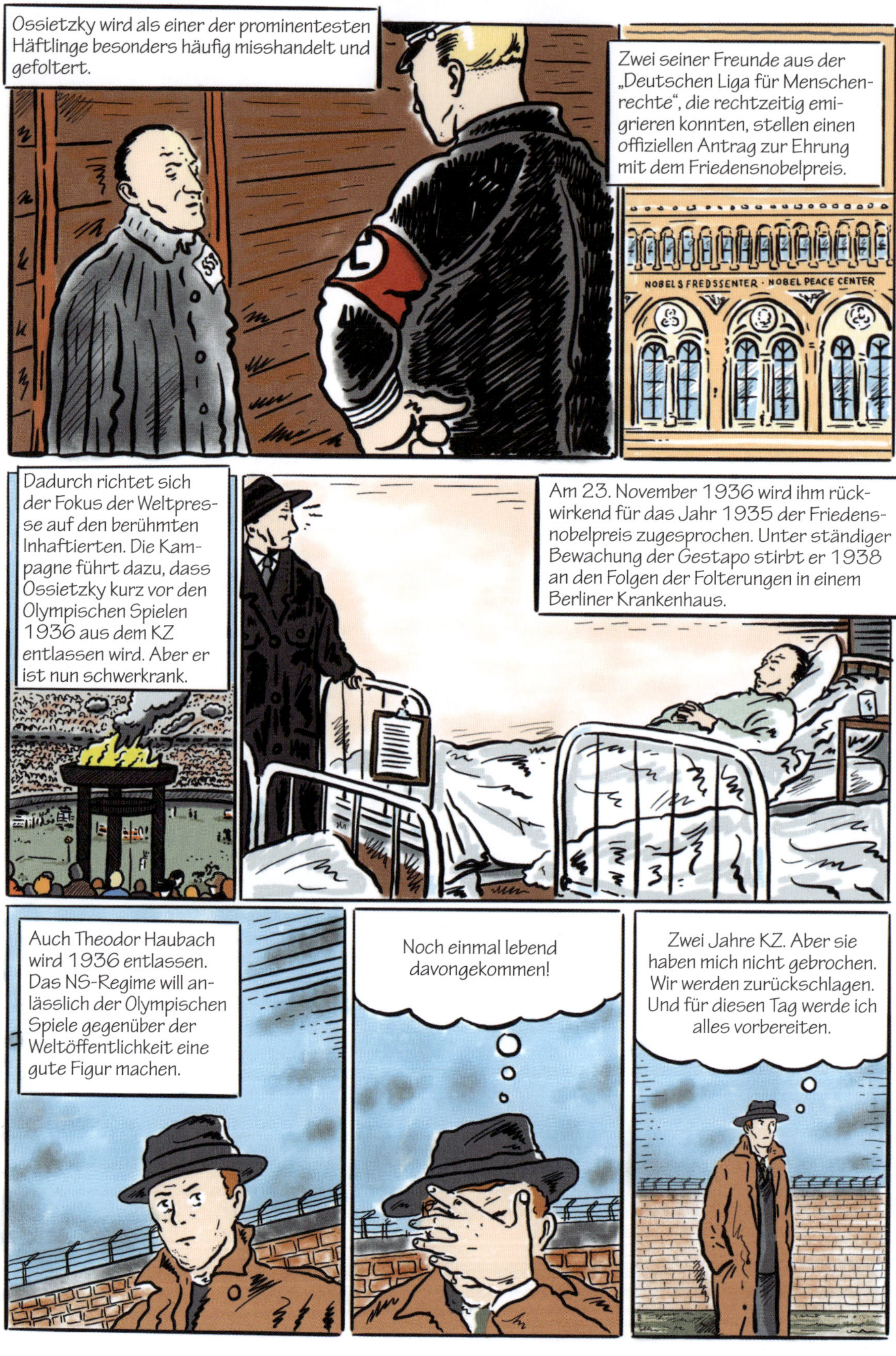

Ossietzky wird als einer der prominentesten Häftlinge besonders häufig misshandelt und gefoltert.
Zwei seiner Freunde aus der „Deutschen Liga für Menschenrechte", die rechtzeitig emigrieren konnten, stellen einen offiziellen Antrag zur Ehrung mit dem Friedensnobelpreis.
NOBELS FREDSSENTER · NOBEL PEACE CENTER
Dadurch richtet sich der Fokus der Weltpresse auf den berühmten Inhaftierten. Die Kampagne führt dazu, dass Ossietzky kurz vor den Olympischen Spielen 1936 aus dem KZ entlassen wird. Aber er ist nun schwerkrank.
Am 23. November 1936 wird ihm rückwirkend für das Jahr 1935 der Friedensnobelpreis zugesprochen. Unter ständiger Bewachung der Gestapo stirbt er 1938 an den Folgen der Folterungen in einem Berliner Krankenhaus.
Auch Theodor Haubach wird 1936 entlassen. Das NS-Regime will anlässlich der Olympischen Spiele gegenüber der Weltöffentlichkeit eine gute Figur machen.
Noch einmal lebend davongekommen!
Zwei Jahre KZ. Aber sie haben mich nicht gebrochen. Wir werden zurückschlagen. Und für diesen Tag werde ich alles vorbereiten.

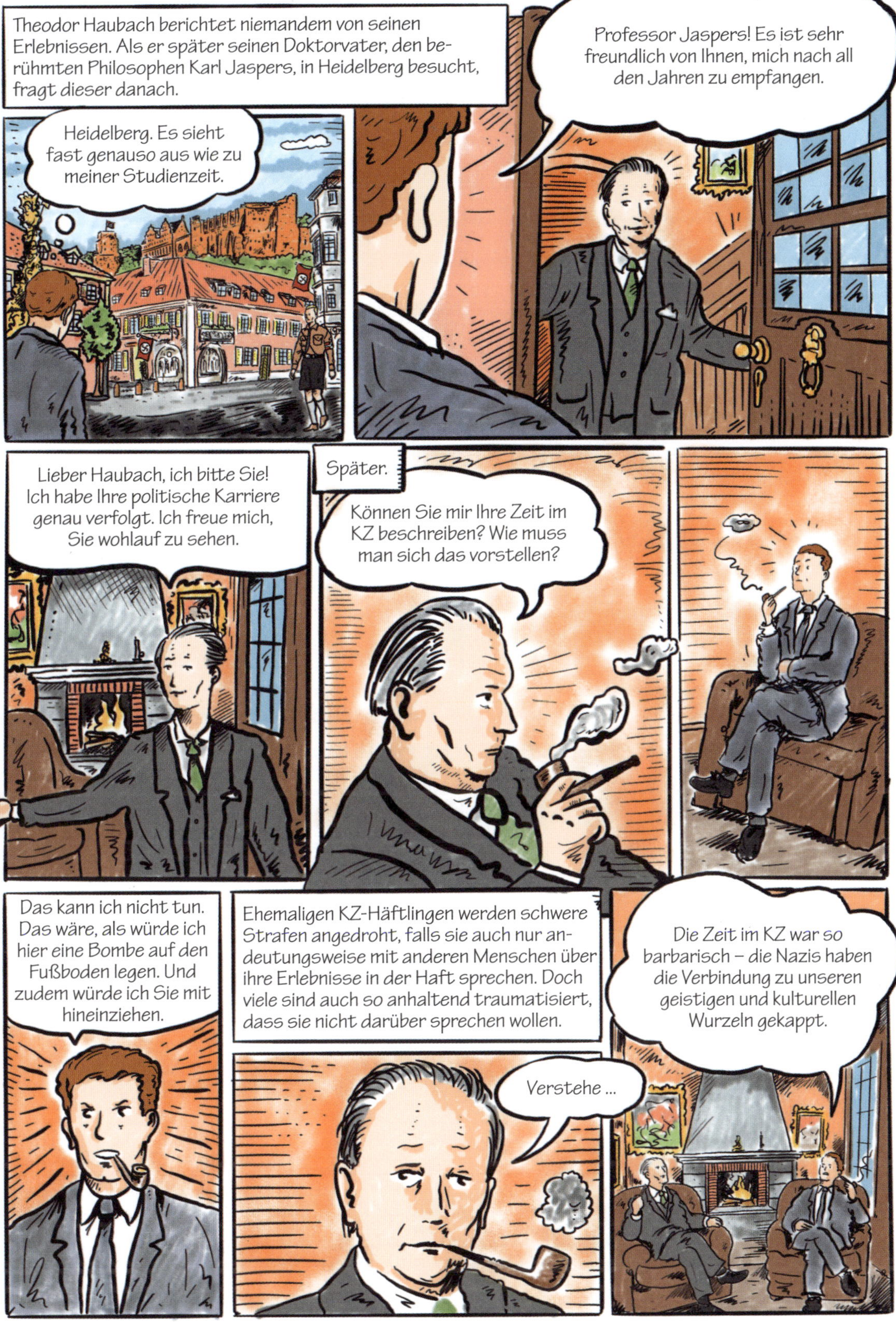

Theodor Haubach berichtet niemandem von seinen Erlebnissen. Als er später seinen Doktorvater, den berühmten Philosophen Karl Jaspers, in Heidelberg besucht, fragt dieser danach.
Professor Jaspers! Es ist sehr freundlich von Ihnen, mich nach all den Jahren zu empfangen.
Heidelberg. Es sieht fast genauso aus wie zu meiner Studienzeit.
Lieber Haubach, ich bitte Sie! Ich habe Ihre politische Karriere genau verfolgt. Ich freue mich, Sie wohlauf zu sehen.
Später.
Können Sie mir Ihre Zeit im KZ beschreiben? Wie muss man sich das vorstellen?
Das kann ich nicht tun. Das wäre, als würde ich hier eine Bombe auf den Fußboden legen. Und zudem würde ich Sie mit hineinziehen.
Ehemaligen KZ-Häftlingen werden schwere Strafen angedroht, falls sie auch nur andeutungsweise mit anderen Menschen über ihre Erlebnisse in der Haft sprechen. Doch viele sind auch so anhaltend traumatisiert, dass sie nicht darüber sprechen wollen.
Verstehe ...
Die Zeit im KZ war so barbarisch – die Nazis haben die Verbindung zu unseren geistigen und kulturellen Wurzeln gekappt.

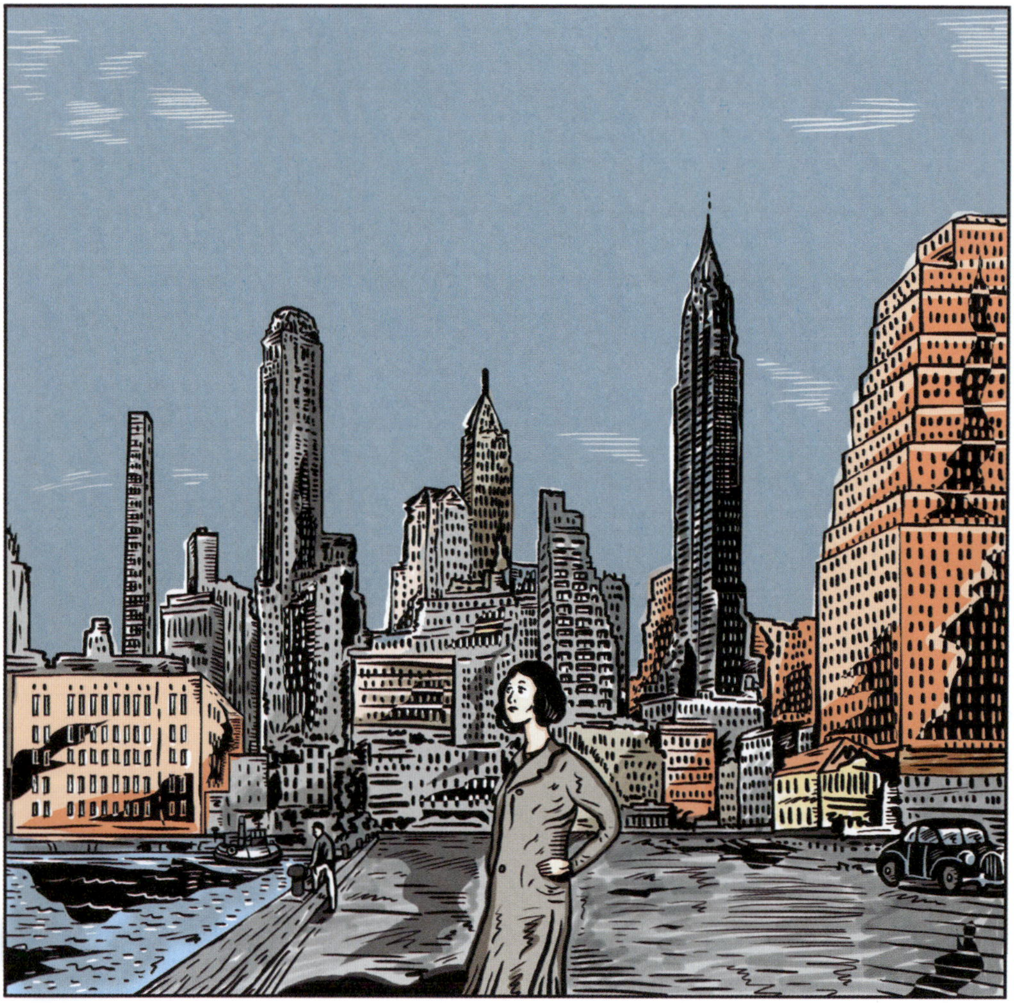

Zweites Kapitel
Tony Sender

„Was war unser Verbrechen?
Die Freiheit zu sehr geliebt zu haben.
Aber wie hätte ich anders gekonnt? War nicht mein ganzes Leben ein Kampf um mehr Freiheit gewesen – um gesellschaftliche Bedingungen, unter denen jedes Individuum die Bedürfnisse empfinden und befriedigen kann, die uns erst zum Menschen machen?"

Tony Sender in ihrer Autobiografie, 1938

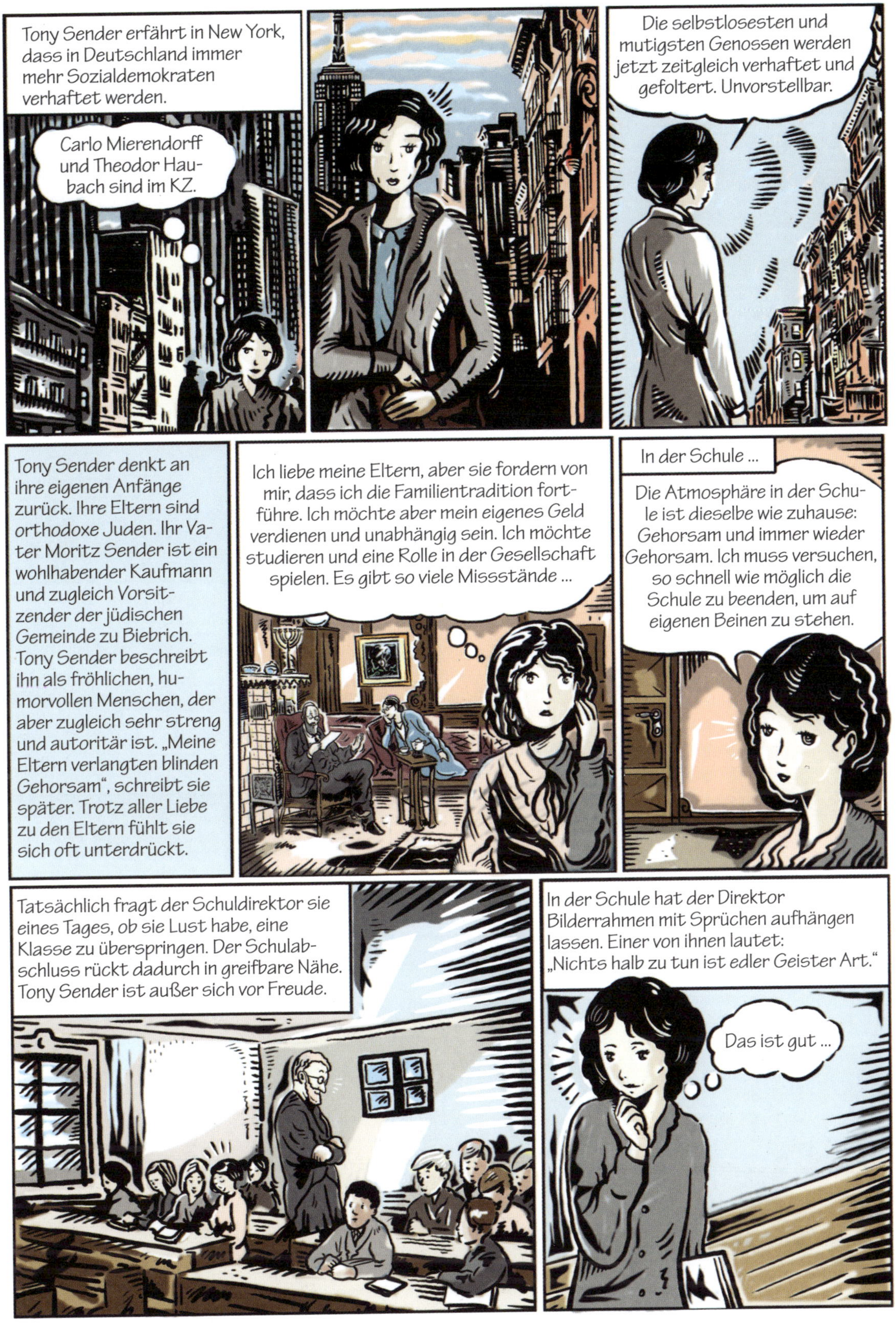

Tony Sender erfährt in New York, dass in Deutschland immer mehr Sozialdemokraten verhaftet werden.
Carlo Mierendorff und Theodor Haubach sind im KZ.
Die selbstlosesten und mutigsten Genossen werden jetzt zeitgleich verhaftet und gefoltert. Unvorstellbar.
Tony Sender denkt an ihre eigenen Anfänge zurück. Ihre Eltern sind orthodoxe Juden. Ihr Vater Moritz Sender ist ein wohlhabender Kaufmann und zugleich Vorsitzender der jüdischen Gemeinde zu Biebrich. Tony Sender beschreibt ihn als fröhlichen, humorvollen Menschen, der aber zugleich sehr streng und autoritär ist. „Meine Eltern verlangten blinden Gehorsam", schreibt sie später. Trotz aller Liebe zu den Eltern fühlt sie sich oft unterdrückt.
Ich liebe meine Eltern, aber sie fordern von mir, dass ich die Familientradition fortführe. Ich möchte aber mein eigenes Geld verdienen und unabhängig sein. Ich möchte studieren und eine Rolle in der Gesellschaft spielen. Es gibt so viele Missstände ...
In der Schule ...
Die Atmosphäre in der Schule ist dieselbe wie zuhause: Gehorsam und immer wieder Gehorsam. Ich muss versuchen, so schnell wie möglich die Schule zu beenden, um auf eigenen Beinen zu stehen.
Tatsächlich fragt der Schuldirektor sie eines Tages, ob sie Lust habe, eine Klasse zu überspringen. Der Schulabschluss rückt dadurch in greifbare Nähe. Tony Sender ist außer sich vor Freude.
In der Schule hat der Direktor Bilderrahmen mit Sprüchen aufhängen lassen. Einer von ihnen lautet: „Nichts halb zu tun ist edler Geister Art."
Das ist gut ...

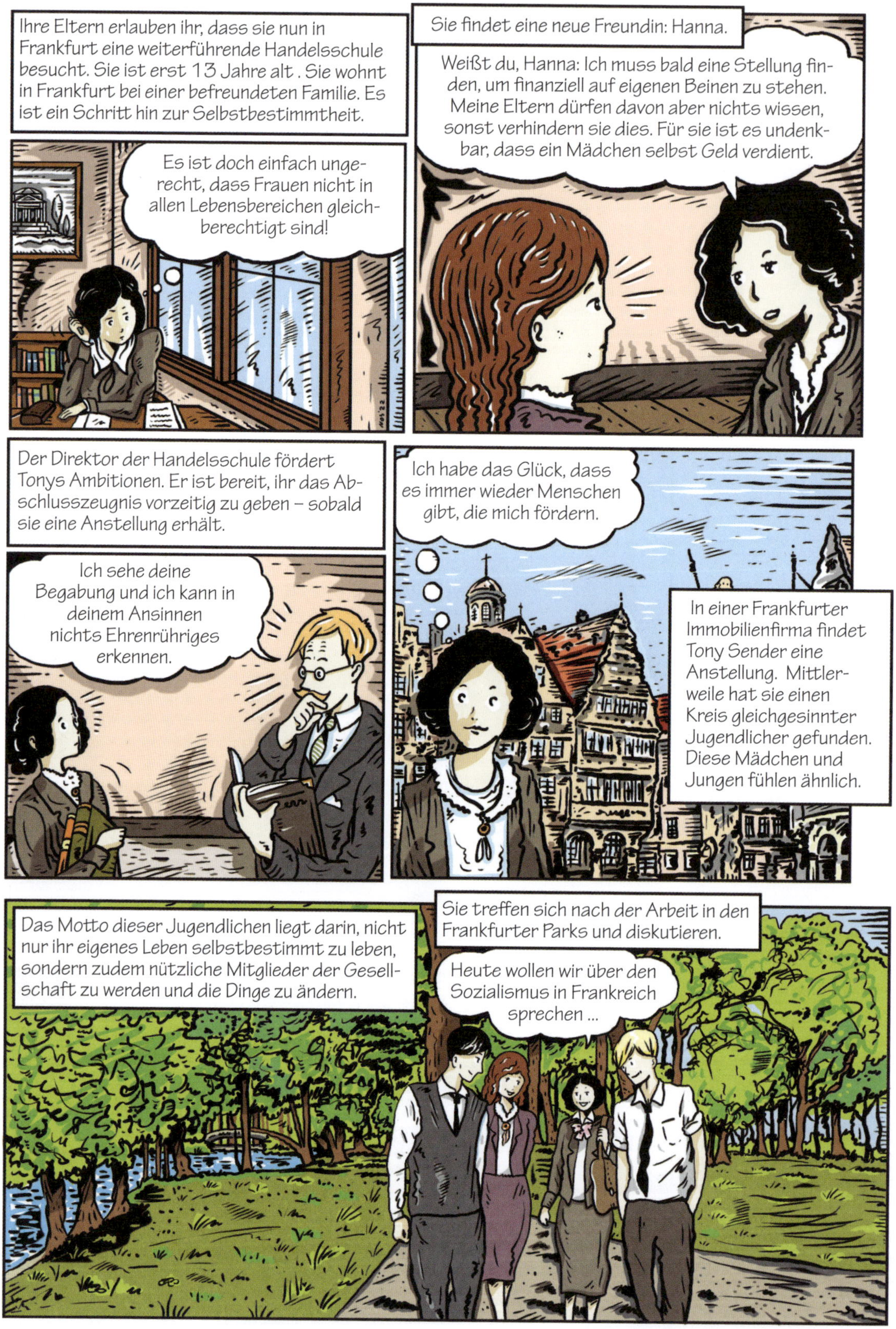
Ihre Eltern erlauben ihr, dass sie nun in Frankfurt eine weiterführende Handelsschule besucht. Sie ist erst 13 Jahre alt . Sie wohnt in Frankfurt bei einer befreundeten Familie. Es ist ein Schritt hin zur Selbstbestimmtheit.
Es ist doch einfach ungerecht, dass Frauen nicht in allen Lebensbereichen gleichberechtigt sind!
Sie findet eine neue Freundin: Hanna.
Weißt du, Hanna: Ich muss bald eine Stellung finden, um finanziell auf eigenen Beinen zu stehen. Meine Eltern dürfen davon aber nichts wissen, sonst verhindern sie dies. Für sie ist es undenkbar, dass ein Mädchen selbst Geld verdient.
Der Direktor der Handelsschule fördert Tonys Ambitionen. Er ist bereit, ihr das Abschlusszeugnis vorzeitig zu geben – sobald sie eine Anstellung erhält.
Ich sehe deine Begabung und ich kann in deinem Ansinnen nichts Ehrenrühriges erkennen.
Ich habe das Glück, dass es immer wieder Menschen gibt, die mich fördern.
In einer Frankfurter Immobilienfirma findet Tony Sender eine Anstellung. Mittlerweile hat sie einen Kreis gleichgesinnter Jugendlicher gefunden. Diese Mädchen und Jungen fühlen ähnlich.
Das Motto dieser Jugendlichen liegt darin, nicht nur ihr eigenes Leben selbstbestimmt zu leben, sondern zudem nützliche Mitglieder der Gesellschaft zu werden und die Dinge zu ändern.
Sie treffen sich nach der Arbeit in den Frankfurter Parks und diskutieren.
Heute wollen wir über den Sozialismus in Frankreich sprechen ...

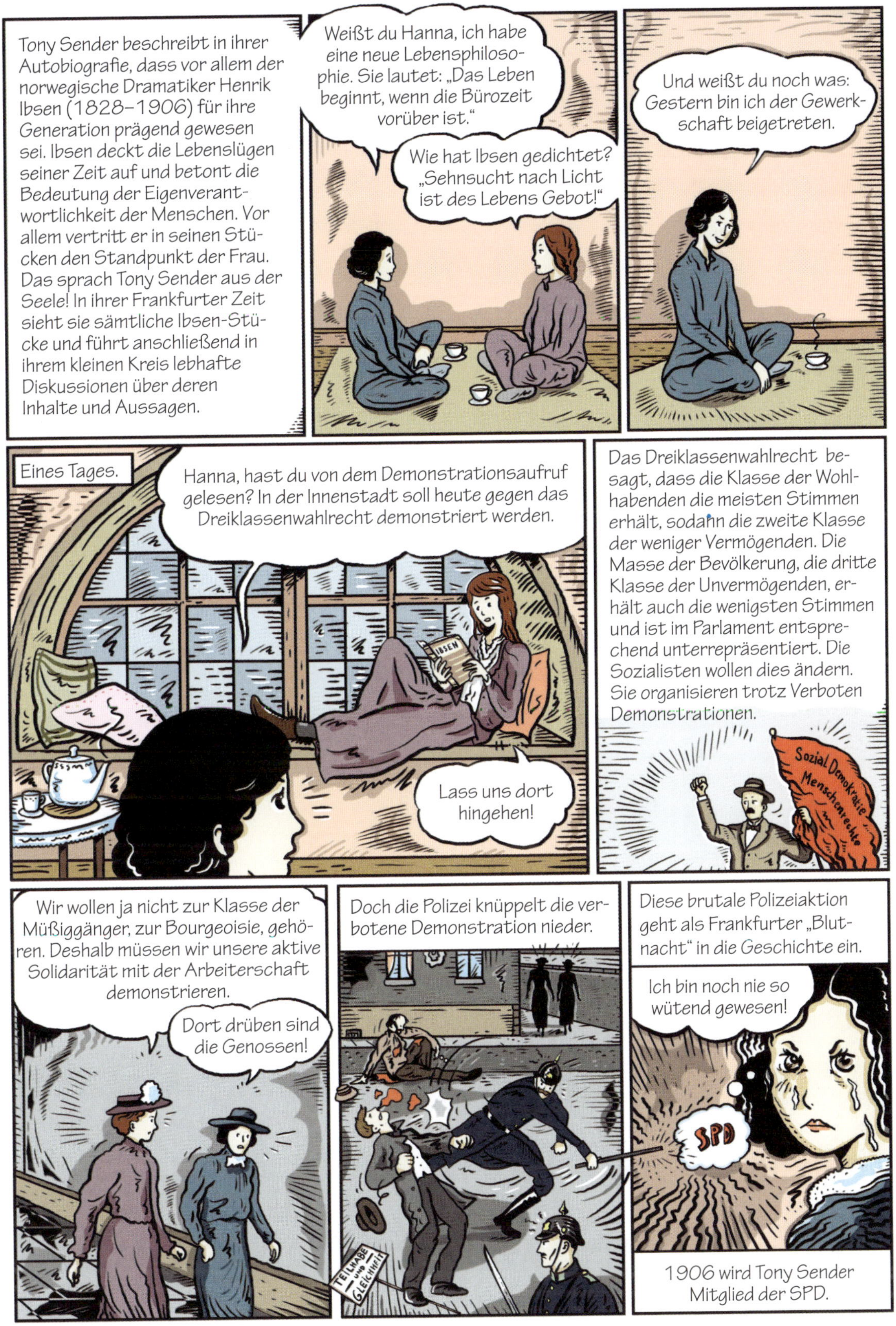

Tony Sender beschreibt in ihrer Autobiografie, dass vor allem der norwegische Dramatiker Henrik Ibsen (1828–1906) für ihre Generation prägend gewesen sei. Ibsen deckt die Lebenslügen seiner Zeit auf und betont die Bedeutung der Eigenverantwortlichkeit der Menschen. Vor allem vertritt er in seinen Stücken den Standpunkt der Frau. Das sprach Tony Sender aus der Seele! In ihrer Frankfurter Zeit sieht sie sämtliche Ibsen-Stücke und führt anschließend in ihrem kleinen Kreis lebhafte Diskussionen über deren Inhalte und Aussagen.
Weißt du Hanna, ich habe eine neue Lebensphilosophie. Sie lautet: „Das Leben beginnt, wenn die Bürozeit vorüber ist."
Wie hat Ibsen gedichtet? „Sehnsucht nach Licht ist des Lebens Gebot!"
Und weißt du noch was: Gestern bin ich der Gewerkschaft beigetreten.
Eines Tages.
Hanna, hast du von dem Demonstrationsaufruf gelesen? In der Innenstadt soll heute gegen das Dreiklassenwahlrecht demonstriert werden.
IBSEN
Lass uns dort hingehen!
Das Dreiklassenwahlrecht besagt, dass die Klasse der Wohlhabenden die meisten Stimmen erhält, sodann die zweite Klasse der weniger Vermögenden. Die Masse der Bevölkerung, die dritte Klasse der Unvermögenden, erhält auch die wenigsten Stimmen und ist im Parlament entsprechend unterrepräsentiert. Die Sozialisten wollen dies ändern. Sie organisieren trotz Verboten Demonstrationen.
Sozial Demokratie
Menschenrechte
Wir wollen ja nicht zur Klasse der Müßiggänger, zur Bourgeoisie, gehören. Deshalb müssen wir unsere aktive Solidarität mit der Arbeiterschaft demonstrieren.
Dort drüben sind die Genossen!
Doch die Polizei knüppelt die verbotene Demonstration nieder.
TEILHABE UND GLEICHHEIT
Diese brutale Polizeiaktion geht als Frankfurter „Blutnacht" in die Geschichte ein.
Ich bin noch nie so wütend gewesen!
SPD
1906 wird Tony Sender Mitglied der SPD.

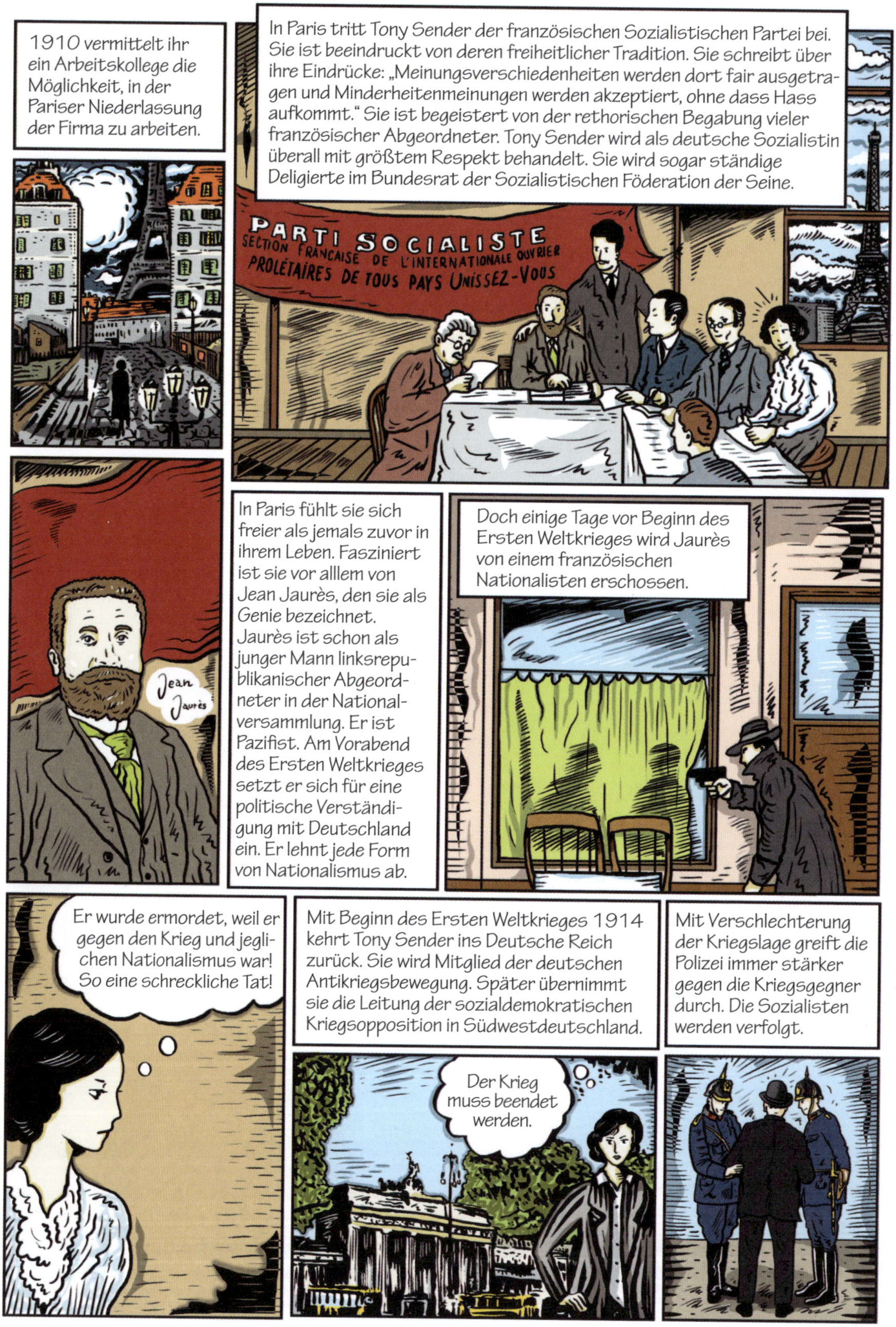
1910 vermittelt ihr ein Arbeitskollege die Möglichkeit, in der Pariser Niederlassung der Firma zu arbeiten.
In Paris tritt Tony Sender der französischen Sozialistischen Partei bei. Sie ist beeindruckt von deren freiheitlicher Tradition. Sie schreibt über ihre Eindrücke: „Meinungsverschiedenheiten werden dort fair ausgetragen und Minderheitenmeinungen werden akzeptiert, ohne dass Hass aufkommt." Sie ist begeistert von der rethorischen Begabung vieler französischer Abgeordneter. Tony Sender wird als deutsche Sozialistin überall mit größtem Respekt behandelt. Sie wird sogar ständige Deligierte im Bundesrat der Sozialistischen Föderation der Seine.
PARTI SOCIALISTE
SECTION FRANÇAISE DE L'INTERNATIONALE OUVRIER
PROLÉTAIRES DE TOUS PAYS UNISSEZ-VOUS
Jean Jaurès
In Paris fühlt sie sich freier als jemals zuvor in ihrem Leben. Fasziniert ist sie vor alllem von Jean Jaurès, den sie als Genie bezeichnet. Jaurès ist schon als junger Mann linksrepublikanischer Abgeordneter in der Nationalversammlung. Er ist Pazifist. Am Vorabend des Ersten Weltkrieges setzt er sich für eine politische Verständigung mit Deutschland ein. Er lehnt jede Form von Nationalismus ab.
Doch einige Tage vor Beginn des Ersten Weltkrieges wird Jaurès von einem französischen Nationalisten erschossen.
Er wurde ermordet, weil er gegen den Krieg und jeglichen Nationalismus war! So eine schreckliche Tat!
Mit Beginn des Ersten Weltkrieges 1914 kehrt Tony Sender ins Deutsche Reich zurück. Sie wird Mitglied der deutschen Antikriegsbewegung. Später übernimmt sie die Leitung der sozialdemokratischen Kriegsopposition in Südwestdeutschland.
Der Krieg muss beendet werden.
Mit Verschlechterung der Kriegslage greift die Polizei immer stärker gegen die Kriegsgegner durch. Die Sozialisten werden verfolgt.

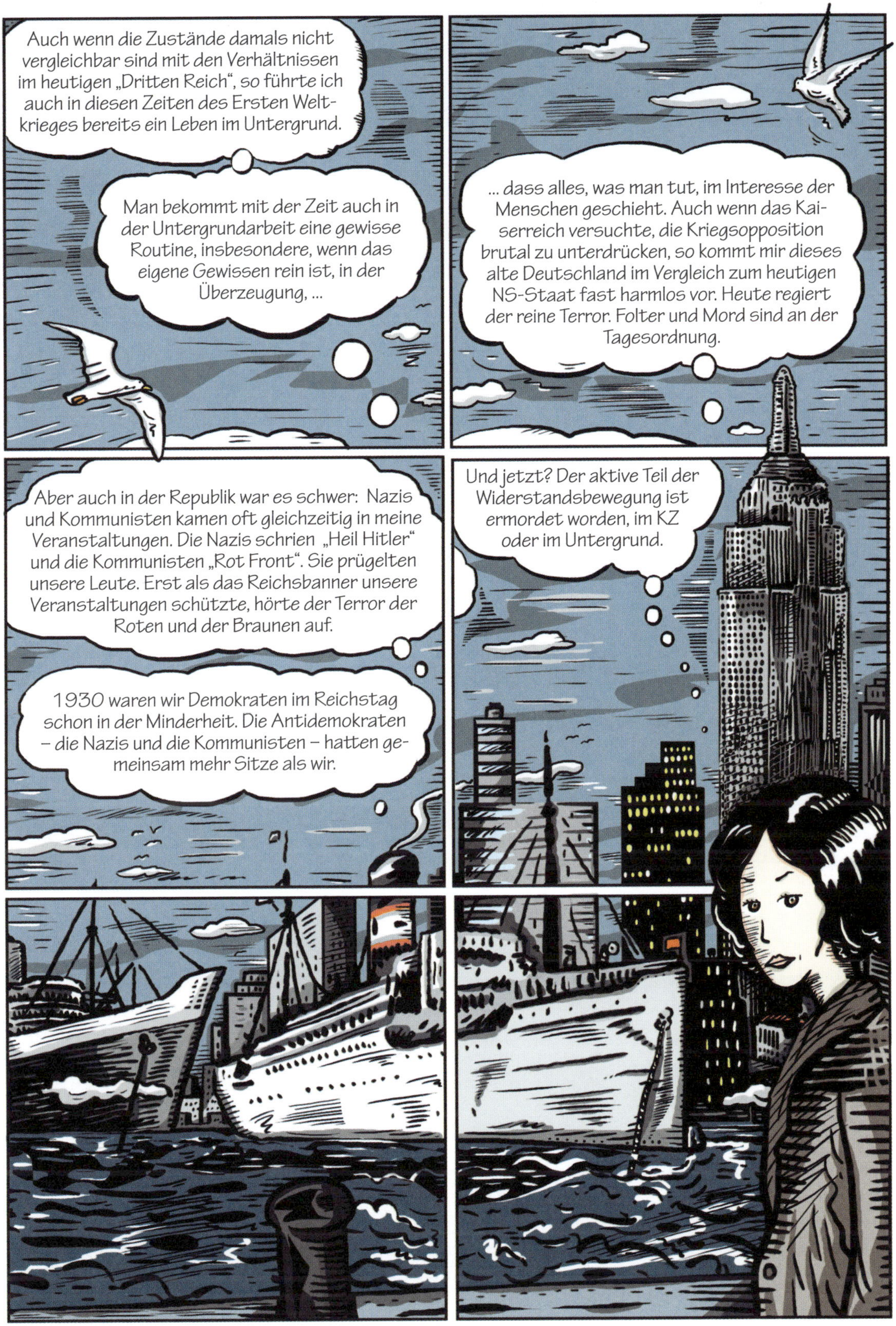
Auch wenn die Zustände damals nicht vergleichbar sind mit den Verhältnissen im heutigen „Dritten Reich", so führte ich auch in diesen Zeiten des Ersten Welt-krieges bereits ein Leben im Untergrund.
Man bekommt mit der Zeit auch in der Untergrundarbeit eine gewisse Routine, insbesondere, wenn das eigene Gewissen rein ist, in der Überzeugung, ...
... dass alles, was man tut, im Interesse der Menschen geschieht. Auch wenn das Kaiserreich versuchte, die Kriegsopposition brutal zu unterdrücken, so kommt mir dieses alte Deutschland im Vergleich zum heutigen NS-Staat fast harmlos vor. Heute regiert der reine Terror. Folter und Mord sind an der Tagesordnung.
Aber auch in der Republik war es schwer: Nazis und Kommunisten kamen oft gleichzeitig in meine Veranstaltungen. Die Nazis schrien „Heil Hitler" und die Kommunisten „Rot Front". Sie prügelten unsere Leute. Erst als das Reichsbanner unsere Veranstaltungen schützte, hörte der Terror der Roten und der Braunen auf.
1930 waren wir Demokraten im Reichstag schon in der Minderheit. Die Antidemokraten – die Nazis und die Kommunisten – hatten gemeinsam mehr Sitze als wir.
Und jetzt? Der aktive Teil der Widerstandsbewegung ist ermordet worden, im KZ oder im Untergrund.

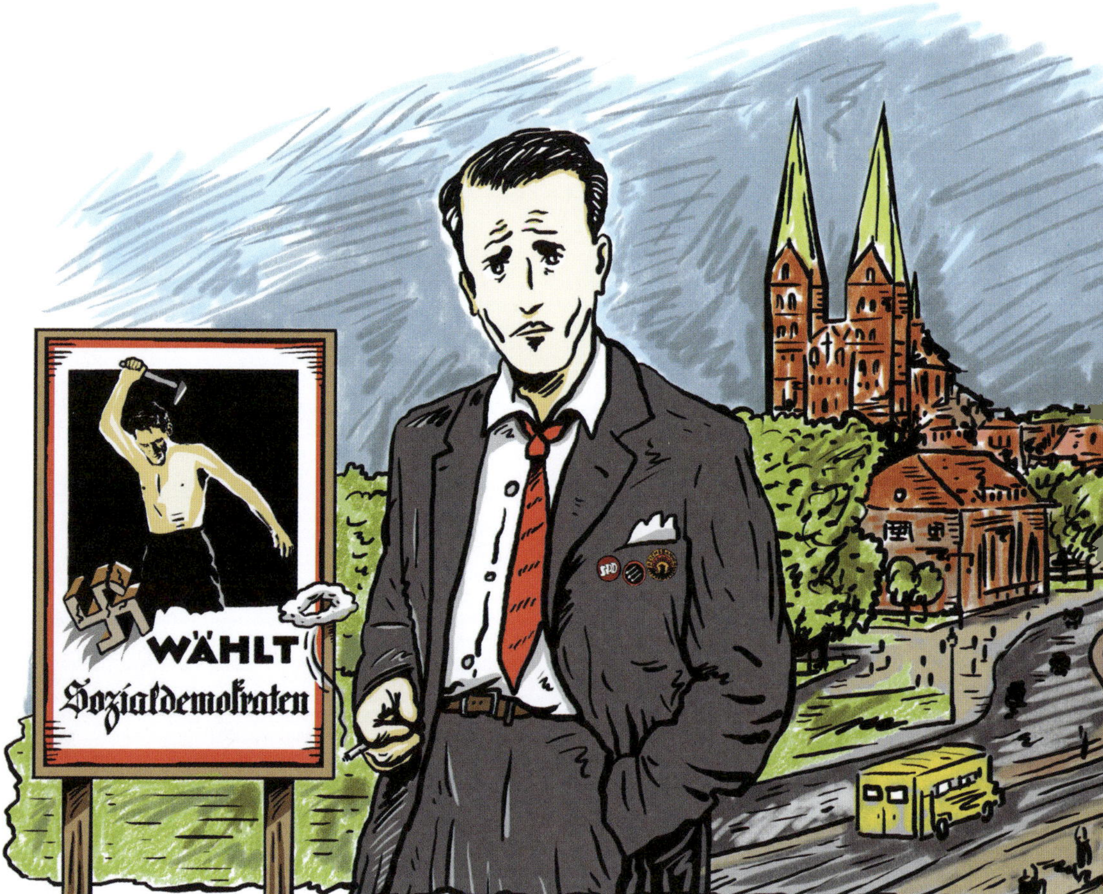
WÄHLT
Sozialdemokraten
SPD

Drittes Kapitel
Julius Leber

„Meine Flucht wäre nicht vertretbar gewesen vor jenen 30 000 Lübecker Menschen, die mir über alle Schwierigkeiten, alle Not und alle Hetze hinweg ihr Vertrauen schenkten. Keine deutsche Stadt hatte ein ähnliches günstiges Resultat aufzuweisen bei der letzten Wahl wie gerade Lübeck."

Julius Leber in einem Brief
aus der Untersuchungshaft
an seine Frau Annedore,
5. September 1933.

Hintergrund zum Zitat:

Die SPD hatte bei den Wahlen vom 5. März 1933 in Lübeck trotz der massiven Drohgebärden der SA und der Beeinflussung seitens des NS-Regimes immerhin 38,3 % der Stimmen erhalten. Der Reichsdurchschnitt der SPD-Ergebnisse lag lediglich bei 18,3 %.

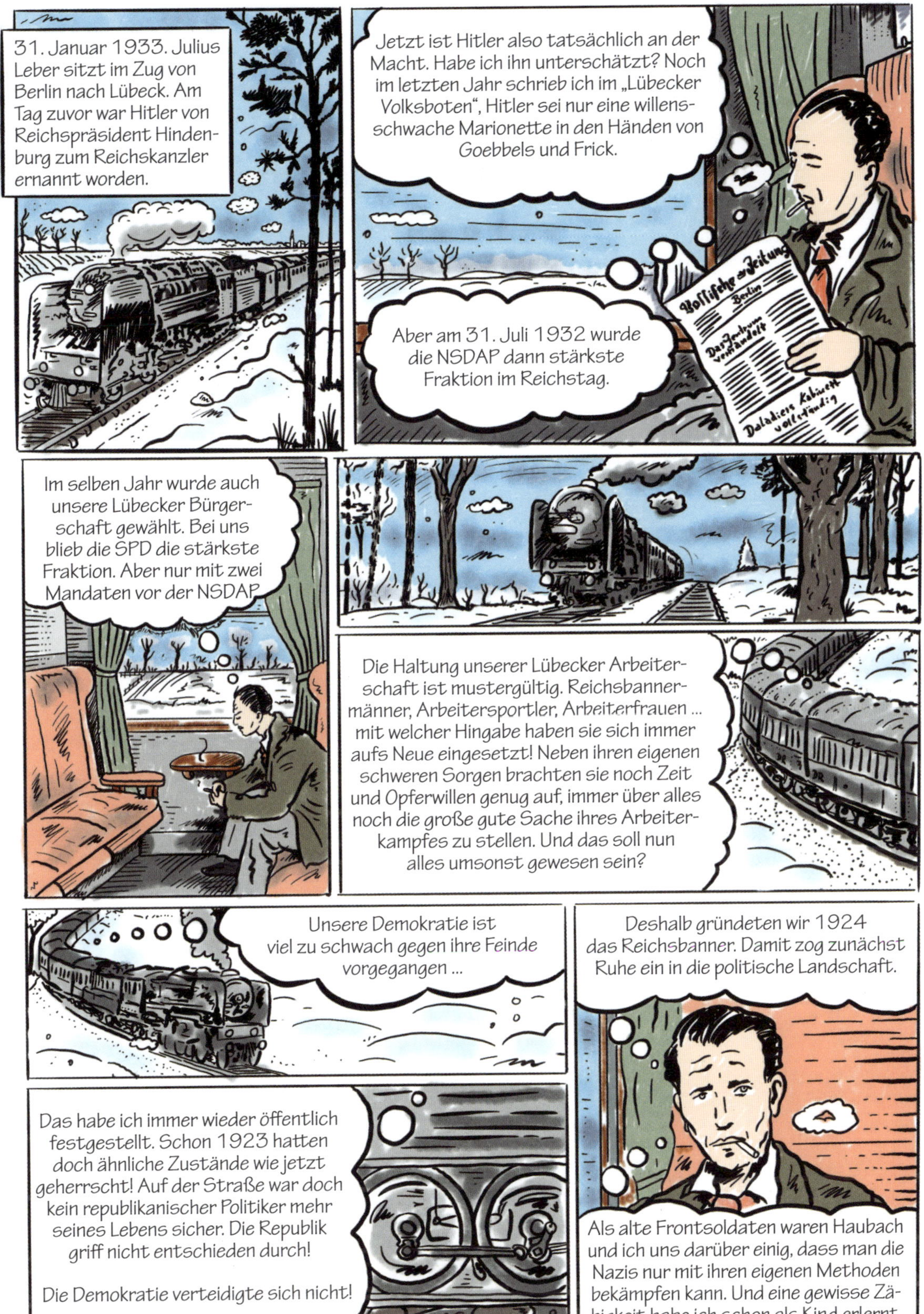
31. Januar 1933. Julius Leber sitzt im Zug von Berlin nach Lübeck. Am Tag zuvor war Hitler von Reichspräsident Hindenburg zum Reichskanzler ernannt worden.
Jetzt ist Hitler also tatsächlich an der Macht. Habe ich ihn unterschätzt? Noch im letzten Jahr schrieb ich im „Lübecker Volksboten“, Hitler sei nur eine willensschwache Marionette in den Händen von Goebbels und Frick.
Aber am 31. Juli 1932 wurde die NSDAP dann stärkste Fraktion im Reichstag.
Vossische Zeitung
Berlin
Das Zentrum verhandelt
Daladiers Kabinett vollständig
Im selben Jahr wurde auch unsere Lübecker Bürgerschaft gewählt. Bei uns blieb die SPD die stärkste Fraktion. Aber nur mit zwei Mandaten vor der NSDAP.
Die Haltung unserer Lübecker Arbeiterschaft ist mustergültig. Reichsbannermänner, Arbeitersportler, Arbeiterfrauen ... mit welcher Hingabe haben sie sich immer aufs Neue eingesetzt! Neben ihren eigenen schweren Sorgen brachten sie noch Zeit und Opferwillen genug auf, immer über alles noch die große gute Sache ihres Arbeiterkampfes zu stellen. Und das soll nun alles umsonst gewesen sein?
Unsere Demokratie ist viel zu schwach gegen ihre Feinde vorgegangen ...
Deshalb gründeten wir 1924 das Reichsbanner. Damit zog zunächst Ruhe ein in die politische Landschaft.
Das habe ich immer wieder öffentlich festgestellt. Schon 1923 hatten doch ähnliche Zustände wie jetzt geherrscht! Auf der Straße war doch kein republikanischer Politiker mehr seines Lebens sicher. Die Republik griff nicht entschieden durch!
Die Demokratie verteidigte sich nicht!
Als alte Frontsoldaten waren Haubach und ich uns darüber einig, dass man die Nazis nur mit ihren eigenen Methoden bekämpfen kann. Und eine gewisse Zähigkeit habe ich schon als Kind erlernt.

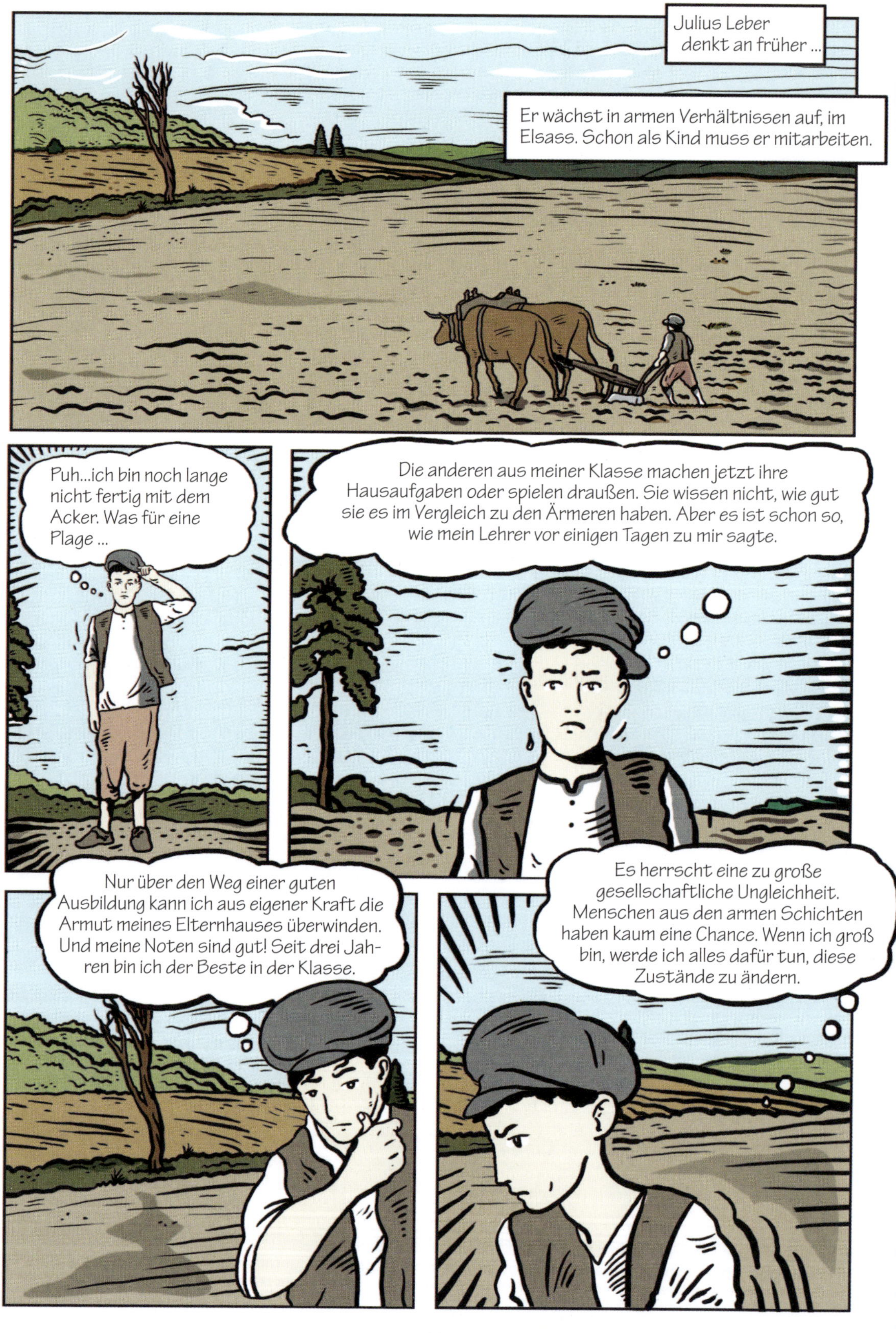
Julius Leber denkt an früher ...
Er wächst in armen Verhältnissen auf, im Elsass. Schon als Kind muss er mitarbeiten.
Puh...ich bin noch lange nicht fertig mit dem Acker. Was für eine Plage ...
Die anderen aus meiner Klasse machen jetzt ihre Hausaufgaben oder spielen draußen. Sie wissen nicht, wie gut sie es im Vergleich zu den Ärmeren haben. Aber es ist schon so, wie mein Lehrer vor einigen Tagen zu mir sagte.
Nur über den Weg einer guten Ausbildung kann ich aus eigener Kraft die Armut meines Elternhauses überwinden. Und meine Noten sind gut! Seit drei Jahren bin ich der Beste in der Klasse.
Es herrscht eine zu große gesellschaftliche Ungleichheit. Menschen aus den armen Schichten haben kaum eine Chance. Wenn ich groß bin, werde ich alles dafür tun, diese Zustände zu ändern.

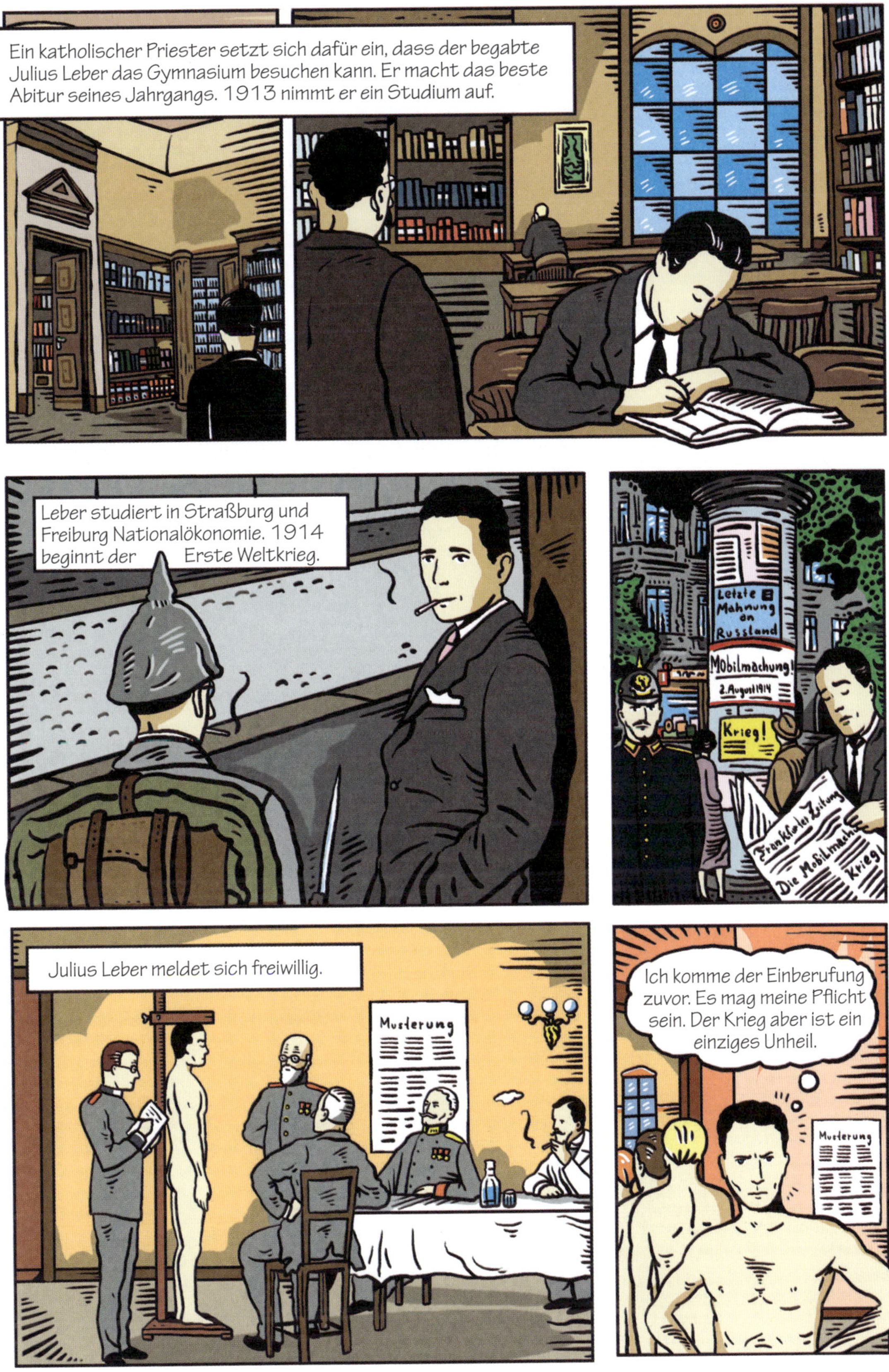
Ein katholischer Priester setzt sich dafür ein, dass der begabte Julius Leber das Gymnasium besuchen kann. Er macht das beste Abitur seines Jahrgangs. 1913 nimmt er ein Studium auf.
Leber studiert in Straßburg und Freiburg Nationalökonomie. 1914 beginnt der Erste Weltkrieg.
Letzte Mahnung an Russland
Mobilmachung!
2. August 1914
Krieg!
Frankfurter Zeitung
Krieg
Julius Leber meldet sich freiwillig.
Musterung
Ich komme der Einberufung zuvor. Es mag meine Pflicht sein. Der Krieg aber ist ein einziges Unheil.
Musterung

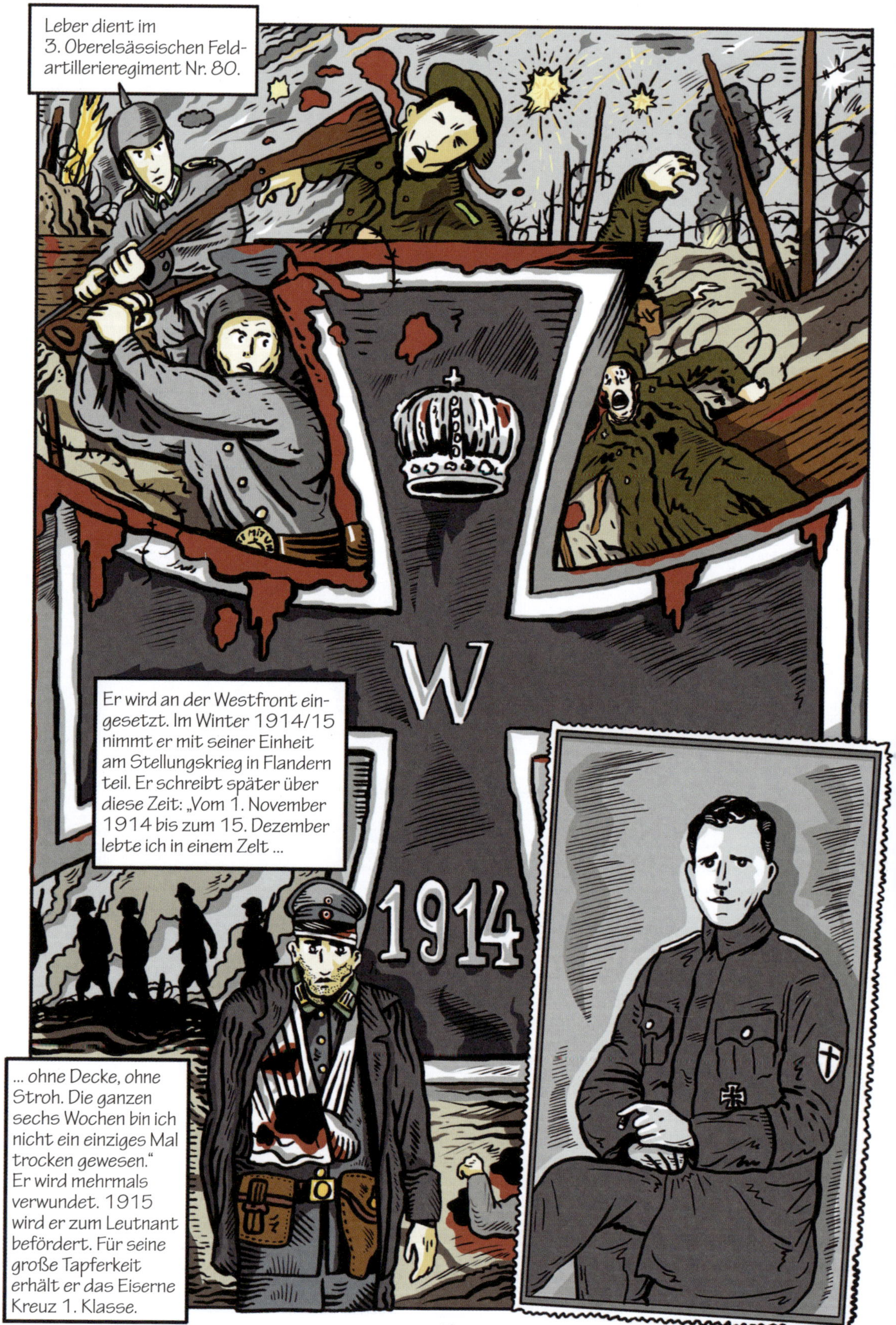
Leber dient im 3. Oberelsässischen Feldartillerieregiment Nr. 80.
Er wird an der Westfront eingesetzt. Im Winter 1914/15 nimmt er mit seiner Einheit am Stellungskrieg in Flandern teil. Er schreibt später über diese Zeit: „Vom 1. November 1914 bis zum 15. Dezember lebte ich in einem Zelt ...
... ohne Decke, ohne Stroh. Die ganzen sechs Wochen bin ich nicht ein einziges Mal trocken gewesen.“ Er wird mehrmals verwundet. 1915 wird er zum Leutnant befördert. Für seine große Tapferkeit erhält er das Eiserne Kreuz 1. Klasse.
W
1914

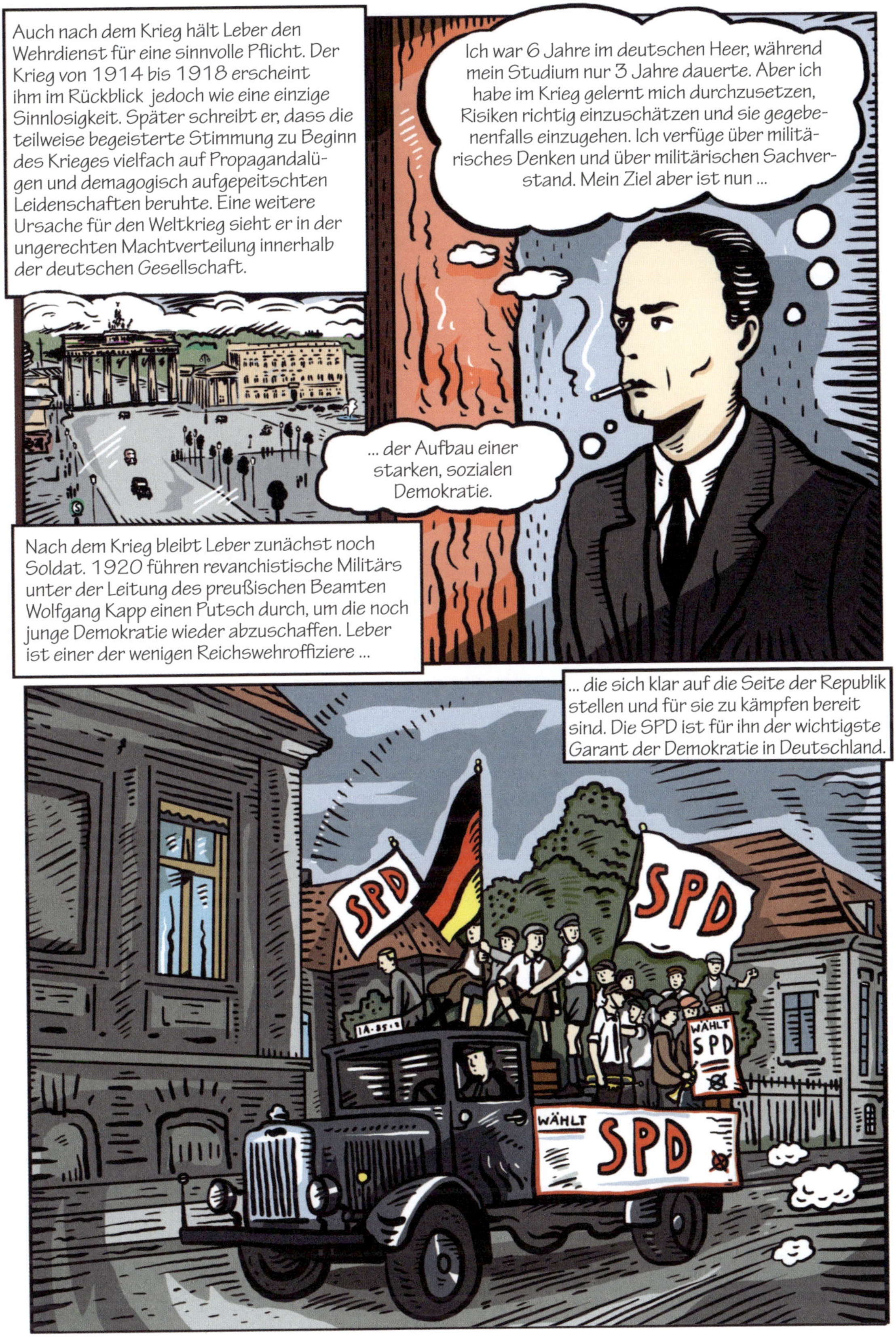
Auch nach dem Krieg hält Leber den Wehrdienst für eine sinnvolle Pflicht. Der Krieg von 1914 bis 1918 erscheint ihm im Rückblick jedoch wie eine einzige Sinnlosigkeit. Später schreibt er, dass die teilweise begeisterte Stimmung zu Beginn des Krieges vielfach auf Propagandalügen und demagogisch aufgepeitschten Leidenschaften beruhte. Eine weitere Ursache für den Weltkrieg sieht er in der ungerechten Machtverteilung innerhalb der deutschen Gesellschaft.
Ich war 6 Jahre im deutschen Heer, während mein Studium nur 3 Jahre dauerte. Aber ich habe im Krieg gelernt mich durchzusetzen, Risiken richtig einzuschätzen und sie gegebenenfalls einzugehen. Ich verfüge über militärisches Denken und über militärischen Sachverstand. Mein Ziel aber ist nun ...
... der Aufbau einer starken, sozialen Demokratie.
Nach dem Krieg bleibt Leber zunächst noch Soldat. 1920 führen revanchistische Militärs unter der Leitung des preußischen Beamten Wolfgang Kapp einen Putsch durch, um die noch junge Demokratie wieder abzuschaffen. Leber ist einer der wenigen Reichswehroffiziere ...
... die sich klar auf die Seite der Republik stellen und für sie zu kämpfen bereit sind. Die SPD ist für ihn der wichtigste Garant der Demokratie in Deutschland.
SPD
SPD
WÄHLT SPD
WÄHLT SPD

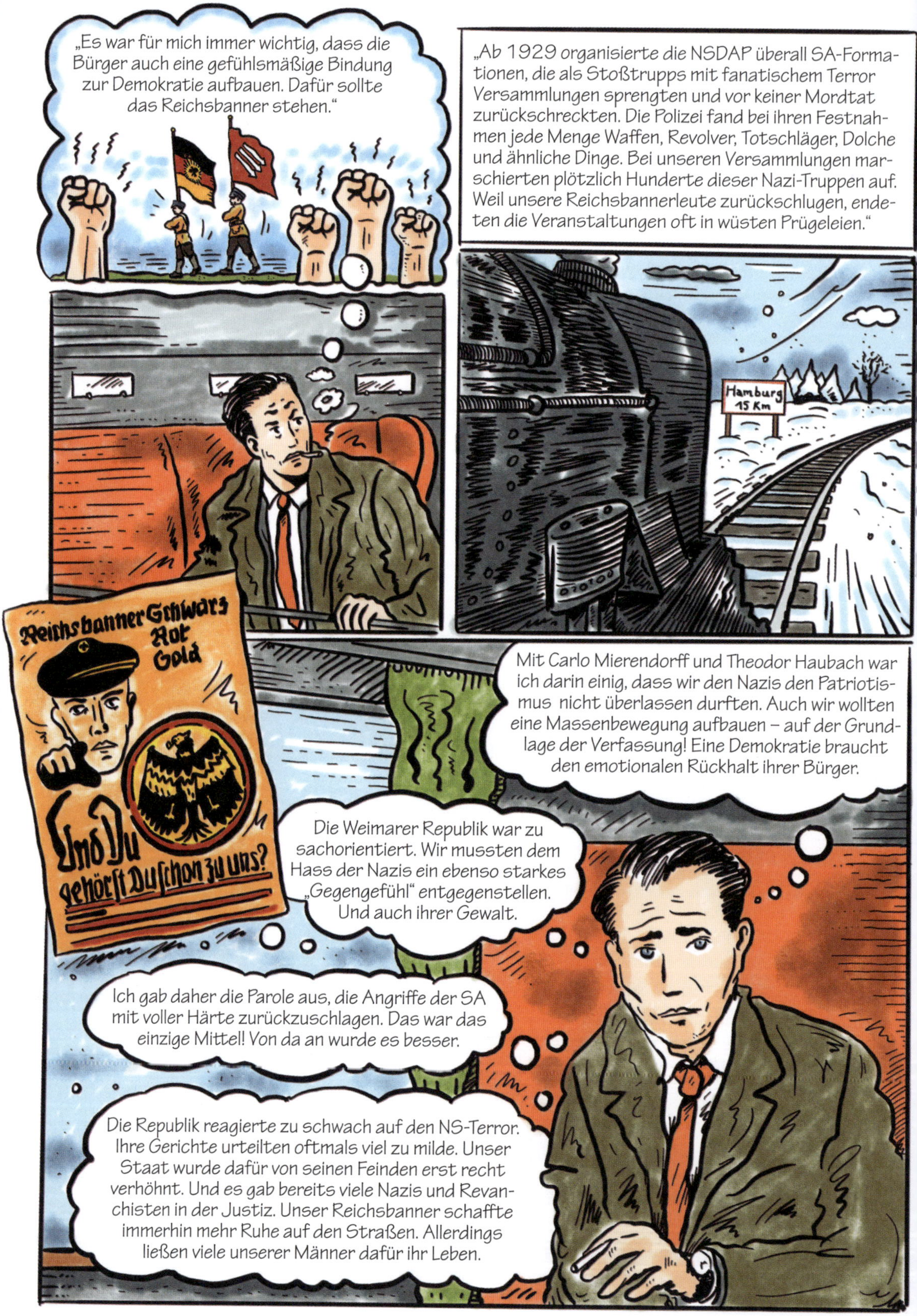
„Es war für mich immer wichtig, dass die Bürger auch eine gefühlsmäßige Bindung zur Demokratie aufbauen. Dafür sollte das Reichsbanner stehen."
„Ab 1929 organisierte die NSDAP überall SA-Formationen, die als Stoßtrupps mit fanatischem Terror Versammlungen sprengten und vor keiner Mordtat zurückschreckten. Die Polizei fand bei ihren Festnahmen jede Menge Waffen, Revolver, Totschläger, Dolche und ähnliche Dinge. Bei unseren Versammlungen marschierten plötzlich Hunderte dieser Nazi-Truppen auf. Weil unsere Reichsbannerleute zurückschlugen, endeten die Veranstaltungen oft in wüsten Prügeleien."
Hamburg 15 Km
Reichsbanner Schwarz Rot Gold
Und Du gehörst Du schon zu uns?
Mit Carlo Mierendorff und Theodor Haubach war ich darin einig, dass wir den Nazis den Patriotismus nicht überlassen durften. Auch wir wollten eine Massenbewegung aufbauen – auf der Grundlage der Verfassung! Eine Demokratie braucht den emotionalen Rückhalt ihrer Bürger.
Die Weimarer Republik war zu sachorientiert. Wir mussten dem Hass der Nazis ein ebenso starkes „Gegengefühl" entgegenstellen. Und auch ihrer Gewalt.
Ich gab daher die Parole aus, die Angriffe der SA mit voller Härte zurückzuschlagen. Das war das einzige Mittel! Von da an wurde es besser.
Die Republik reagierte zu schwach auf den NS-Terror. Ihre Gerichte urteilten oftmals viel zu milde. Unser Staat wurde dafür von seinen Feinden erst recht verhöhnt. Und es gab bereits viele Nazis und Revanchisten in der Justiz. Unser Reichsbanner schaffte immerhin mehr Ruhe auf den Straßen. Allerdings ließen viele unserer Männer dafür ihr Leben.

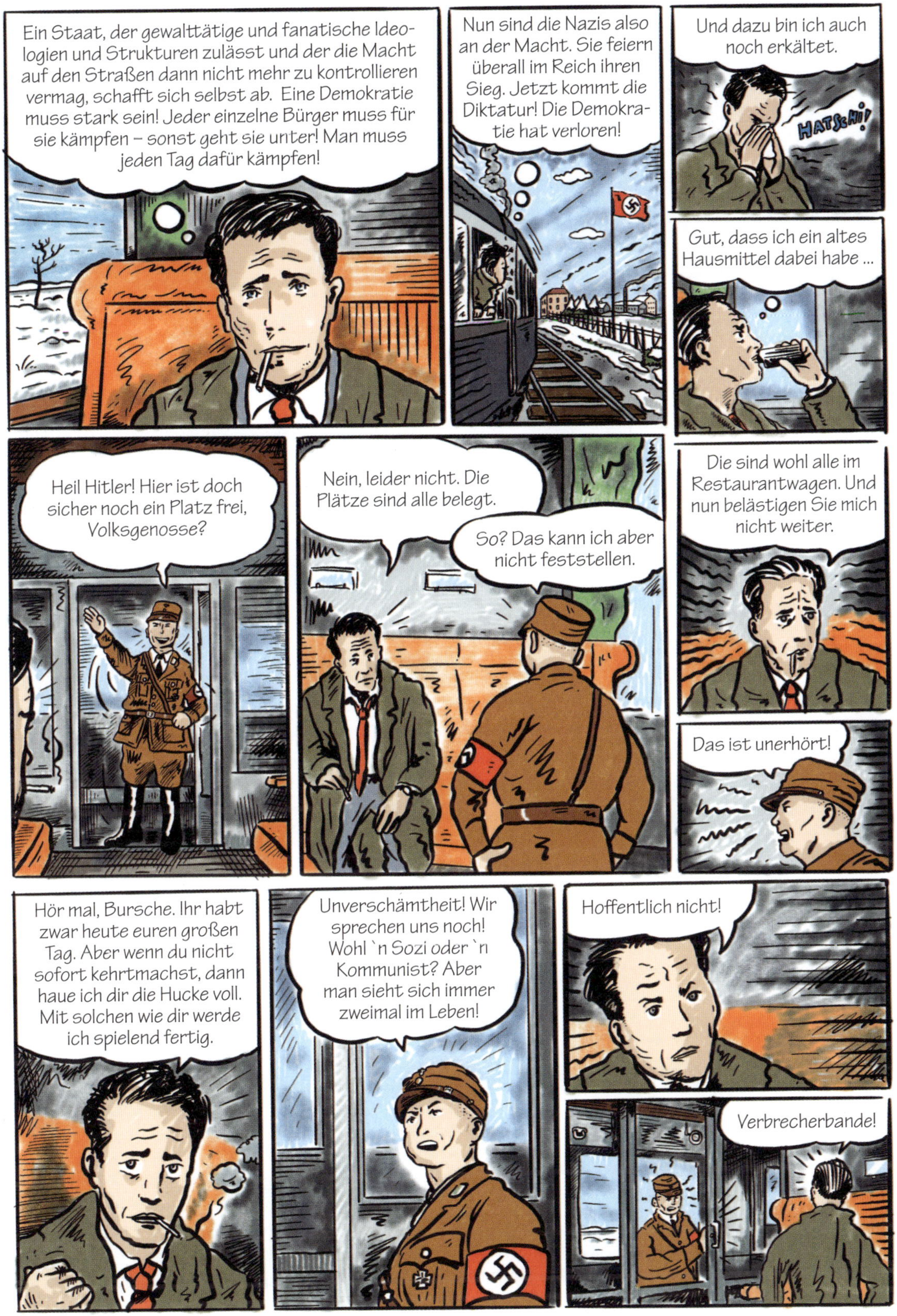
Ein Staat, der gewalttätige und fanatische Ideologien und Strukturen zulässt und der die Macht auf den Straßen dann nicht mehr zu kontrollieren vermag, schafft sich selbst ab. Eine Demokratie muss stark sein! Jeder einzelne Bürger muss für sie kämpfen – sonst geht sie unter! Man muss jeden Tag dafür kämpfen!
Nun sind die Nazis also an der Macht. Sie feiern überall im Reich ihren Sieg. Jetzt kommt die Diktatur! Die Demokratie hat verloren!
Und dazu bin ich auch noch erkältet.
HATSCHI!
Gut, dass ich ein altes Hausmittel dabei habe …
Heil Hitler! Hier ist doch sicher noch ein Platz frei, Volksgenosse?
Nein, leider nicht. Die Plätze sind alle belegt.
So? Das kann ich aber nicht feststellen.
Die sind wohl alle im Restaurantwagen. Und nun belästigen Sie mich nicht weiter.
Das ist unerhört!
Hör mal, Bursche. Ihr habt zwar heute euren großen Tag. Aber wenn du nicht sofort kehrtmachst, dann haue ich dir die Hucke voll. Mit solchen wie dir werde ich spielend fertig.
Unverschämtheit! Wir sprechen uns noch! Wohl `n Sozi oder `n Kommunist? Aber man sieht sich immer zweimal im Leben!
Hoffentlich nicht!
Verbrecherbande!

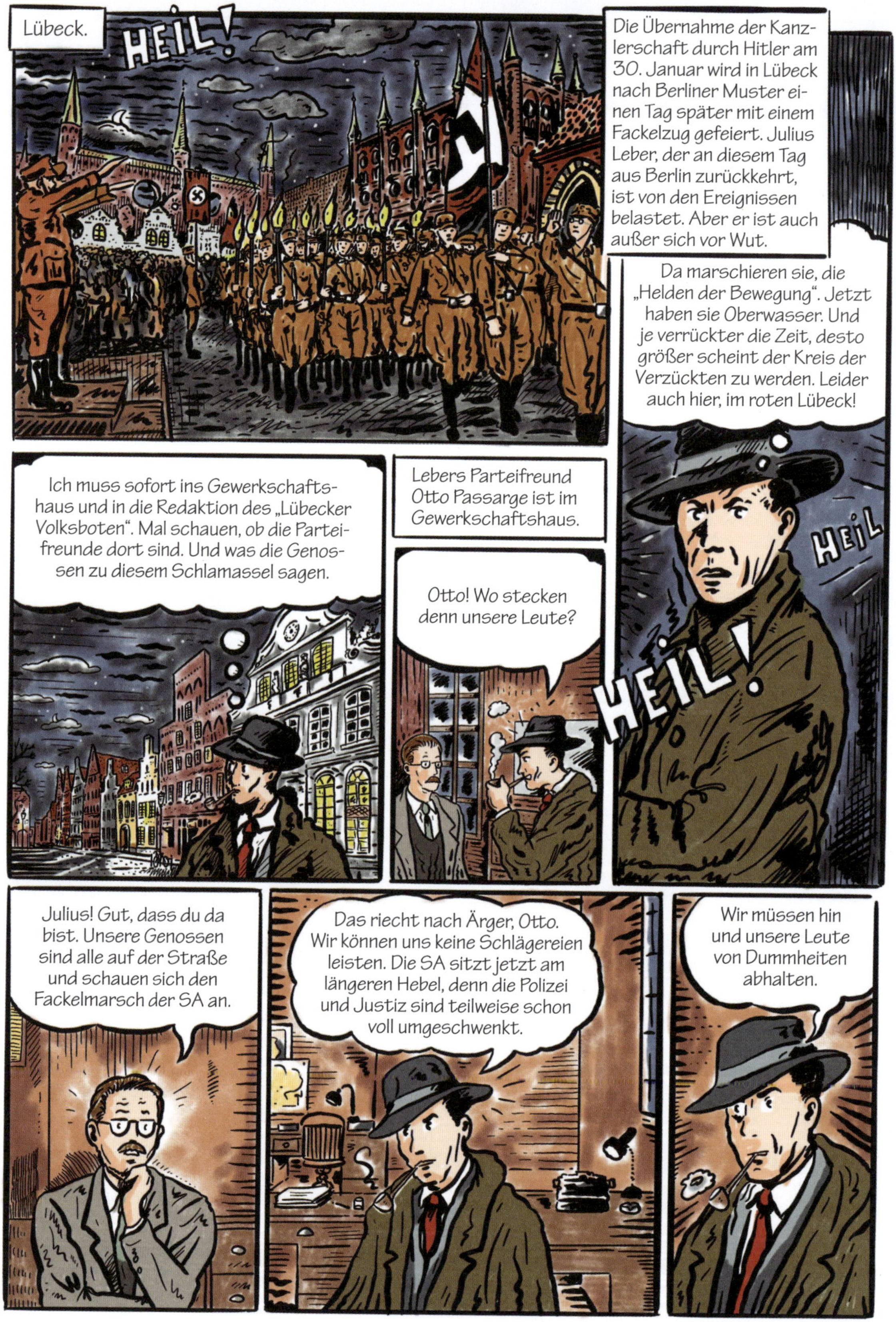

Lübeck.
HEIL!
Die Übernahme der Kanzlerschaft durch Hitler am 30. Januar wird in Lübeck nach Berliner Muster einen Tag später mit einem Fackelzug gefeiert. Julius Leber, der an diesem Tag aus Berlin zurückkehrt, ist von den Ereignissen belastet. Aber er ist auch außer sich vor Wut.
Da marschieren sie, die „Helden der Bewegung“. Jetzt haben sie Oberwasser. Und je verrückter die Zeit, desto größer scheint der Kreis der Verzückten zu werden. Leider auch hier, im roten Lübeck!
HEIL
HEIL!
Ich muss sofort ins Gewerkschaftshaus und in die Redaktion des „Lübecker Volksboten“. Mal schauen, ob die Parteifreunde dort sind. Und was die Genossen zu diesem Schlamassel sagen.
Lebers Parteifreund Otto Passarge ist im Gewerkschaftshaus.
Otto! Wo stecken denn unsere Leute?
Julius! Gut, dass du da bist. Unsere Genossen sind alle auf der Straße und schauen sich den Fackelmarsch der SA an.
Das riecht nach Ärger, Otto. Wir können uns keine Schlägereien leisten. Die SA sitzt jetzt am längeren Hebel, denn die Polizei und Justiz sind teilweise schon voll umgeschwenkt.
Wir müssen hin und unsere Leute von Dummheiten abhalten.

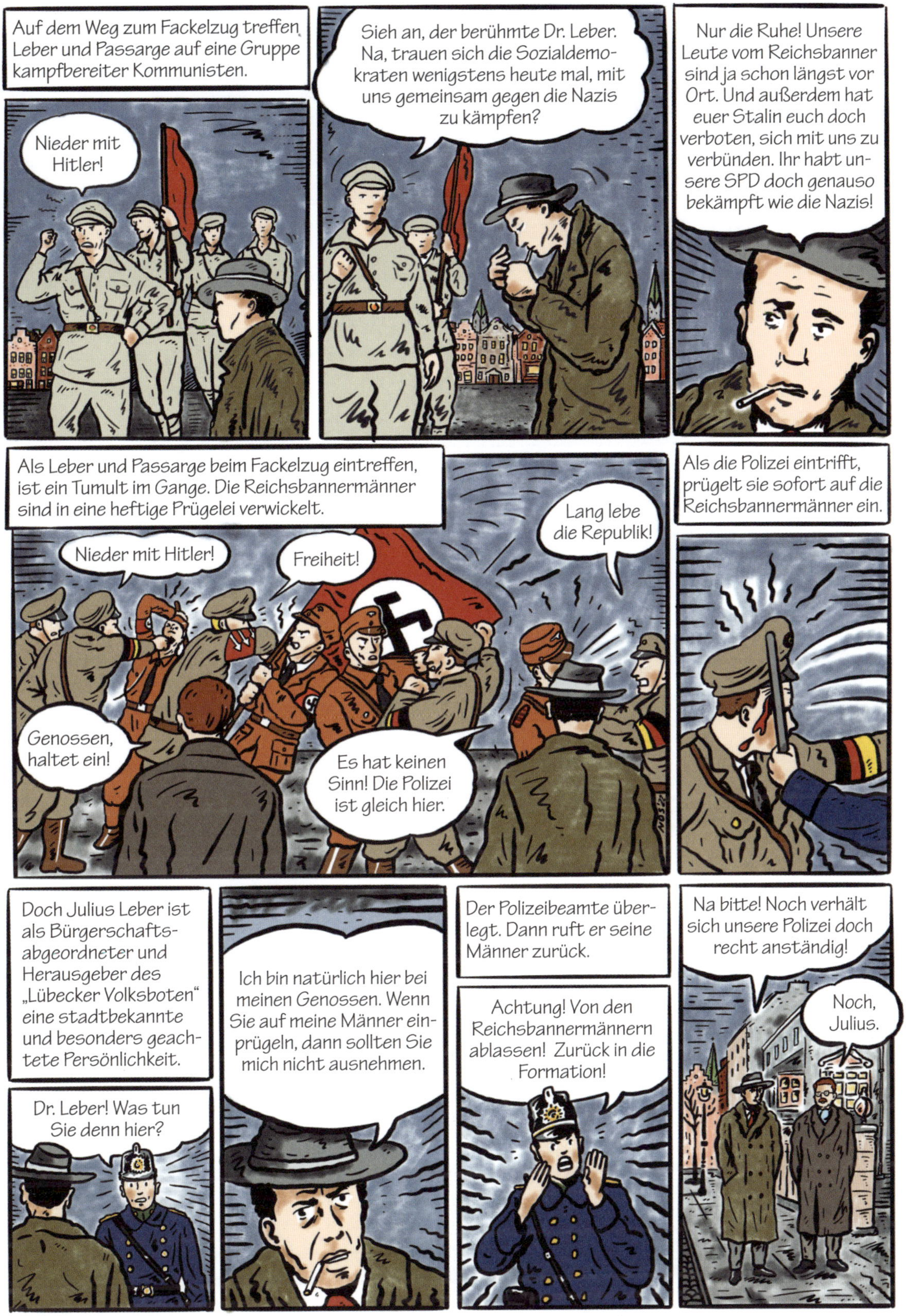
Auf dem Weg zum Fackelzug treffen Leber und Passarge auf eine Gruppe kampfbereiter Kommunisten.
Nieder mit Hitler!
Sieh an, der berühmte Dr. Leber. Na, trauen sich die Sozialdemokraten wenigstens heute mal, mit uns gemeinsam gegen die Nazis zu kämpfen?
Nur die Ruhe! Unsere Leute vom Reichsbanner sind ja schon längst vor Ort. Und außerdem hat euer Stalin euch doch verboten, sich mit uns zu verbünden. Ihr habt unsere SPD doch genauso bekämpft wie die Nazis!
Als Leber und Passarge beim Fackelzug eintreffen, ist ein Tumult im Gange. Die Reichsbannermänner sind in eine heftige Prügelei verwickelt.
Nieder mit Hitler!
Freiheit!
Lang lebe die Republik!
Genossen, haltet ein!
Es hat keinen Sinn! Die Polizei ist gleich hier.
Als die Polizei eintrifft, prügelt sie sofort auf die Reichsbannermänner ein.
Doch Julius Leber ist als Bürgerschaftsabgeordneter und Herausgeber des „Lübecker Volksboten" eine stadtbekannte und besonders geachtete Persönlichkeit.
Dr. Leber! Was tun Sie denn hier?
Ich bin natürlich hier bei meinen Genossen. Wenn Sie auf meine Männer einprügeln, dann sollten Sie mich nicht ausnehmen.
Der Polizeibeamte überlegt. Dann ruft er seine Männer zurück.
Achtung! Von den Reichsbannermännern ablassen! Zurück in die Formation!
Na bitte! Noch verhält sich unsere Polizei doch recht anständig!
Noch, Julius.

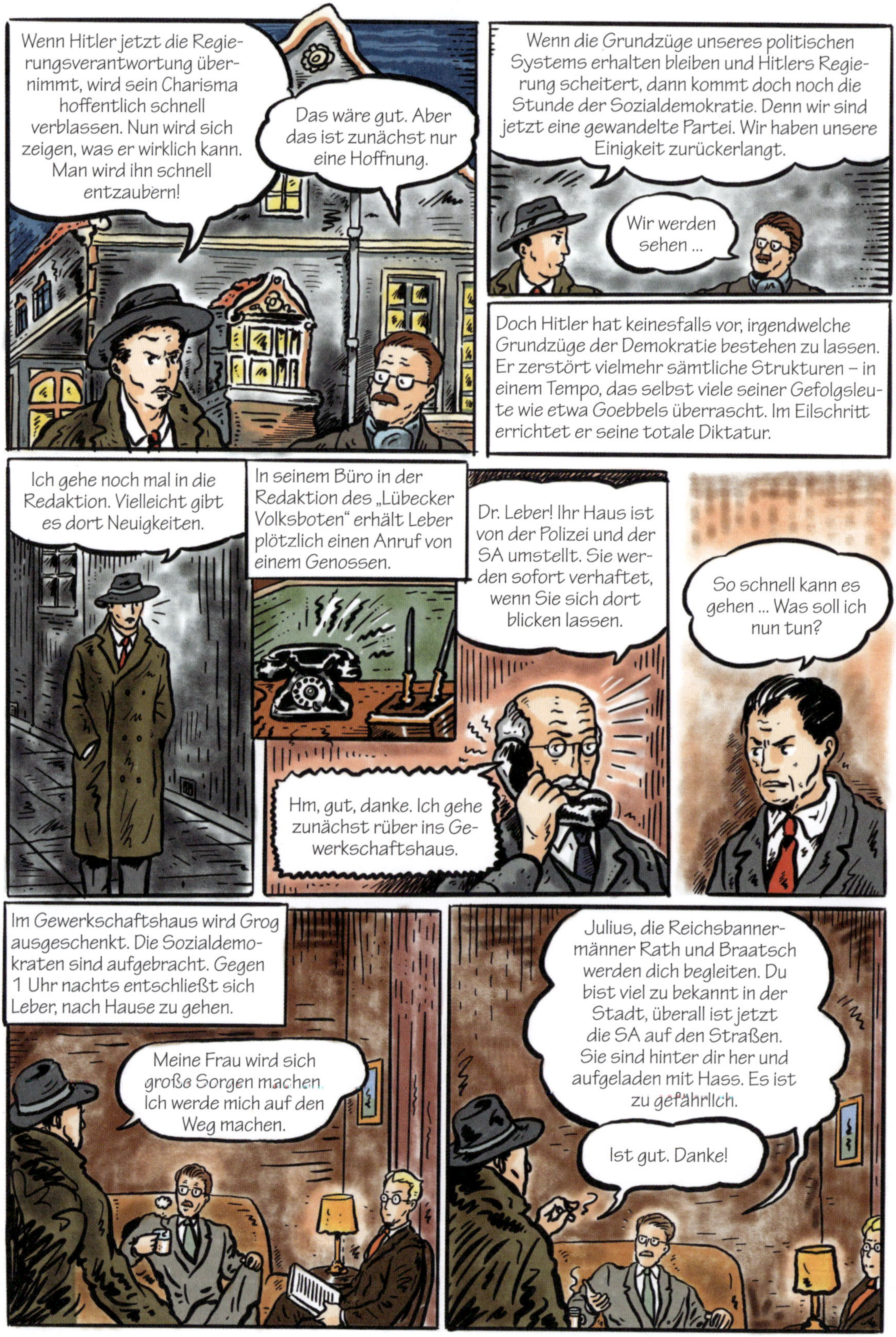
Wenn Hitler jetzt die Regierungsverantwortung übernimmt, wird sein Charisma hoffentlich schnell verblassen. Nun wird sich zeigen, was er wirklich kann. Man wird ihn schnell entzaubern!
Das wäre gut. Aber das ist zunächst nur eine Hoffnung.
Wenn die Grundzüge unseres politischen Systems erhalten bleiben und Hitlers Regierung scheitert, dann kommt doch noch die Stunde der Sozialdemokratie. Denn wir sind jetzt eine gewandelte Partei. Wir haben unsere Einigkeit zurückerlangt.
Wir werden sehen ...
Doch Hitler hat keinesfalls vor, irgendwelche Grundzüge der Demokratie bestehen zu lassen. Er zerstört vielmehr sämtliche Strukturen – in einem Tempo, das selbst viele seiner Gefolgsleute wie etwa Goebbels überrascht. Im Eilschritt errichtet er seine totale Diktatur.
Ich gehe noch mal in die Redaktion. Vielleicht gibt es dort Neuigkeiten.
In seinem Büro in der Redaktion des „Lübecker Volksboten“ erhält Leber plötzlich einen Anruf von einem Genossen.
Dr. Leber! Ihr Haus ist von der Polizei und der SA umstellt. Sie werden sofort verhaftet, wenn Sie sich dort blicken lassen.
Hm, gut, danke. Ich gehe zunächst rüber ins Gewerkschaftshaus.
So schnell kann es gehen ... Was soll ich nun tun?
Im Gewerkschaftshaus wird Grog ausgeschenkt. Die Sozialdemokraten sind aufgebracht. Gegen 1 Uhr nachts entschließt sich Leber, nach Hause zu gehen.
Meine Frau wird sich große Sorgen machen. Ich werde mich auf den Weg machen.
Julius, die Reichsbannermänner Rath und Braatsch werden dich begleiten. Du bist viel zu bekannt in der Stadt, überall ist jetzt die SA auf den Straßen. Sie sind hinter dir her und aufgeladen mit Hass. Es ist zu gefährlich.
Ist gut. Danke!

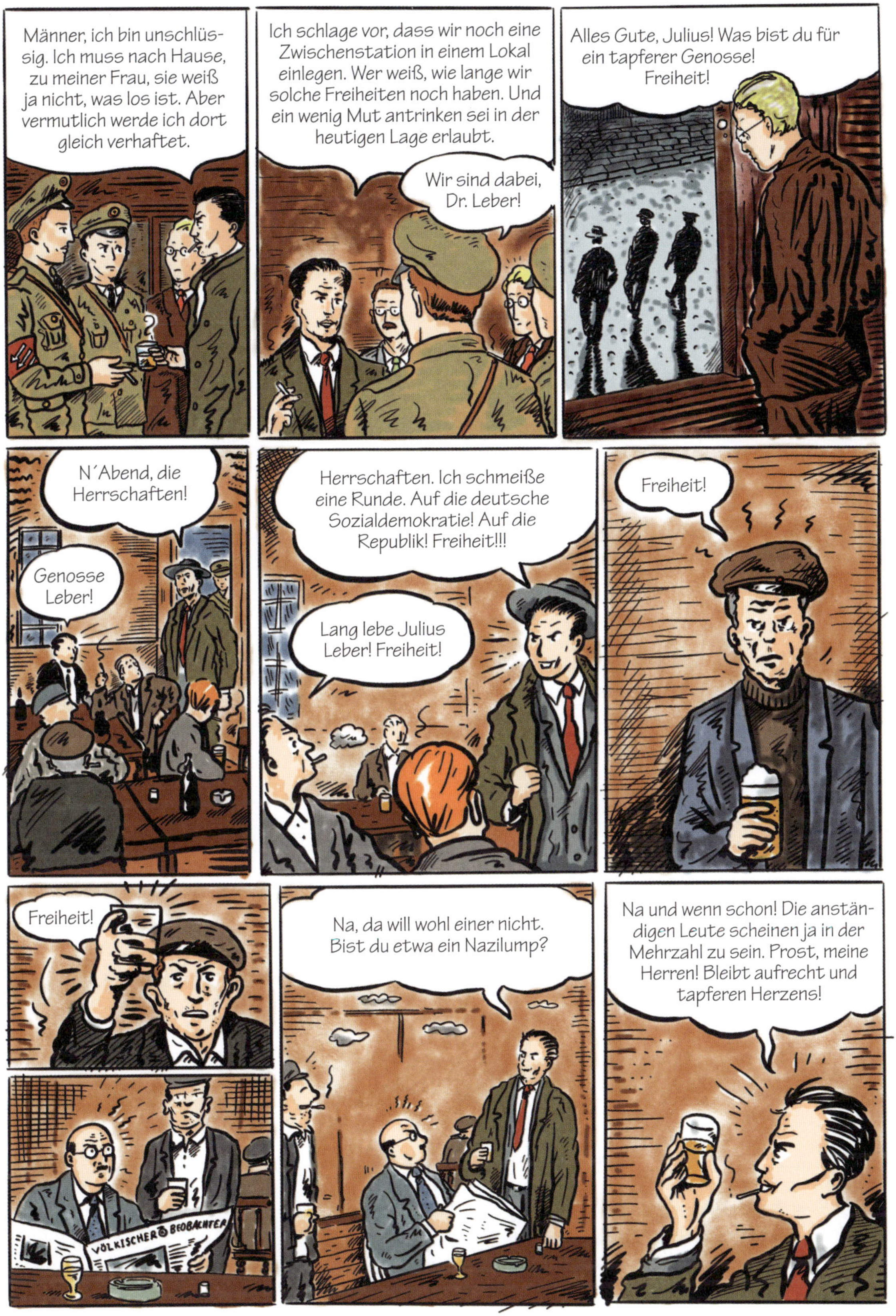
Männer, ich bin unschlüssig. Ich muss nach Hause, zu meiner Frau, sie weiß ja nicht, was los ist. Aber vermutlich werde ich dort gleich verhaftet.
Ich schlage vor, dass wir noch eine Zwischenstation in einem Lokal einlegen. Wer weiß, wie lange wir solche Freiheiten noch haben. Und ein wenig Mut antrinken sei in der heutigen Lage erlaubt.
Wir sind dabei, Dr. Leber!
Alles Gute, Julius! Was bist du für ein tapferer Genosse! Freiheit!
N´Abend, die Herrschaften!
Genosse Leber!
Herrschaften. Ich schmeiße eine Runde. Auf die deutsche Sozialdemokratie! Auf die Republik! Freiheit!!!
Lang lebe Julius Leber! Freiheit!
Freiheit!
Freiheit!
VÖLKISCHER BEOBACHTER
Na, da will wohl einer nicht. Bist du etwa ein Nazilump?
Na und wenn schon! Die anständigen Leute scheinen ja in der Mehrzahl zu sein. Prost, meine Herren! Bleibt aufrecht und tapferen Herzens!

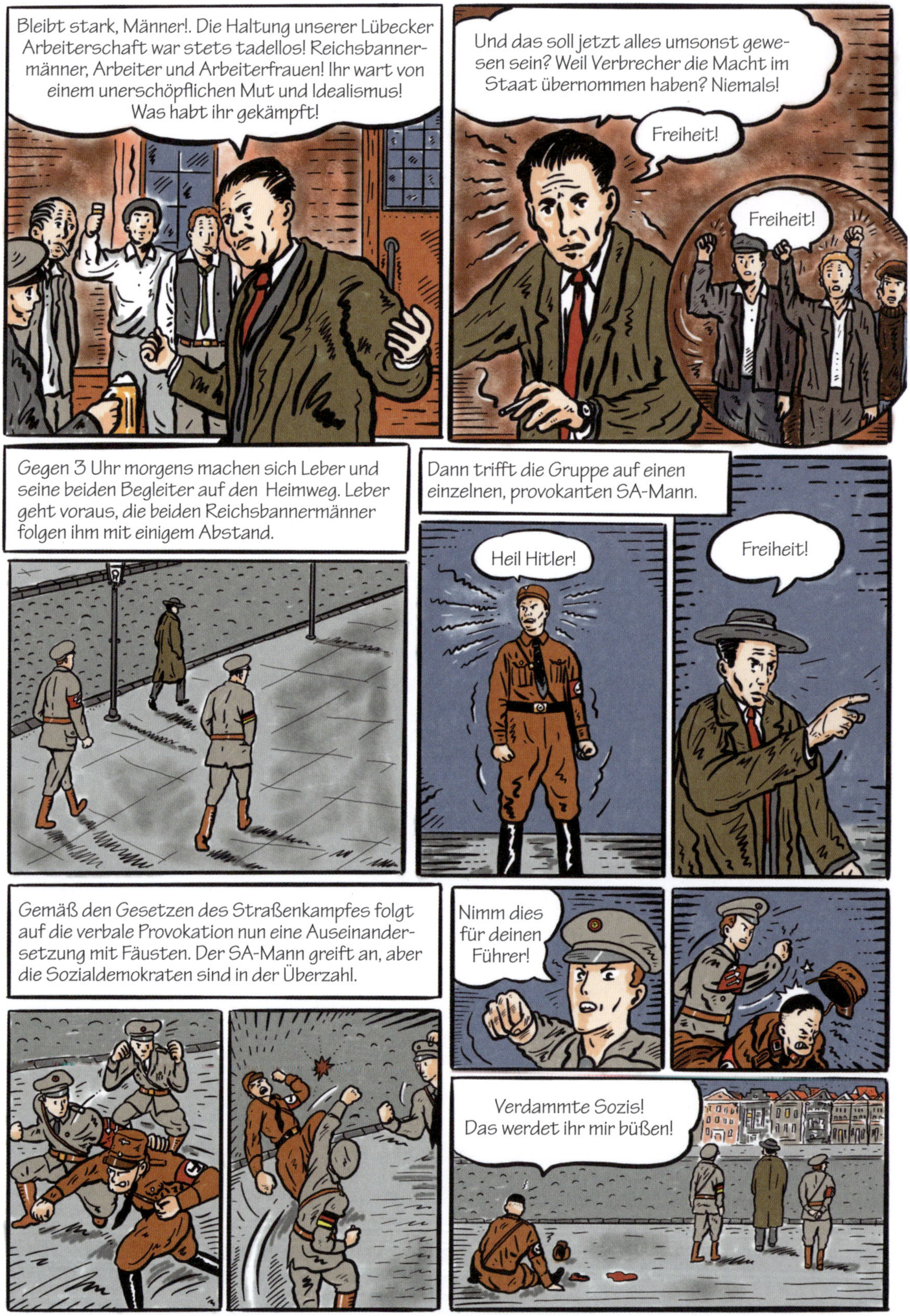

Bleibt stark, Männer!. Die Haltung unserer Lübecker Arbeiterschaft war stets tadellos! Reichsbannermänner, Arbeiter und Arbeiterfrauen! Ihr wart von einem unerschöpflichen Mut und Idealismus! Was habt ihr gekämpft!
Und das soll jetzt alles umsonst gewesen sein? Weil Verbrecher die Macht im Staat übernommen haben? Niemals!
Freiheit!
Freiheit!
Gegen 3 Uhr morgens machen sich Leber und seine beiden Begleiter auf den Heimweg. Leber geht voraus, die beiden Reichsbannermänner folgen ihm mit einigem Abstand.
Dann trifft die Gruppe auf einen einzelnen, provokanten SA-Mann.
Heil Hitler!
Freiheit!
Gemäß den Gesetzen des Straßenkampfes folgt auf die verbale Provokation nun eine Auseinandersetzung mit Fäusten. Der SA-Mann greift an, aber die Sozialdemokraten sind in der Überzahl.
Nimm dies für deinen Führer!
Verdammte Sozis! Das werdet ihr mir büßen!

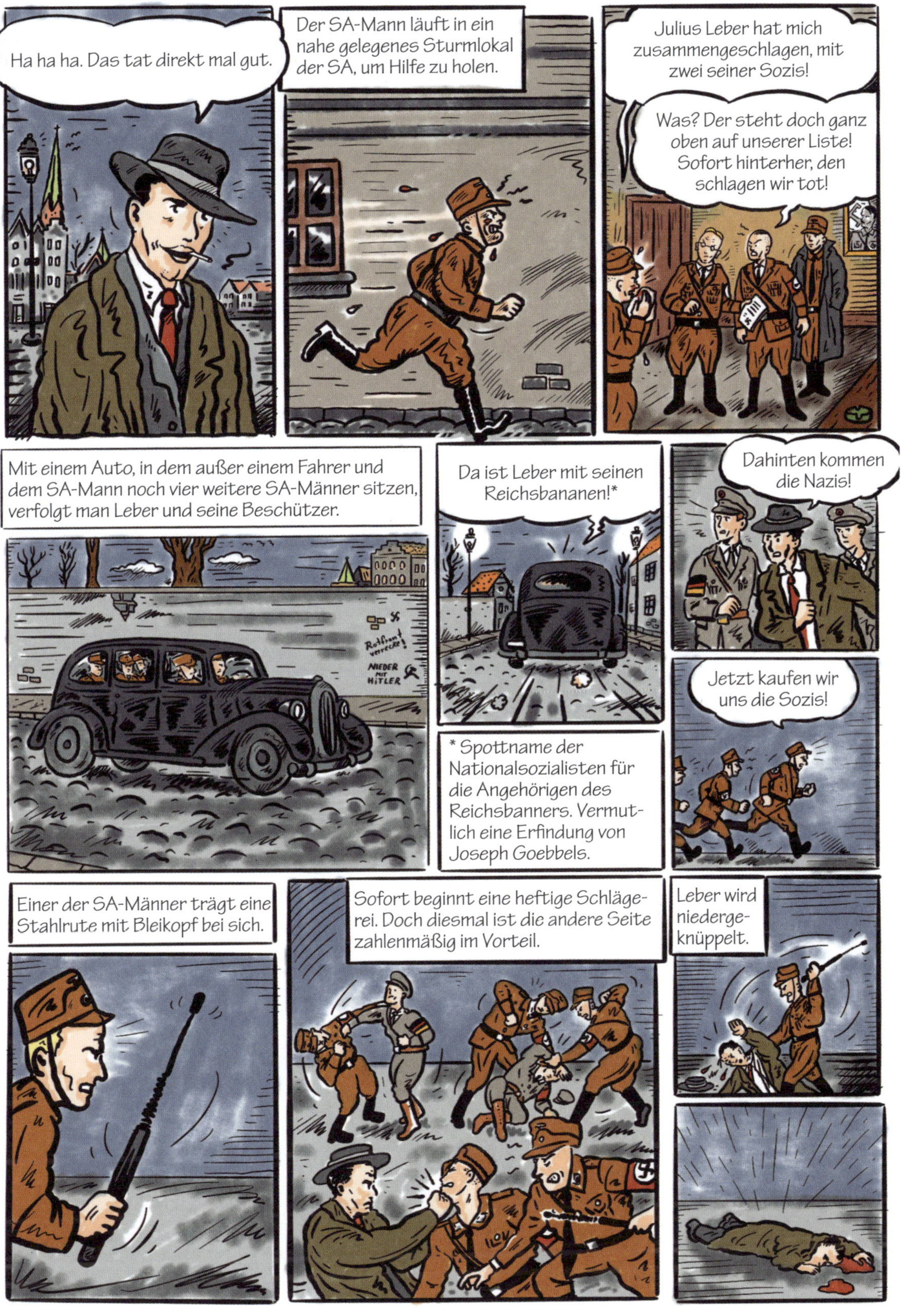
Ha ha ha. Das tat direkt mal gut.
Der SA-Mann läuft in ein nahe gelegenes Sturmlokal der SA, um Hilfe zu holen.
Julius Leber hat mich zusammengeschlagen, mit zwei seiner Sozis!
Was? Der steht doch ganz oben auf unserer Liste! Sofort hinterher, den schlagen wir tot!
Mit einem Auto, in dem außer einem Fahrer und dem SA-Mann noch vier weitere SA-Männer sitzen, verfolgt man Leber und seine Beschützer.
NIEDER MIT HITLER
Da ist Leber mit seinen Reichsbananen!*
Dahinten kommen die Nazis!
Jetzt kaufen wir uns die Sozis!
* Spottname der Nationalsozialisten für die Angehörigen des Reichsbanners. Vermutlich eine Erfindung von Joseph Goebbels.
Einer der SA-Männer trägt eine Stahlrute mit Bleikopf bei sich.
Sofort beginnt eine heftige Schlägerei. Doch diesmal ist die andere Seite zahlenmäßig im Vorteil.
Leber wird niedergeknüppelt.

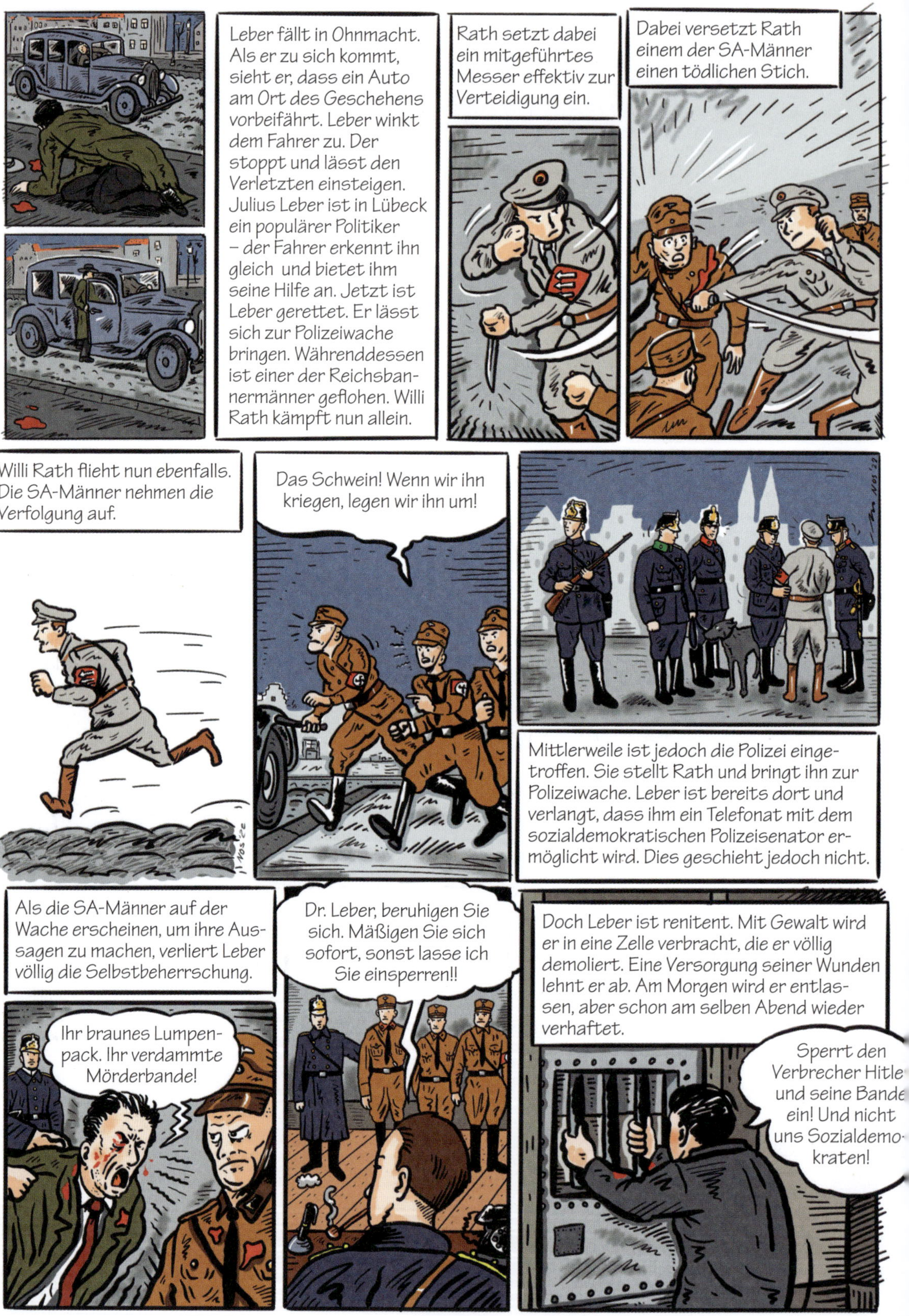
Leber fällt in Ohnmacht. Als er zu sich kommt, sieht er, dass ein Auto am Ort des Geschehens vorbeifährt. Leber winkt dem Fahrer zu. Der stoppt und lässt den Verletzten einsteigen. Julius Leber ist in Lübeck ein populärer Politiker – der Fahrer erkennt ihn gleich und bietet ihm seine Hilfe an. Jetzt ist Leber gerettet. Er lässt sich zur Polizeiwache bringen. Währenddessen ist einer der Reichsbannermänner geflohen. Willi Rath kämpft nun allein.
Rath setzt dabei ein mitgeführtes Messer effektiv zur Verteidigung ein.
Dabei versetzt Rath einem der SA-Männer einen tödlichen Stich.
Willi Rath flieht nun ebenfalls. Die SA-Männer nehmen die Verfolgung auf.
Das Schwein! Wenn wir ihn kriegen, legen wir ihn um!
Mittlerweile ist jedoch die Polizei eingetroffen. Sie stellt Rath und bringt ihn zur Polizeiwache. Leber ist bereits dort und verlangt, dass ihm ein Telefonat mit dem sozialdemokratischen Polizeisenator ermöglicht wird. Dies geschieht jedoch nicht.
Als die SA-Männer auf der Wache erscheinen, um ihre Aussagen zu machen, verliert Leber völlig die Selbstbeherrschung.
Ihr braunes Lumpenpack. Ihr verdammte Mörderbande!
Dr. Leber, beruhigen Sie sich. Mäßigen Sie sich sofort, sonst lasse ich Sie einsperren!!
Doch Leber ist renitent. Mit Gewalt wird er in eine Zelle verbracht, die er völlig demoliert. Eine Versorgung seiner Wunden lehnt er ab. Am Morgen wird er entlassen, aber schon am selben Abend wieder verhaftet.
Sperrt den Verbrecher Hitle und seine Bande ein! Und nicht uns Sozialdemokraten!

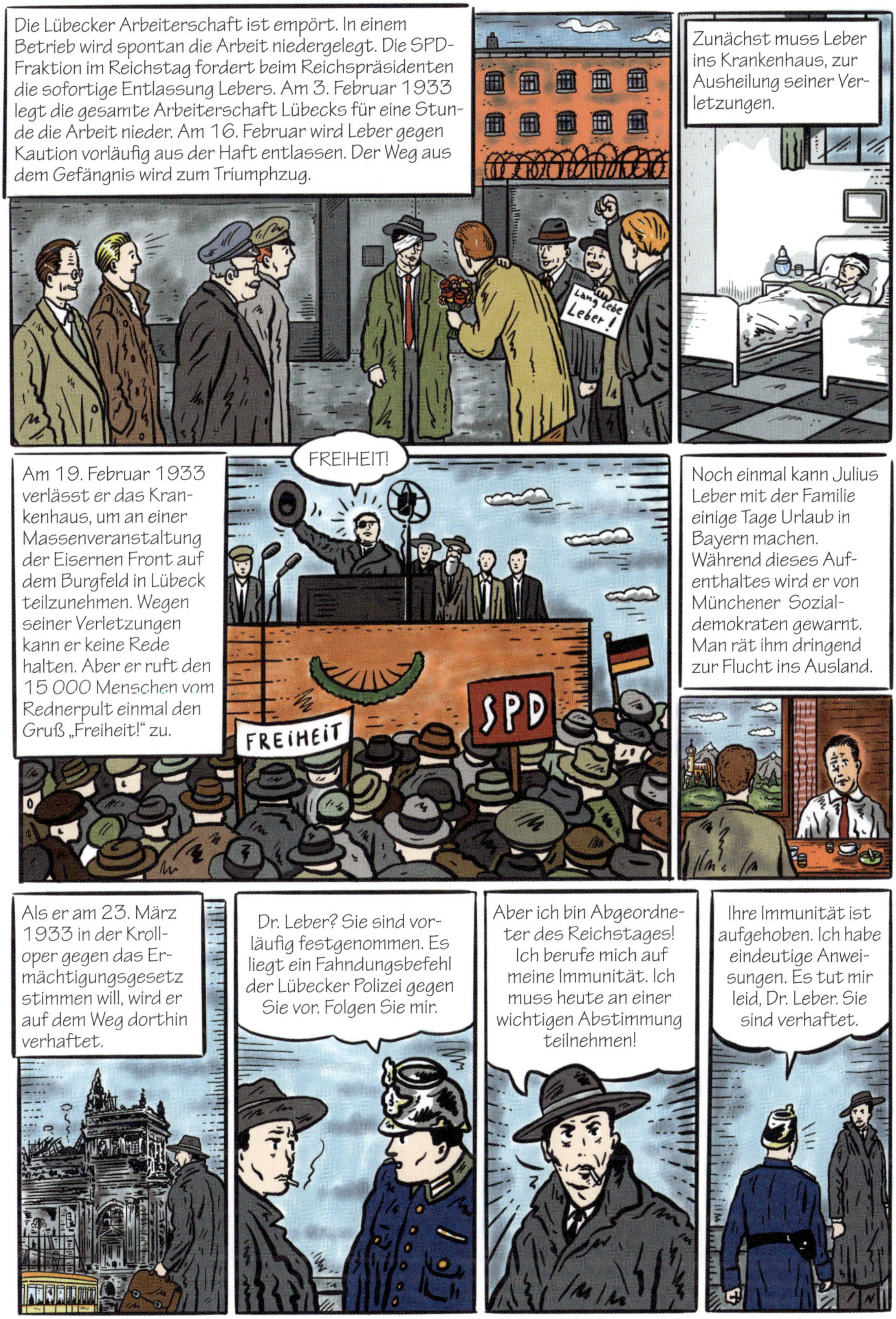
Die Lübecker Arbeiterschaft ist empört. In einem Betrieb wird spontan die Arbeit niedergelegt. Die SPD-Fraktion im Reichstag fordert beim Reichspräsidenten die sofortige Entlassung Lebers. Am 3. Februar 1933 legt die gesamte Arbeiterschaft Lübecks für eine Stunde die Arbeit nieder. Am 16. Februar wird Leber gegen Kaution vorläufig aus der Haft entlassen. Der Weg aus dem Gefängnis wird zum Triumphzug.
Lang lebe Leber!
Zunächst muss Leber ins Krankenhaus, zur Ausheilung seiner Verletzungen.
Am 19. Februar 1933 verlässt er das Krankenhaus, um an einer Massenveranstaltung der Eisernen Front auf dem Burgfeld in Lübeck teilzunehmen. Wegen seiner Verletzungen kann er keine Rede halten. Aber er ruft den 15 000 Menschen vom Rednerpult einmal den Gruß „Freiheit!" zu.
FREIHEIT!
FREIHEIT
SPD
Noch einmal kann Julius Leber mit der Familie einige Tage Urlaub in Bayern machen. Während dieses Aufenthaltes wird er von Münchener Sozialdemokraten gewarnt. Man rät ihm dringend zur Flucht ins Ausland.
Als er am 23. März 1933 in der Krolloper gegen das Ermächtigungsgesetz stimmen will, wird er auf dem Weg dorthin verhaftet.
Dr. Leber? Sie sind vorläufig festgenommen. Es liegt ein Fahndungsbefehl der Lübecker Polizei gegen Sie vor. Folgen Sie mir.
Aber ich bin Abgeordneter des Reichstages! Ich berufe mich auf meine Immunität. Ich muss heute an einer wichtigen Abstimmung teilnehmen!
Ihre Immunität ist aufgehoben. Ich habe eindeutige Anweisungen. Es tut mir leid, Dr. Leber. Sie sind verhaftet.

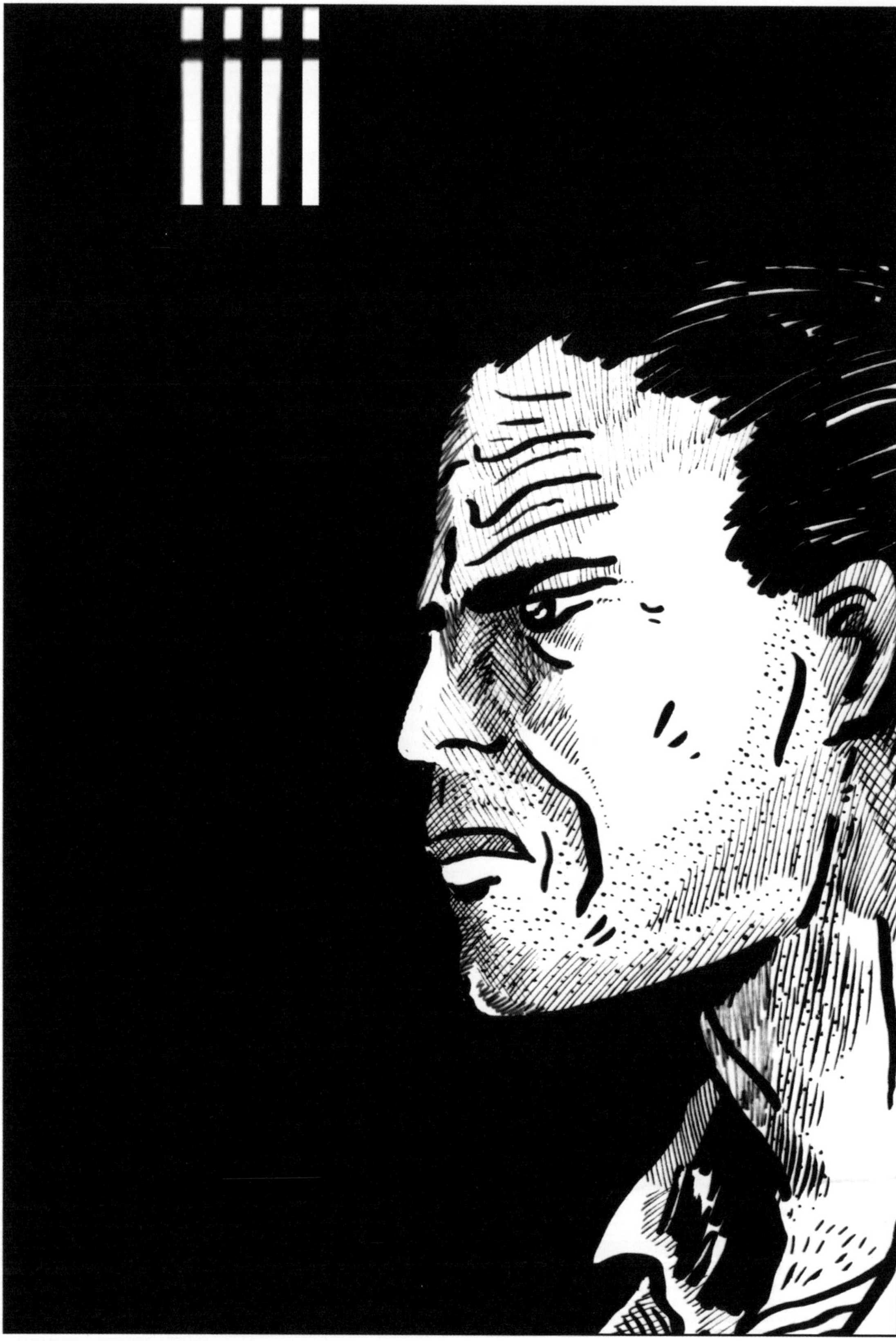

Viertes Kapitel
Julius Leber

„Ich muß den bitteren Weg bis zu Ende gehen.
Das ist jetzt mein Schicksal."

Julius Leber in einem Brief
aus der Untersuchungshaft
an seine Frau Annedore,
31. August 1933

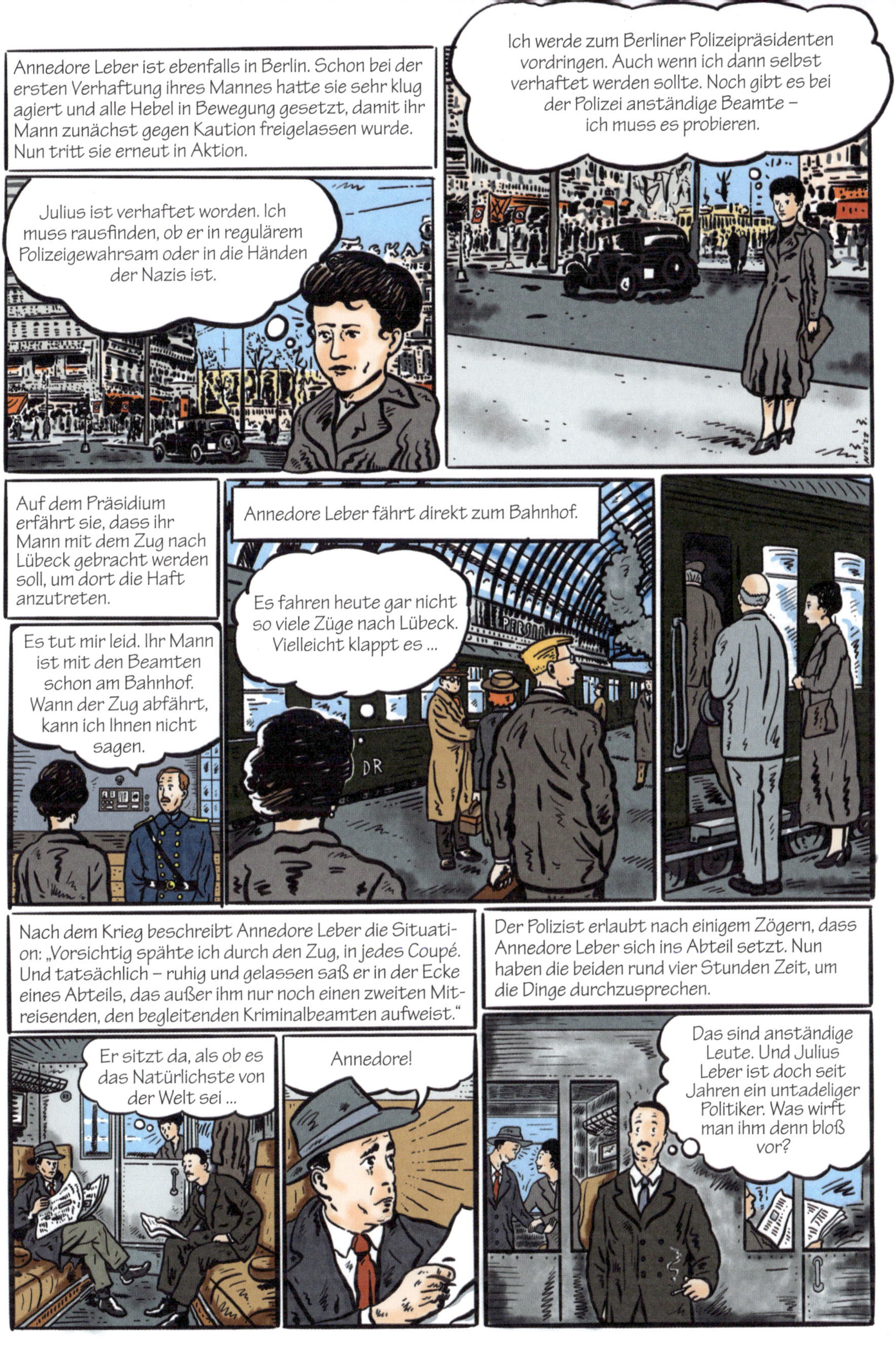

Annedore Leber ist ebenfalls in Berlin. Schon bei der ersten Verhaftung ihres Mannes hatte sie sehr klug agiert und alle Hebel in Bewegung gesetzt, damit ihr Mann zunächst gegen Kaution freigelassen wurde. Nun tritt sie erneut in Aktion.
Julius ist verhaftet worden. Ich muss rausfinden, ob er in regulärem Polizeigewahrsam oder in die Händen der Nazis ist.
Ich werde zum Berliner Polizeipräsidenten vordringen. Auch wenn ich dann selbst verhaftet werden sollte. Noch gibt es bei der Polizei anständige Beamte – ich muss es probieren.
Auf dem Präsidium erfährt sie, dass ihr Mann mit dem Zug nach Lübeck gebracht werden soll, um dort die Haft anzutreten.
Es tut mir leid. Ihr Mann ist mit den Beamten schon am Bahnhof. Wann der Zug abfährt, kann ich Ihnen nicht sagen.
Annedore Leber fährt direkt zum Bahnhof.
Es fahren heute gar nicht so viele Züge nach Lübeck. Vielleicht klappt es ...
DR
Nach dem Krieg beschreibt Annedore Leber die Situation: „Vorsichtig spähte ich durch den Zug, in jedes Coupé. Und tatsächlich – ruhig und gelassen saß er in der Ecke eines Abteils, das außer ihm nur noch einen zweiten Mitreisenden, den begleitenden Kriminalbeamten aufweist."
Er sitzt da, als ob es das Natürlichste von der Welt sei ...
Annedore!
Der Polizist erlaubt nach einigem Zögern, dass Annedore Leber sich ins Abteil setzt. Nun haben die beiden rund vier Stunden Zeit, um die Dinge durchzusprechen.
Das sind anständige Leute. Und Julius Leber ist doch seit Jahren ein untadeliger Politiker. Was wirft man ihm denn bloß vor?

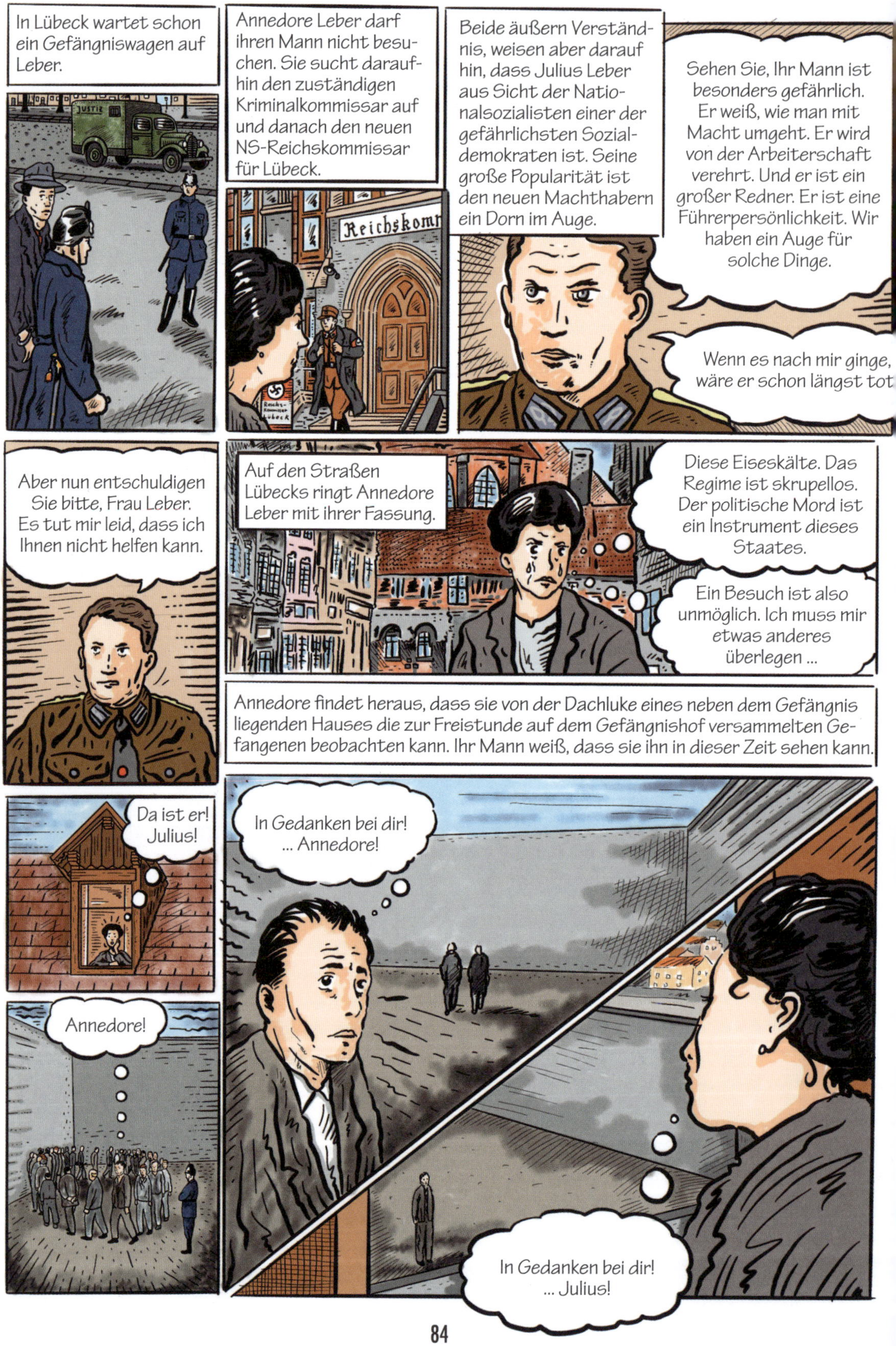
In Lübeck wartet schon ein Gefängniswagen auf Leber.
JUSTIZ
Annedore Leber darf ihren Mann nicht besuchen. Sie sucht daraufhin den zuständigen Kriminalkommissar auf und danach den neuen NS-Reichskommissar für Lübeck.
Reichskomm
Beide äußern Verständnis, weisen aber darauf hin, dass Julius Leber aus Sicht der Nationalsozialisten einer der gefährlichsten Sozialdemokraten ist. Seine große Popularität ist den neuen Machthabern ein Dorn im Auge.
Sehen Sie, Ihr Mann ist besonders gefährlich. Er weiß, wie man mit Macht umgeht. Er wird von der Arbeiterschaft verehrt. Und er ist ein großer Redner. Er ist eine Führerpersönlichkeit. Wir haben ein Auge für solche Dinge.
Wenn es nach mir ginge, wäre er schon längst tot
Aber nun entschuldigen Sie bitte, Frau Leber. Es tut mir leid, dass ich Ihnen nicht helfen kann.
Auf den Straßen Lübecks ringt Annedore Leber mit ihrer Fassung.
Diese Eiseskälte. Das Regime ist skrupellos. Der politische Mord ist ein Instrument dieses Staates.
Ein Besuch ist also unmöglich. Ich muss mir etwas anderes überlegen ...
Annedore findet heraus, dass sie von der Dachluke eines neben dem Gefängnis liegenden Hauses die zur Freistunde auf dem Gefängnishof versammelten Gefangenen beobachten kann. Ihr Mann weiß, dass sie ihn in dieser Zeit sehen kann.
Da ist er! Julius!
Annedore!
In Gedanken bei dir! ... Annedore!
In Gedanken bei dir! ... Julius!

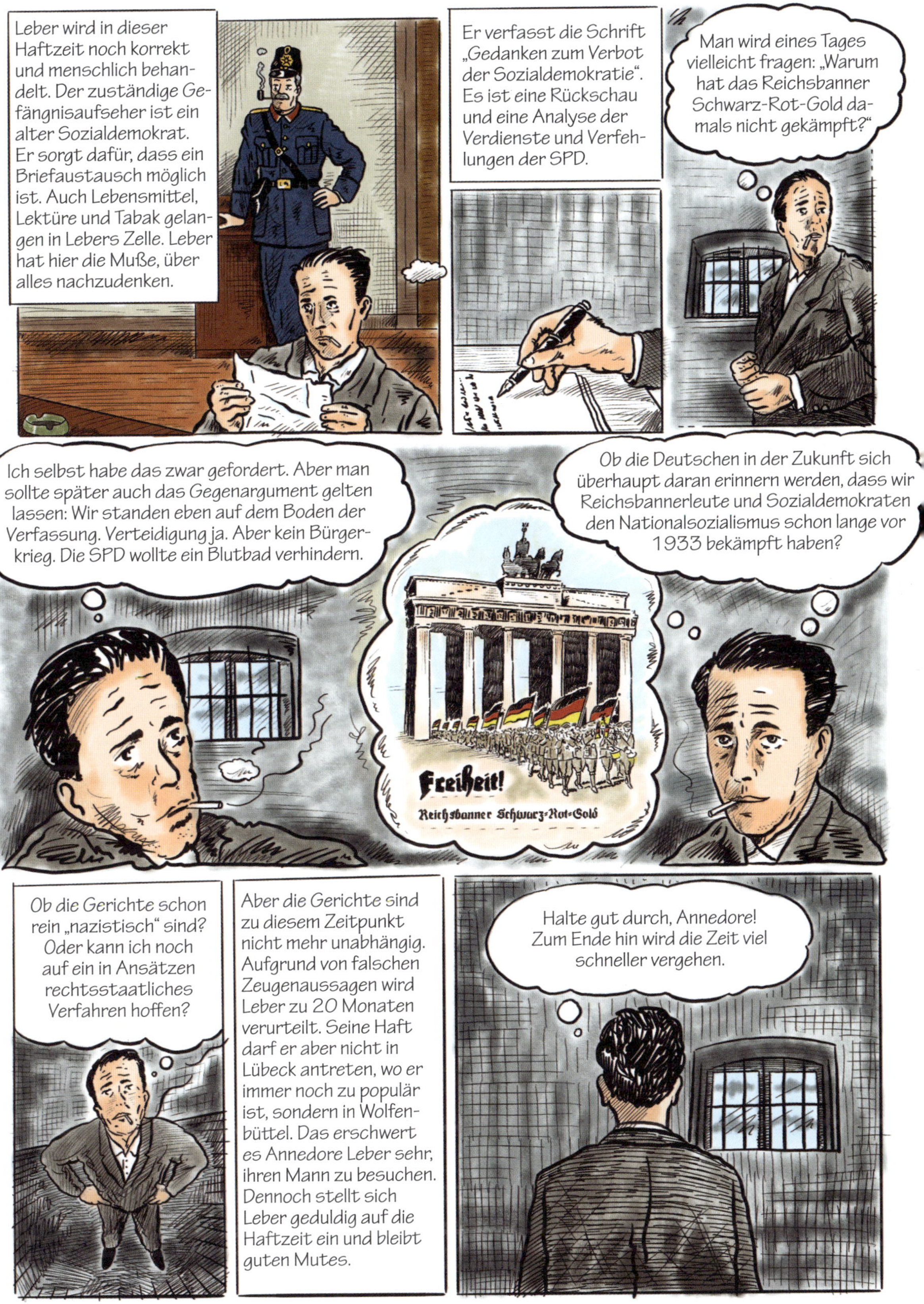

Leber wird in dieser Haftzeit noch korrekt und menschlich behandelt. Der zuständige Gefängnisaufseher ist ein alter Sozialdemokrat. Er sorgt dafür, dass ein Briefaustausch möglich ist. Auch Lebensmittel, Lektüre und Tabak gelangen in Lebers Zelle. Leber hat hier die Muße, über alles nachzudenken.
Er verfasst die Schrift „Gedanken zum Verbot der Sozialdemokratie". Es ist eine Rückschau und eine Analyse der Verdienste und Verfehlungen der SPD.
Man wird eines Tages vielleicht fragen: „Warum hat das Reichsbanner Schwarz-Rot-Gold damals nicht gekämpft?"
Ich selbst habe das zwar gefordert. Aber man sollte später auch das Gegenargument gelten lassen: Wir standen eben auf dem Boden der Verfassung. Verteidigung ja. Aber kein Bürgerkrieg. Die SPD wollte ein Blutbad verhindern.
Freiheit!
Reichsbanner Schwarz-Rot-Gold
Ob die Deutschen in der Zukunft sich überhaupt daran erinnern werden, dass wir Reichsbannerleute und Sozialdemokraten den Nationalsozialismus schon lange vor 1933 bekämpft haben?
Ob die Gerichte schon rein „nazistisch" sind? Oder kann ich noch auf ein in Ansätzen rechtsstaatliches Verfahren hoffen?
Aber die Gerichte sind zu diesem Zeitpunkt nicht mehr unabhängig. Aufgrund von falschen Zeugenaussagen wird Leber zu 20 Monaten verurteilt. Seine Haft darf er aber nicht in Lübeck antreten, wo er immer noch zu populär ist, sondern in Wolfenbüttel. Das erschwert es Annedore Leber sehr, ihren Mann zu besuchen. Dennoch stellt sich Leber geduldig auf die Haftzeit ein und bleibt guten Mutes.
Halte gut durch, Annedore! Zum Ende hin wird die Zeit viel schneller vergehen.

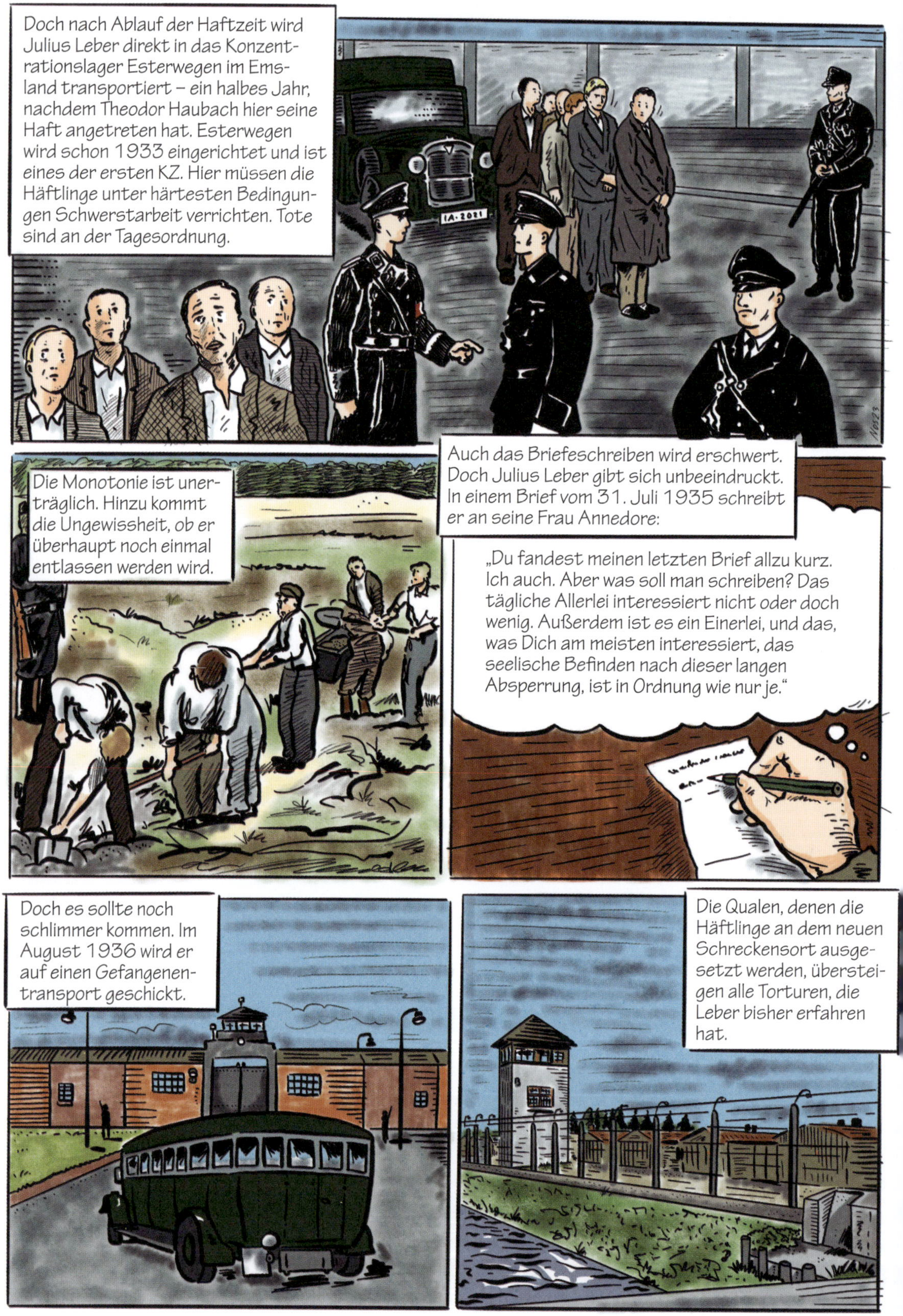
Doch nach Ablauf der Haftzeit wird Julius Leber direkt in das Konzentrationslager Esterwegen im Emsland transportiert – ein halbes Jahr, nachdem Theodor Haubach hier seine Haft angetreten hat. Esterwegen wird schon 1933 eingerichtet und ist eines der ersten KZ. Hier müssen die Häftlinge unter härtesten Bedingungen Schwerstarbeit verrichten. Tote sind an der Tagesordnung.
IA·2021
Die Monotonie ist unerträglich. Hinzu kommt die Ungewissheit, ob er überhaupt noch einmal entlassen werden wird.
Auch das Briefeschreiben wird erschwert. Doch Julius Leber gibt sich unbeeindruckt. In einem Brief vom 31. Juli 1935 schreibt er an seine Frau Annedore:
„Du fandest meinen letzten Brief allzu kurz. Ich auch. Aber was soll man schreiben? Das tägliche Allerlei interessiert nicht oder doch wenig. Außerdem ist es ein Einerlei, und das, was Dich am meisten interessiert, das seelische Befinden nach dieser langen Absperrung, ist in Ordnung wie nur je."
Doch es sollte noch schlimmer kommen. Im August 1936 wird er auf einen Gefangenentransport geschickt.
Die Qualen, denen die Häftlinge an dem neuen Schreckensort ausgesetzt werden, übersteigen alle Torturen, die Leber bisher erfahren hat.

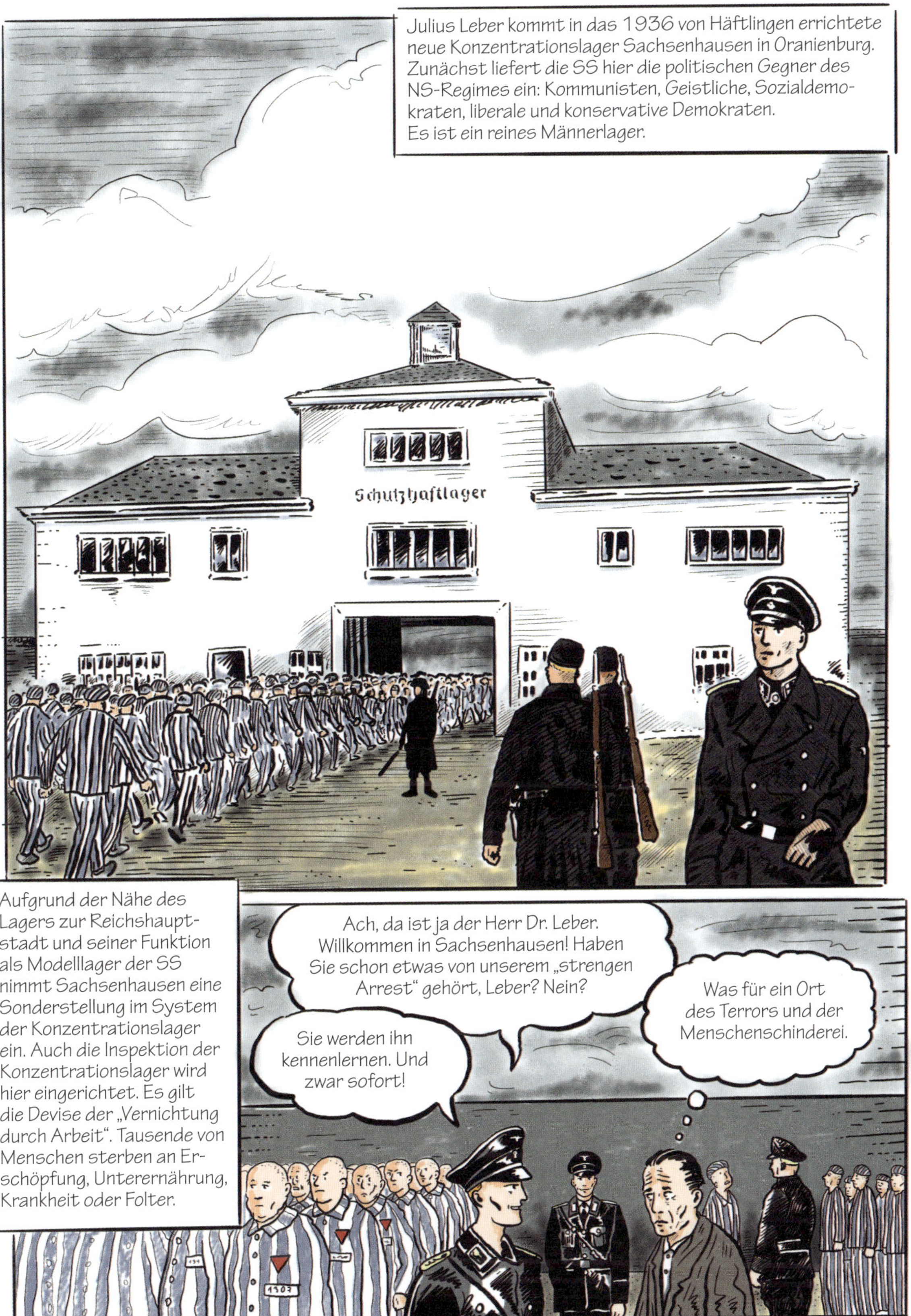
Julius Leber kommt in das 1936 von Häftlingen errichtete neue Konzentrationslager Sachsenhausen in Oranienburg. Zunächst liefert die SS hier die politischen Gegner des NS-Regimes ein: Kommunisten, Geistliche, Sozialdemokraten, liberale und konservative Demokraten. Es ist ein reines Männerlager.
Schutzhaftlager
Aufgrund der Nähe des Lagers zur Reichshauptstadt und seiner Funktion als Modelllager der SS nimmt Sachsenhausen eine Sonderstellung im System der Konzentrationslager ein. Auch die Inspektion der Konzentrationslager wird hier eingerichtet. Es gilt die Devise der „Vernichtung durch Arbeit“. Tausende von Menschen sterben an Erschöpfung, Unterernährung, Krankheit oder Folter.
Ach, da ist ja der Herr Dr. Leber. Willkommen in Sachsenhausen! Haben Sie schon etwas von unserem „strengen Arrest“ gehört, Leber? Nein?
Sie werden ihn kennenlernen. Und zwar sofort!
Was für ein Ort des Terrors und der Menschenschinderei.

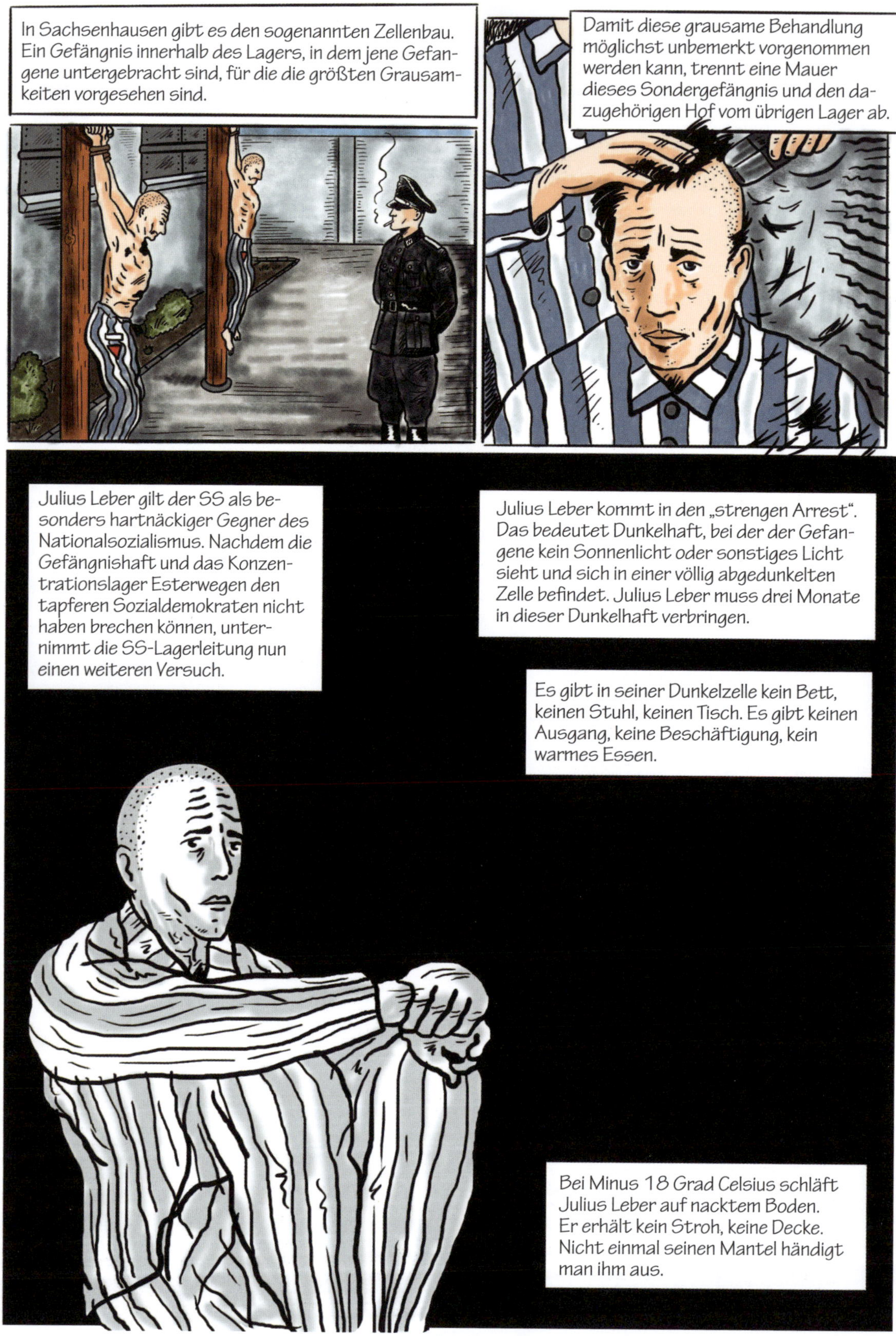
In Sachsenhausen gibt es den sogenannten Zellenbau. Ein Gefängnis innerhalb des Lagers, in dem jene Gefangene untergebracht sind, für die die größten Grausamkeiten vorgesehen sind.
Damit diese grausame Behandlung möglichst unbemerkt vorgenommen werden kann, trennt eine Mauer dieses Sondergefängnis und den dazugehörigen Hof vom übrigen Lager ab.
Julius Leber gilt der SS als besonders hartnäckiger Gegner des Nationalsozialismus. Nachdem die Gefängnishaft und das Konzentrationslager Esterwegen den tapferen Sozialdemokraten nicht haben brechen können, unternimmt die SS-Lagerleitung nun einen weiteren Versuch.
Julius Leber kommt in den „strengen Arrest". Das bedeutet Dunkelhaft, bei der der Gefangene kein Sonnenlicht oder sonstiges Licht sieht und sich in einer völlig abgedunkelten Zelle befindet. Julius Leber muss drei Monate in dieser Dunkelhaft verbringen.
Es gibt in seiner Dunkelzelle kein Bett, keinen Stuhl, keinen Tisch. Es gibt keinen Ausgang, keine Beschäftigung, kein warmes Essen.
Bei Minus 18 Grad Celsius schläft Julius Leber auf nacktem Boden. Er erhält kein Stroh, keine Decke. Nicht einmal seinen Mantel händigt man ihm aus.

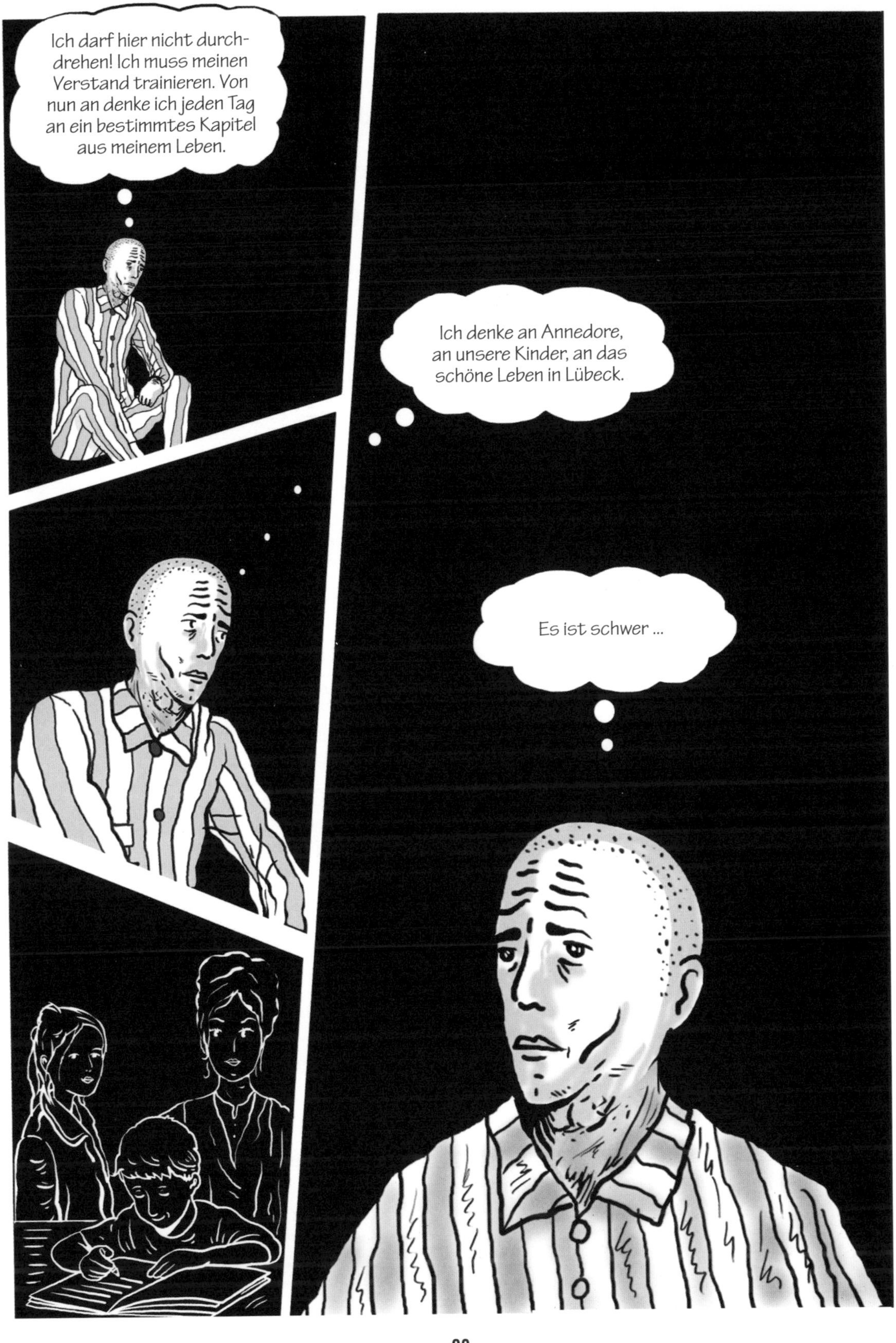
Ich darf hier nicht durchdrehen! Ich muss meinen Verstand trainieren. Von nun an denke ich jeden Tag an ein bestimmtes Kapitel aus meinem Leben.
Ich denke an Annedore, an unsere Kinder, an das schöne Leben in Lübeck.
Es ist schwer ...

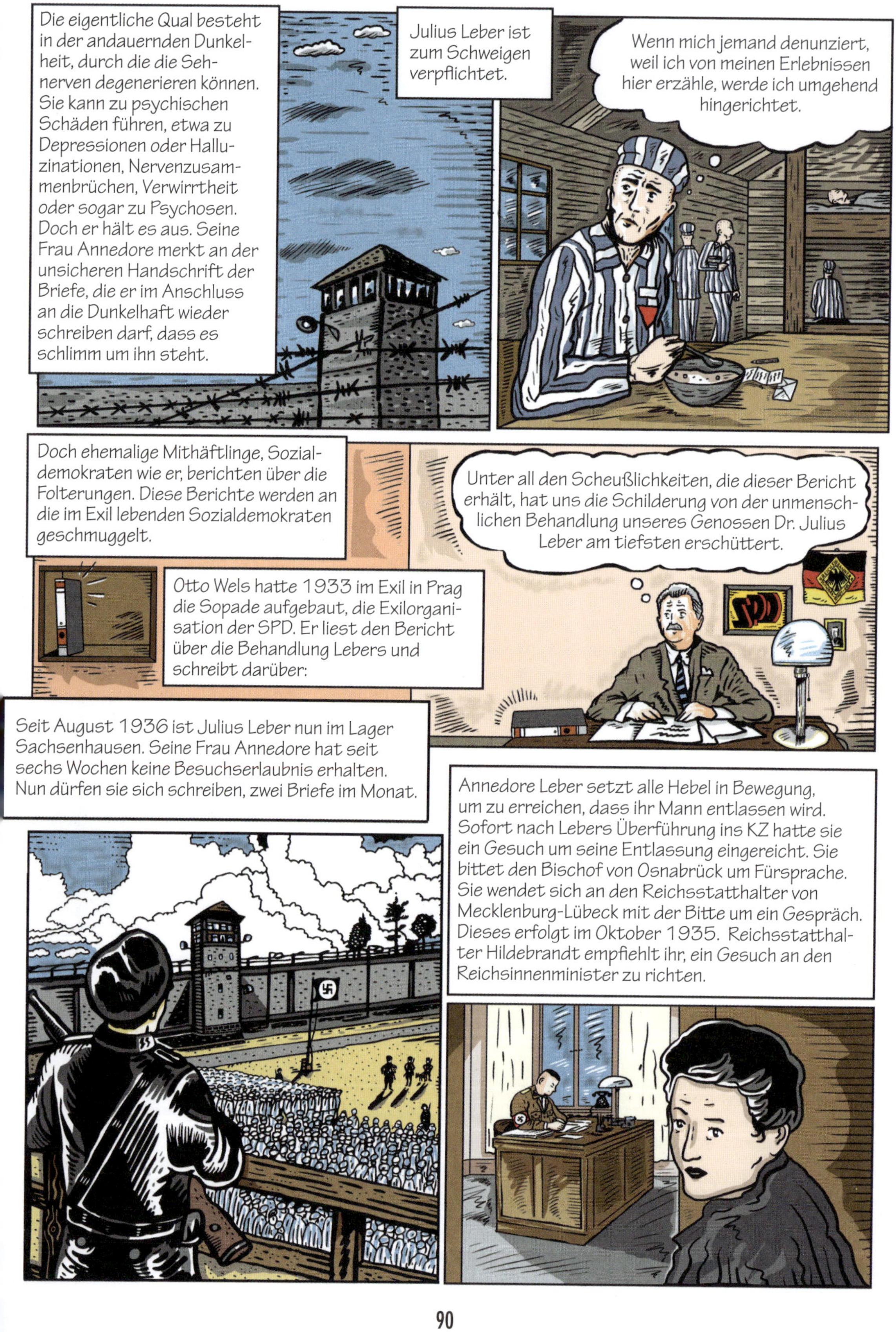
Die eigentliche Qual besteht in der andauernden Dunkelheit, durch die die Sehnerven degenerieren können. Sie kann zu psychischen Schäden führen, etwa zu Depressionen oder Halluzinationen, Nervenzusammenbrüchen, Verwirrtheit oder sogar zu Psychosen. Doch er hält es aus. Seine Frau Annedore merkt an der unsicheren Handschrift der Briefe, die er im Anschluss an die Dunkelhaft wieder schreiben darf, dass es schlimm um ihn steht.
Julius Leber ist zum Schweigen verpflichtet.
Wenn mich jemand denunziert, weil ich von meinen Erlebnissen hier erzähle, werde ich umgehend hingerichtet.
Doch ehemalige Mithäftlinge, Sozialdemokraten wie er, berichten über die Folterungen. Diese Berichte werden an die im Exil lebenden Sozialdemokraten geschmuggelt.
Otto Wels hatte 1933 im Exil in Prag die Sopade aufgebaut, die Exilorganisation der SPD. Er liest den Bericht über die Behandlung Lebers und schreibt darüber:
Unter all den Scheußlichkeiten, die dieser Bericht erhält, hat uns die Schilderung von der unmenschlichen Behandlung unseres Genossen Dr. Julius Leber am tiefsten erschüttert.
Seit August 1936 ist Julius Leber nun im Lager Sachsenhausen. Seine Frau Annedore hat seit sechs Wochen keine Besuchserlaubnis erhalten. Nun dürfen sie sich schreiben, zwei Briefe im Monat.
Annedore Leber setzt alle Hebel in Bewegung, um zu erreichen, dass ihr Mann entlassen wird. Sofort nach Lebers Überführung ins KZ hatte sie ein Gesuch um seine Entlassung eingereicht. Sie bittet den Bischof von Osnabrück um Fürsprache. Sie wendet sich an den Reichsstatthalter von Mecklenburg-Lübeck mit der Bitte um ein Gespräch. Dieses erfolgt im Oktober 1935. Reichsstatthalter Hildebrandt empfiehlt ihr, ein Gesuch an den Reichsinnenminister zu richten.

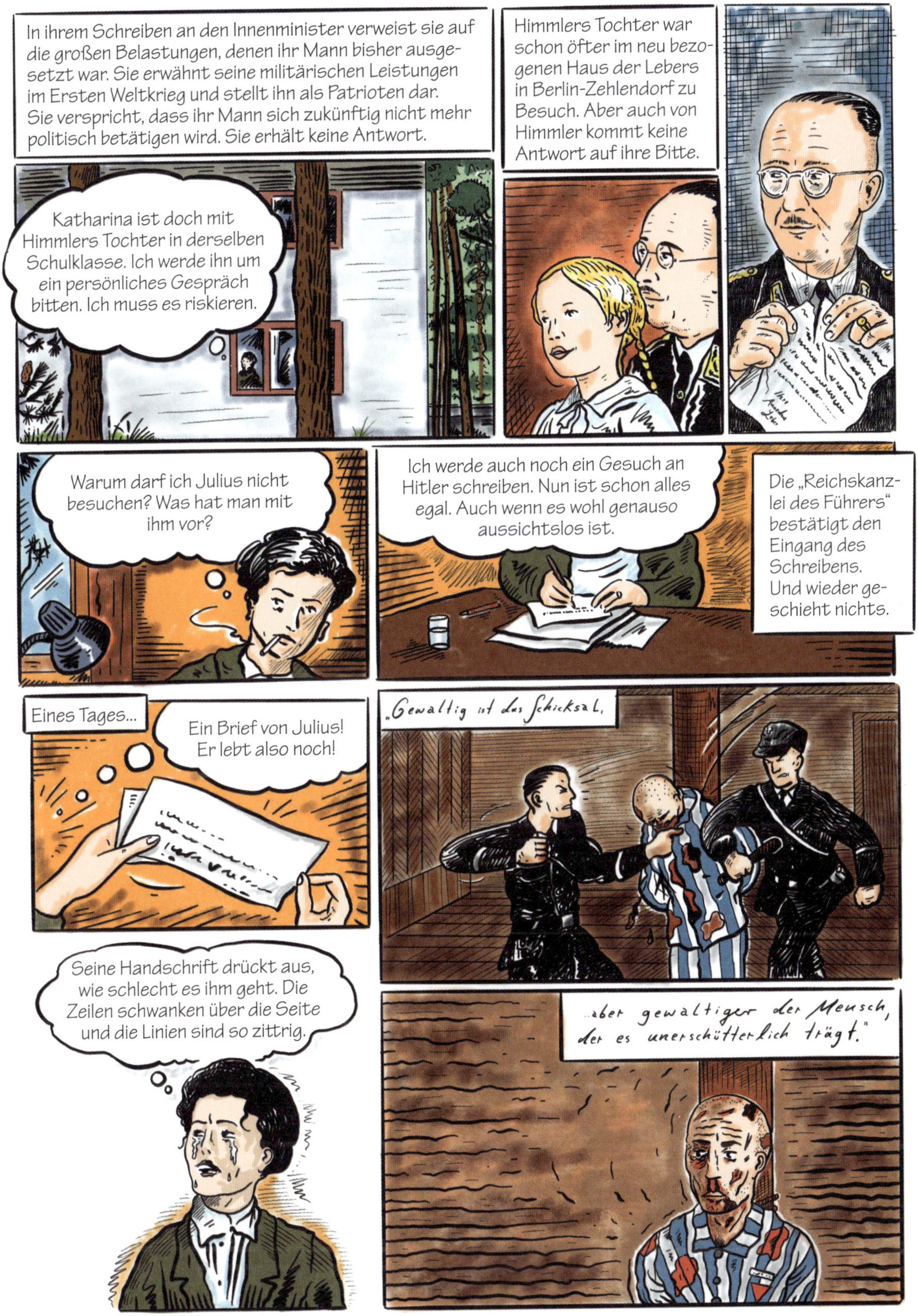
In ihrem Schreiben an den Innenminister verweist sie auf die großen Belastungen, denen ihr Mann bisher ausgesetzt war. Sie erwähnt seine militärischen Leistungen im Ersten Weltkrieg und stellt ihn als Patrioten dar. Sie verspricht, dass ihr Mann sich zukünftig nicht mehr politisch betätigen wird. Sie erhält keine Antwort.
Katharina ist doch mit Himmlers Tochter in derselben Schulklasse. Ich werde ihn um ein persönliches Gespräch bitten. Ich muss es riskieren.
Himmlers Tochter war schon öfter im neu bezogenen Haus der Lebers in Berlin-Zehlendorf zu Besuch. Aber auch von Himmler kommt keine Antwort auf ihre Bitte.
Warum darf ich Julius nicht besuchen? Was hat man mit ihm vor?
Ich werde auch noch ein Gesuch an Hitler schreiben. Nun ist schon alles egal. Auch wenn es wohl genauso aussichtslos ist.
Die „Reichskanzlei des Führers“ bestätigt den Eingang des Schreibens. Und wieder geschieht nichts.
Eines Tages...
Ein Brief von Julius! Er lebt also noch!
„Gewaltig ist das Schicksal,
Seine Handschrift drückt aus, wie schlecht es ihm geht. Die Zeilen schwanken über die Seite und die Linien sind so zittrig.
...aber gewaltiger der Mensch, der es unerschütterlich trägt.“

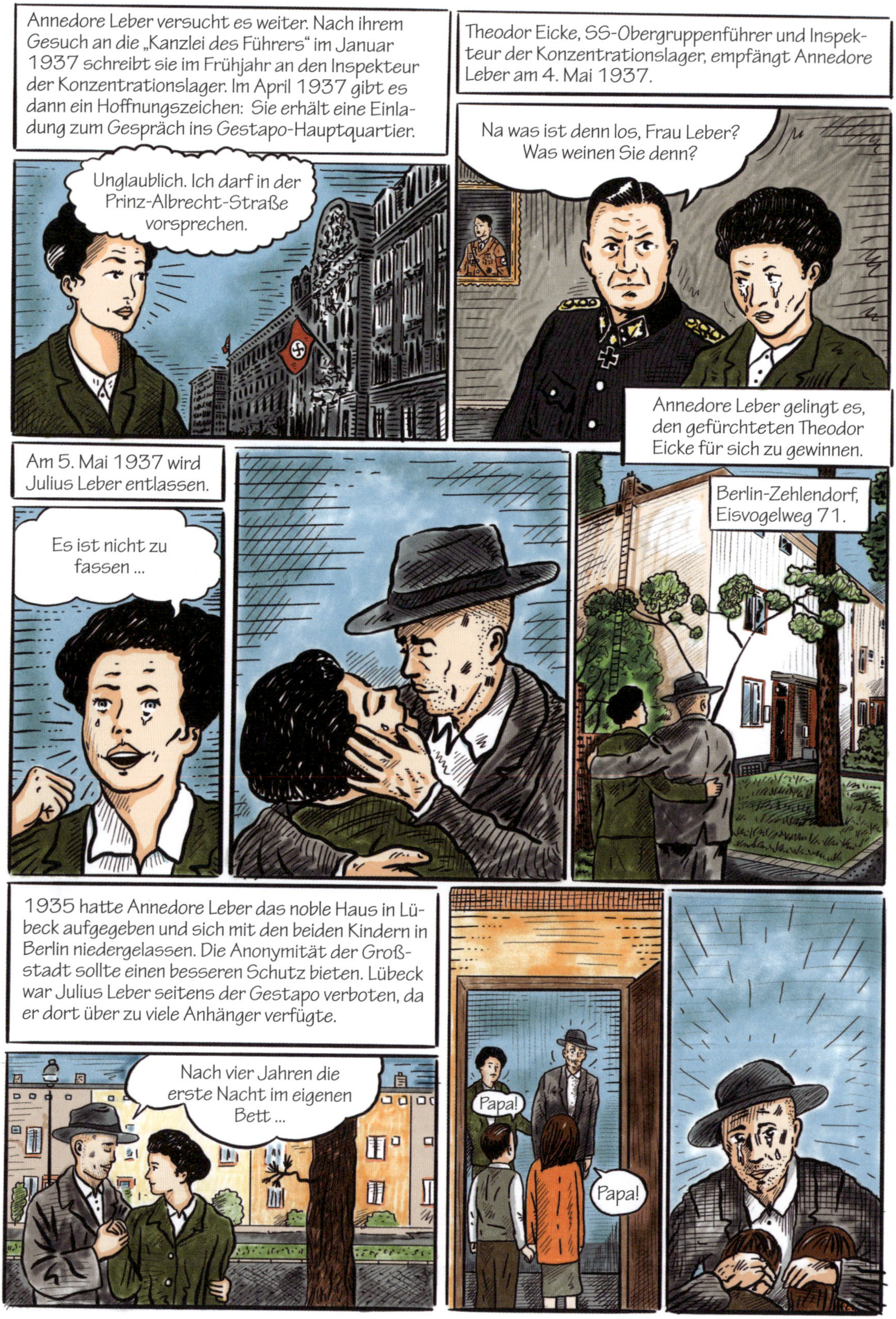
Annedore Leber versucht es weiter. Nach ihrem Gesuch an die „Kanzlei des Führers“ im Januar 1937 schreibt sie im Frühjahr an den Inspekteur der Konzentrationslager. Im April 1937 gibt es dann ein Hoffnungszeichen: Sie erhält eine Einladung zum Gespräch ins Gestapo-Hauptquartier.
Unglaublich. Ich darf in der Prinz-Albrecht-Straße vorsprechen.
Theodor Eicke, SS-Obergruppenführer und Inspekteur der Konzentrationslager, empfängt Annedore Leber am 4. Mai 1937.
Na was ist denn los, Frau Leber? Was weinen Sie denn?
Annedore Leber gelingt es, den gefürchteten Theodor Eicke für sich zu gewinnen.
Am 5. Mai 1937 wird Julius Leber entlassen.
Es ist nicht zu fassen ...
Berlin-Zehlendorf, Eisvogelweg 71.
1935 hatte Annedore Leber das noble Haus in Lübeck aufgegeben und sich mit den beiden Kindern in Berlin niedergelassen. Die Anonymität der Großstadt sollte einen besseren Schutz bieten. Lübeck war Julius Leber seitens der Gestapo verboten, da er dort über zu viele Anhänger verfügte.
Nach vier Jahren die erste Nacht im eigenen Bett ...
Papa!
Papa!

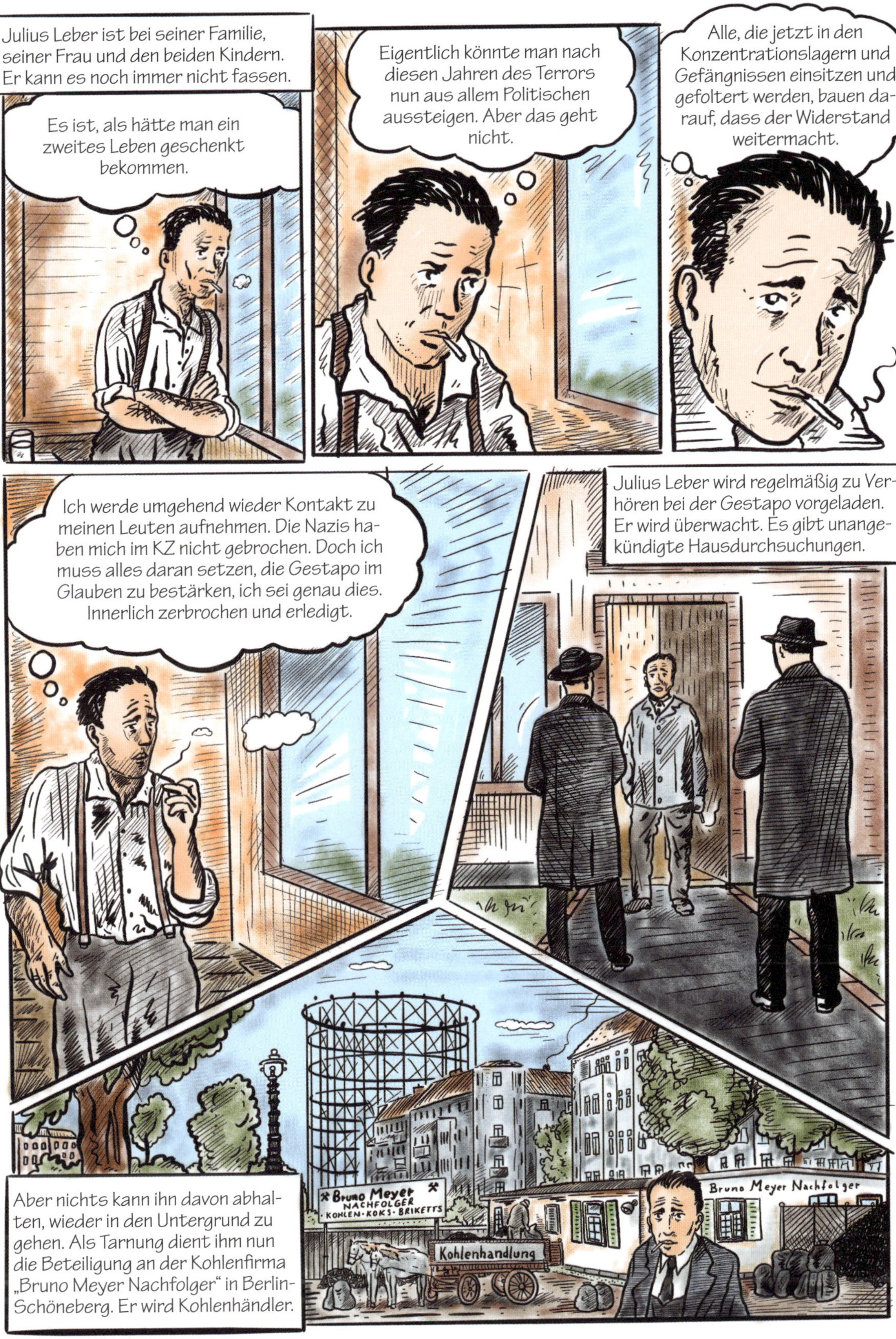
Julius Leber ist bei seiner Familie, seiner Frau und den beiden Kindern. Er kann es noch immer nicht fassen.
Es ist, als hätte man ein zweites Leben geschenkt bekommen.
Eigentlich könnte man nach diesen Jahren des Terrors nun aus allem Politischen aussteigen. Aber das geht nicht.
Alle, die jetzt in den Konzentrationslagern und Gefängnissen einsitzen und gefoltert werden, bauen darauf, dass der Widerstand weitermacht.
Ich werde umgehend wieder Kontakt zu meinen Leuten aufnehmen. Die Nazis haben mich im KZ nicht gebrochen. Doch ich muss alles daran setzen, die Gestapo im Glauben zu bestärken, ich sei genau dies. Innerlich zerbrochen und erledigt.
Julius Leber wird regelmäßig zu Verhören bei der Gestapo vorgeladen. Er wird überwacht. Es gibt unangekündigte Hausdurchsuchungen.
Aber nichts kann ihn davon abhalten, wieder in den Untergrund zu gehen. Als Tarnung dient ihm nun die Beteiligung an der Kohlenfirma „Bruno Meyer Nachfolger“ in Berlin-Schöneberg. Er wird Kohlenhändler.
Bruno Meyer NACHFOLGER KOHLEN · KOKS · BRIKETTS
Kohlenhandlung
Bruno Meyer Nachfolger

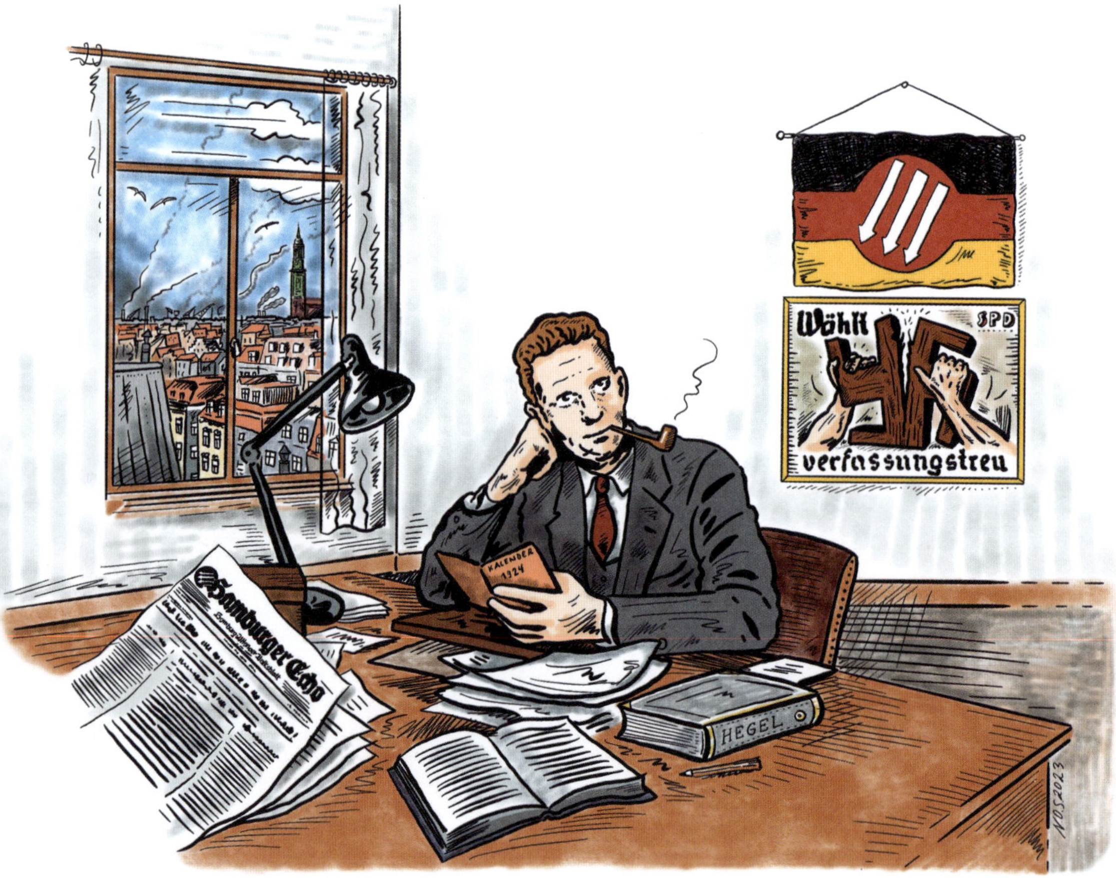

Hamburger Echo
KALENDER 1924
HEGEL
Wählt
SPD
verfassungstreu
N.O.S 2023

Fünftes Kapitel
Theodor Haubach und Tony Sender

„Wenn wir für ein neues Deutschland kämpfen,
dann kämpfen wir für ein neues Europa."

Theodor Haubach in einem Artikel für
das „Hamburger Echo" vom 3. August 1924
anlässlich des zehnten Jahrestages
des Ausbruchs des Ersten Weltkrieges

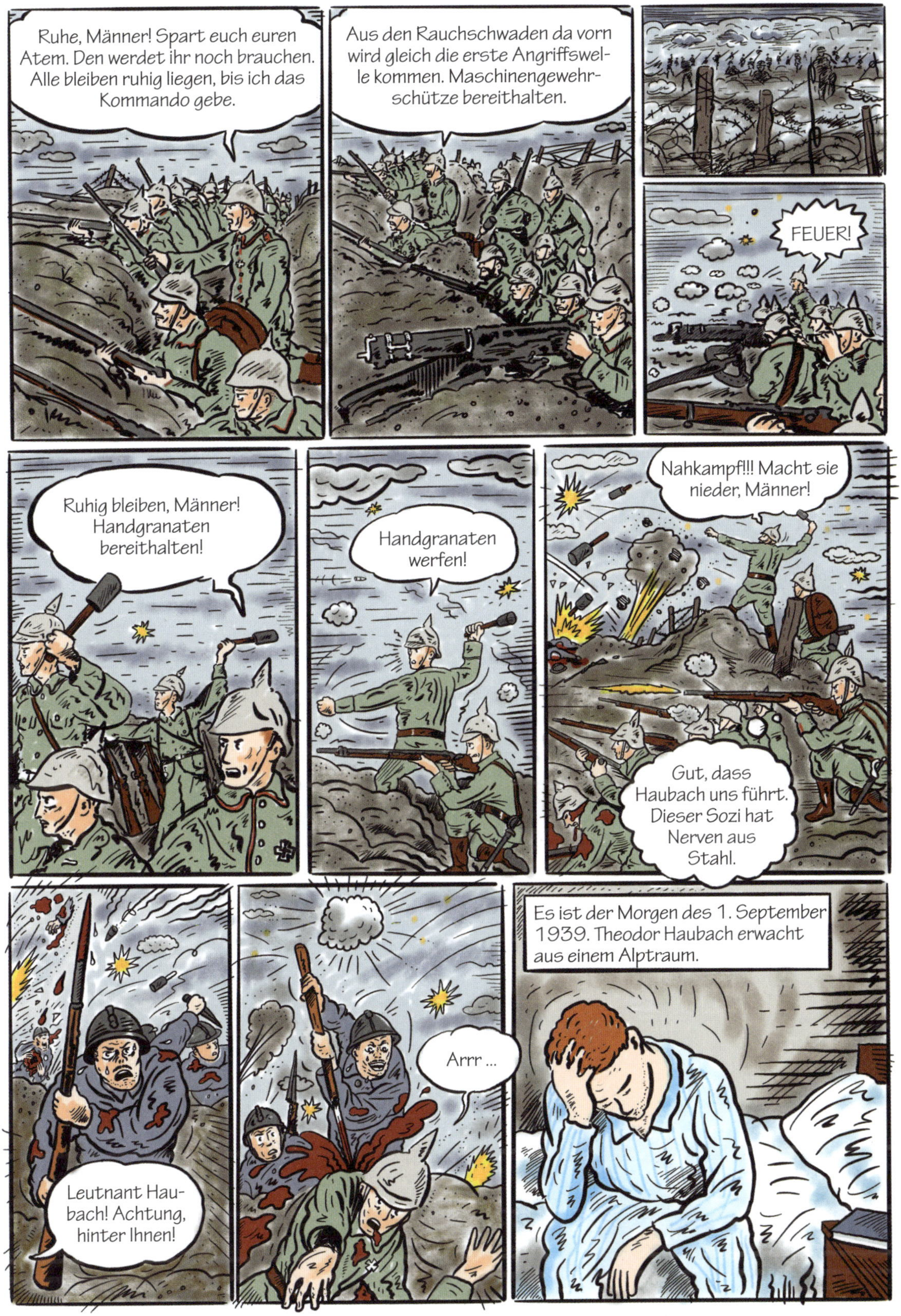
Ruhe, Männer! Spart euch euren Atem. Den werdet ihr noch brauchen. Alle bleiben ruhig liegen, bis ich das Kommando gebe.
Aus den Rauchschwaden da vorn wird gleich die erste Angriffswelle kommen. Maschinengewehrschütze bereithalten.
FEUER!
Ruhig bleiben, Männer! Handgranaten bereithalten!
Handgranaten werfen!
Nahkampf!!! Macht sie nieder, Männer!
Gut, dass Haubach uns führt. Dieser Sozi hat Nerven aus Stahl.
Leutnant Haubach! Achtung, hinter Ihnen!
Arrr ...
Es ist der Morgen des 1. September 1939. Theodor Haubach erwacht aus einem Alptraum.

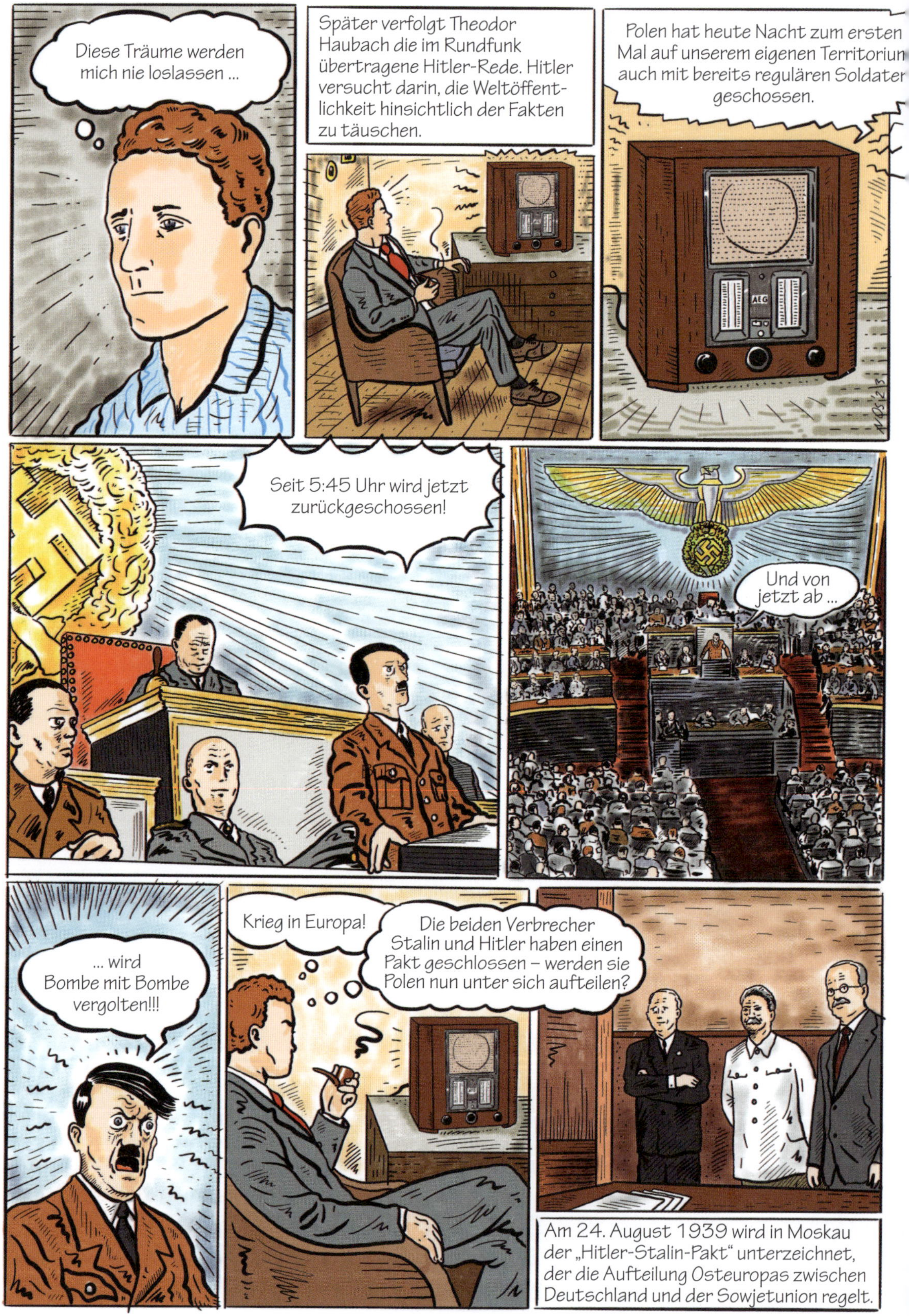

Diese Träume werden mich nie loslassen ...
Später verfolgt Theodor Haubach die im Rundfunk übertragene Hitler-Rede. Hitler versucht darin, die Weltöffentlichkeit hinsichtlich der Fakten zu täuschen.
Polen hat heute Nacht zum ersten Mal auf unserem eigenen Territorium auch mit bereits regulären Soldaten geschossen.
Seit 5:45 Uhr wird jetzt zurückgeschossen!
Und von jetzt ab ...
... wird Bombe mit Bombe vergolten!!!
Krieg in Europa!
Die beiden Verbrecher Stalin und Hitler haben einen Pakt geschlossen – werden sie Polen nun unter sich aufteilen?
Am 24. August 1939 wird in Moskau der „Hitler-Stalin-Pakt“ unterzeichnet, der die Aufteilung Osteuropas zwischen Deutschland und der Sowjetunion regelt.

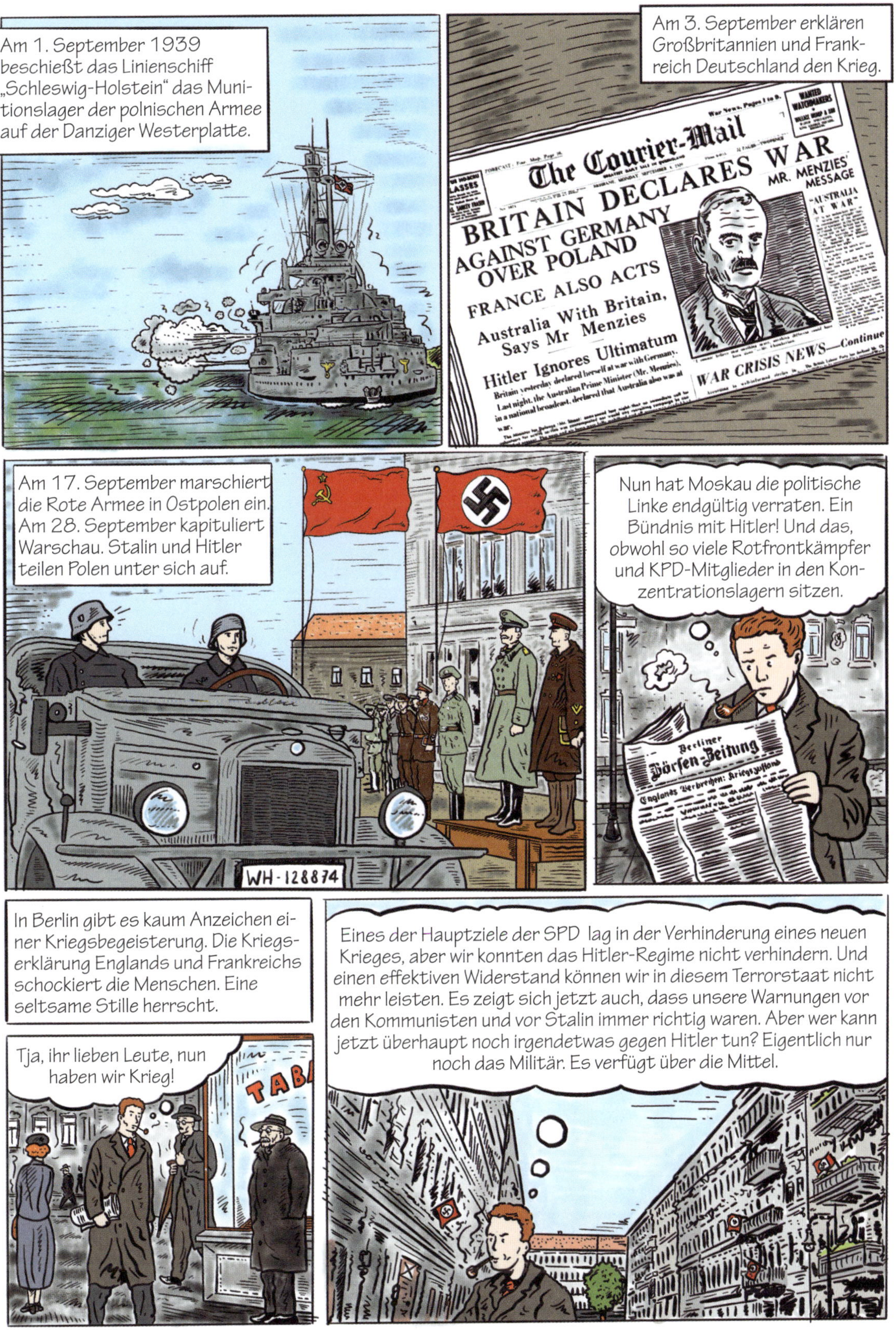
Am 1. September 1939 beschießt das Linienschiff „Schleswig-Holstein“ das Munitionslager der polnischen Armee auf der Danziger Westerplatte.
Am 3. September erklären Großbritannien und Frankreich Deutschland den Krieg.
The Courier-Mail
BRITAIN DECLARES WAR AGAINST GERMANY OVER POLAND
MR. MENZIES' MESSAGE
FRANCE ALSO ACTS
Australia With Britain, Says Mr Menzies
Hitler Ignores Ultimatum
WAR CRISIS NEWS—Continue
Am 17. September marschiert die Rote Armee in Ostpolen ein. Am 28. September kapituliert Warschau. Stalin und Hitler teilen Polen unter sich auf.
WH-128874
Nun hat Moskau die politische Linke endgültig verraten. Ein Bündnis mit Hitler! Und das, obwohl so viele Rotfrontkämpfer und KPD-Mitglieder in den Konzentrationslagern sitzen.
Berliner Börsen-Zeitung
In Berlin gibt es kaum Anzeichen einer Kriegsbegeisterung. Die Kriegserklärung Englands und Frankreichs schockiert die Menschen. Eine seltsame Stille herrscht.
Tja, ihr lieben Leute, nun haben wir Krieg!
TAB
Eines der Hauptziele der SPD lag in der Verhinderung eines neuen Krieges, aber wir konnten das Hitler-Regime nicht verhindern. Und einen effektiven Widerstand können wir in diesem Terrorstaat nicht mehr leisten. Es zeigt sich jetzt auch, dass unsere Warnungen vor den Kommunisten und vor Stalin immer richtig waren. Aber wer kann jetzt überhaupt noch irgendetwas gegen Hitler tun? Eigentlich nur noch das Militär. Es verfügt über die Mittel.

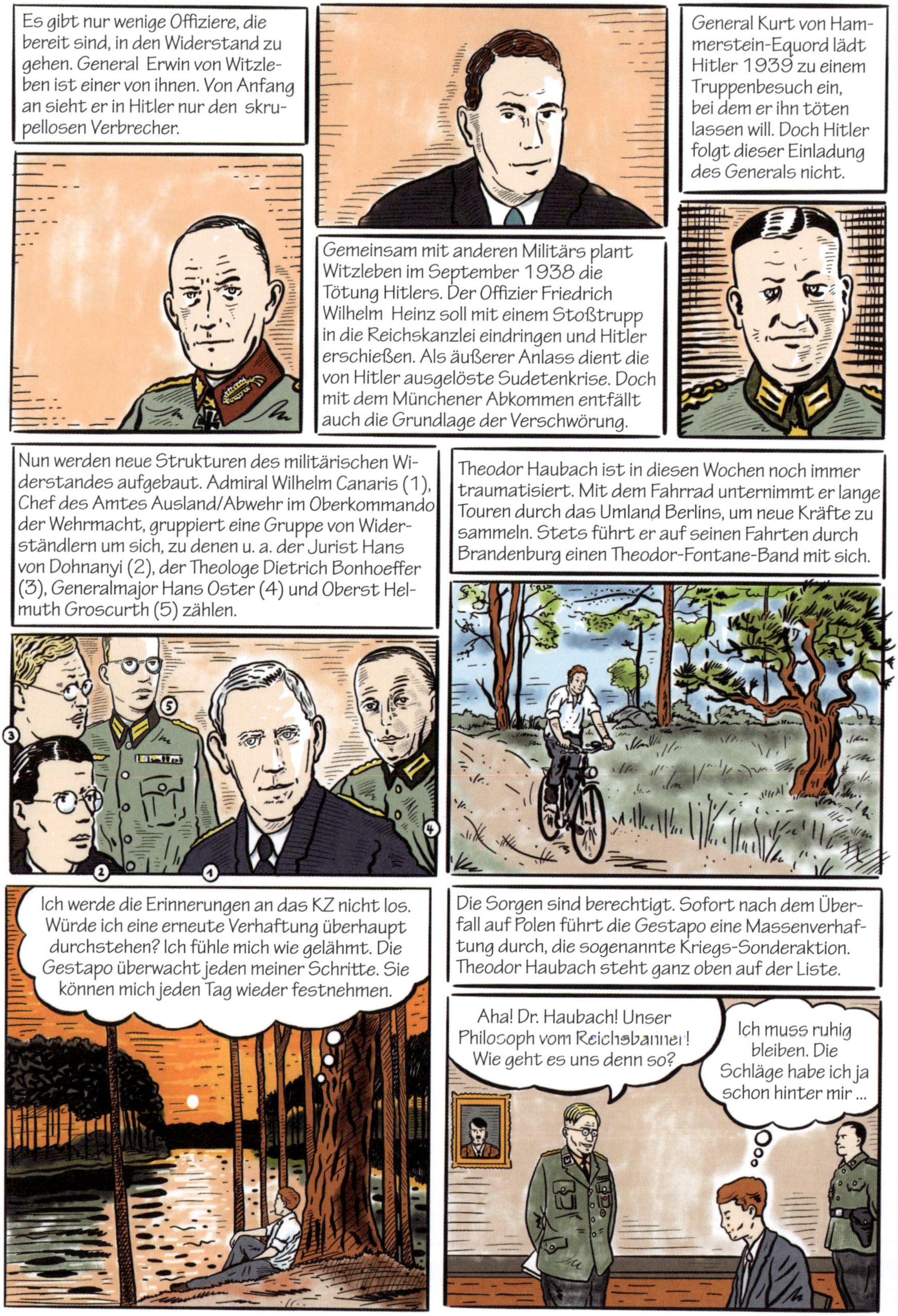
Es gibt nur wenige Offiziere, die bereit sind, in den Widerstand zu gehen. General Erwin von Witzleben ist einer von ihnen. Von Anfang an sieht er in Hitler nur den skrupellosen Verbrecher.
Gemeinsam mit anderen Militärs plant Witzleben im September 1938 die Tötung Hitlers. Der Offizier Friedrich Wilhelm Heinz soll mit einem Stoßtrupp in die Reichskanzlei eindringen und Hitler erschießen. Als äußerer Anlass dient die von Hitler ausgelöste Sudetenkrise. Doch mit dem Münchener Abkommen entfällt auch die Grundlage der Verschwörung.
General Kurt von Hammerstein-Equord lädt Hitler 1939 zu einem Truppenbesuch ein, bei dem er ihn töten lassen will. Doch Hitler folgt dieser Einladung des Generals nicht.
Nun werden neue Strukturen des militärischen Widerstandes aufgebaut. Admiral Wilhelm Canaris (1), Chef des Amtes Ausland/Abwehr im Oberkommando der Wehrmacht, gruppiert eine Gruppe von Widerständlern um sich, zu denen u. a. der Jurist Hans von Dohnanyi (2), der Theologe Dietrich Bonhoeffer (3), Generalmajor Hans Oster (4) und Oberst Helmuth Groscurth (5) zählen.
3
5
4
2
1
Theodor Haubach ist in diesen Wochen noch immer traumatisiert. Mit dem Fahrrad unternimmt er lange Touren durch das Umland Berlins, um neue Kräfte zu sammeln. Stets führt er auf seinen Fahrten durch Brandenburg einen Theodor-Fontane-Band mit sich.
Ich werde die Erinnerungen an das KZ nicht los. Würde ich eine erneute Verhaftung überhaupt durchstehen? Ich fühle mich wie gelähmt. Die Gestapo überwacht jeden meiner Schritte. Sie können mich jeden Tag wieder festnehmen.
Die Sorgen sind berechtigt. Sofort nach dem Überfall auf Polen führt die Gestapo eine Massenverhaftung durch, die sogenannte Kriegs-Sonderaktion. Theodor Haubach steht ganz oben auf der Liste.
Aha! Dr. Haubach! Unser Philosoph vom Reichsbanner! Wie geht es uns denn so?
Ich muss ruhig bleiben. Die Schläge habe ich ja schon hinter mir ...

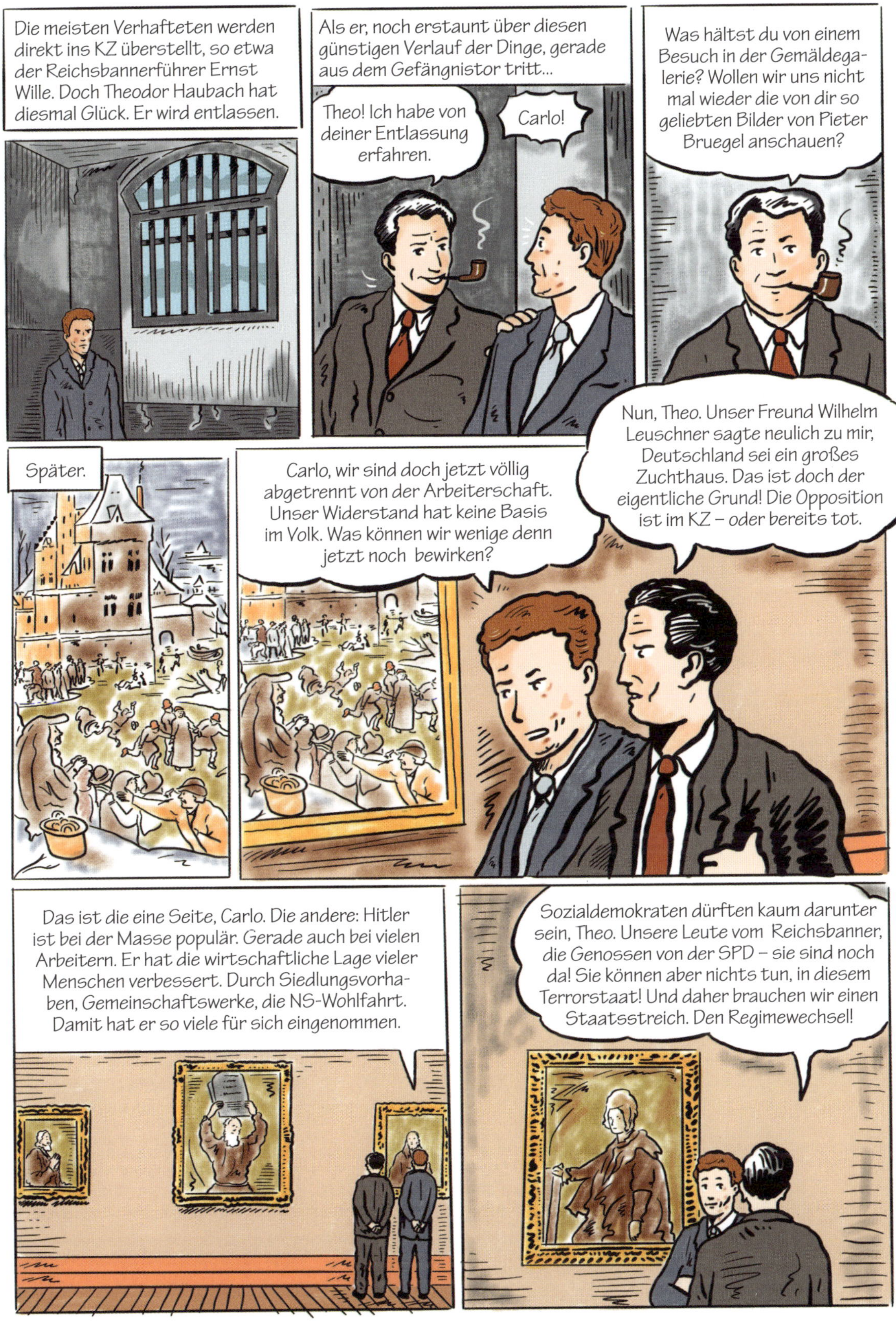
Die meisten Verhafteten werden direkt ins KZ überstellt, so etwa der Reichsbannerführer Ernst Wille. Doch Theodor Haubach hat diesmal Glück. Er wird entlassen.
Als er, noch erstaunt über diesen günstigen Verlauf der Dinge, gerade aus dem Gefängnistor tritt...
Theo! Ich habe von deiner Entlassung erfahren.
Carlo!
Was hältst du von einem Besuch in der Gemäldegalerie? Wollen wir uns nicht mal wieder die von dir so geliebten Bilder von Pieter Bruegel anschauen?
Später.
Carlo, wir sind doch jetzt völlig abgetrennt von der Arbeiterschaft. Unser Widerstand hat keine Basis im Volk. Was können wir wenige denn jetzt noch bewirken?
Nun, Theo. Unser Freund Wilhelm Leuschner sagte neulich zu mir, Deutschland sei ein großes Zuchthaus. Das ist doch der eigentliche Grund! Die Opposition ist im KZ – oder bereits tot.
Das ist die eine Seite, Carlo. Die andere: Hitler ist bei der Masse populär. Gerade auch bei vielen Arbeitern. Er hat die wirtschaftliche Lage vieler Menschen verbessert. Durch Siedlungsvorhaben, Gemeinschaftswerke, die NS-Wohlfahrt. Damit hat er so viele für sich eingenommen.
Sozialdemokraten dürften kaum darunter sein, Theo. Unsere Leute vom Reichsbanner, die Genossen von der SPD – sie sind noch da! Sie können aber nichts tun, in diesem Terrorstaat! Und daher brauchen wir einen Staatsstreich. Den Regimewechsel!

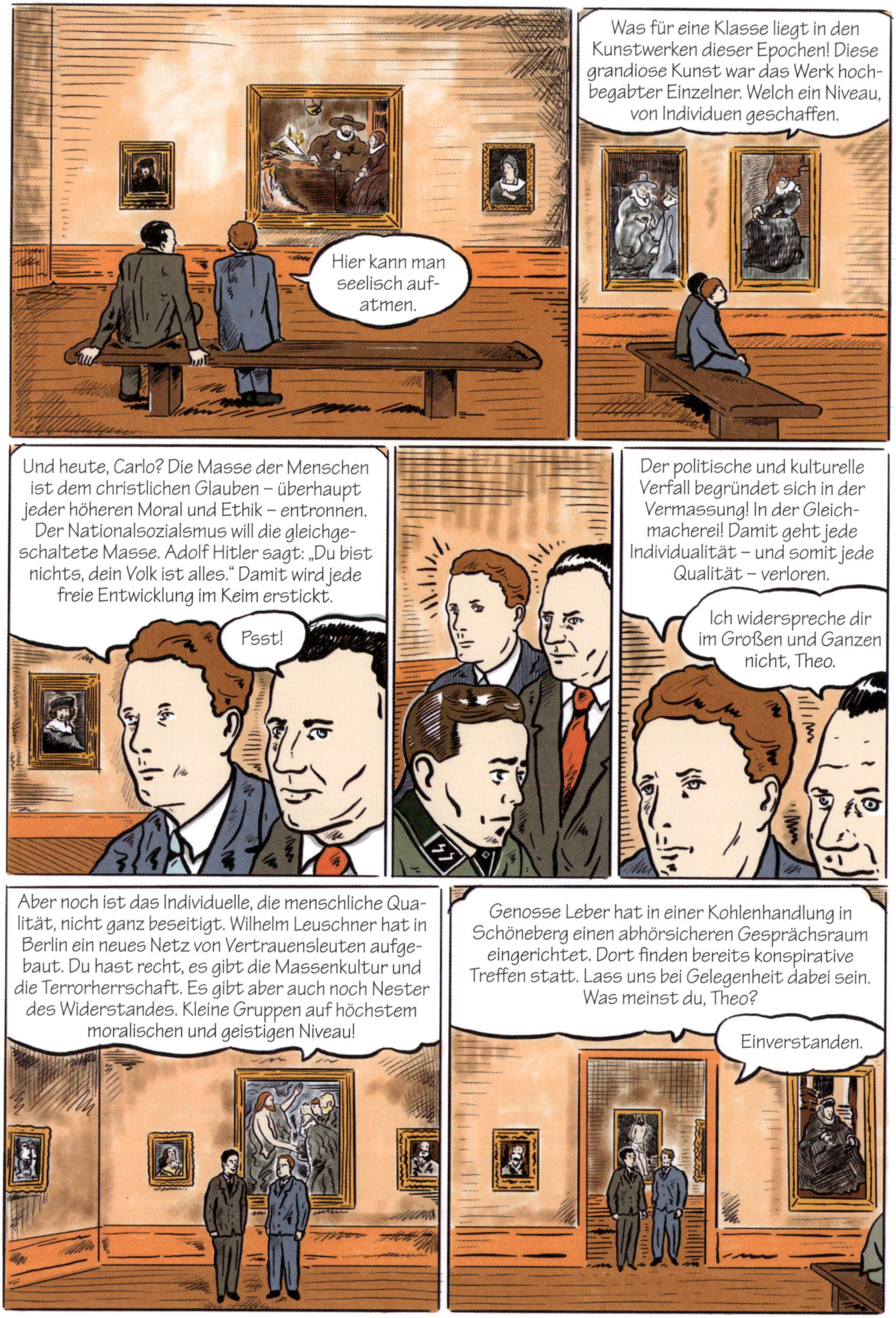
Hier kann man seelisch auf-atmen.
Was für eine Klasse liegt in den Kunstwerken dieser Epochen! Diese grandiose Kunst war das Werk hoch-begabter Einzelner. Welch ein Niveau, von Individuen geschaffen.
Und heute, Carlo? Die Masse der Menschen ist dem christlichen Glauben – überhaupt jeder höheren Moral und Ethik – entronnen. Der Nationalsozialsmus will die gleichge-schaltete Masse. Adolf Hitler sagt: „Du bist nichts, dein Volk ist alles.“ Damit wird jede freie Entwicklung im Keim erstickt.
Psst!
Der politische und kulturelle Verfall begründet sich in der Vermassung! In der Gleich-macherei! Damit geht jede Individualität – und somit jede Qualität – verloren.
Ich widerspreche dir im Großen und Ganzen nicht, Theo.
Aber noch ist das Individuelle, die menschliche Qua-lität, nicht ganz beseitigt. Wilhelm Leuschner hat in Berlin ein neues Netz von Vertrauensleuten aufge-baut. Du hast recht, es gibt die Massenkultur und die Terrorherrschaft. Es gibt aber auch noch Nester des Widerstandes. Kleine Gruppen auf höchstem moralischen und geistigen Niveau!
Genosse Leber hat in einer Kohlenhandlung in Schöneberg einen abhörsicheren Gesprächsraum eingerichtet. Dort finden bereits konspirative Treffen statt. Lass uns bei Gelegenheit dabei sein. Was meinst du, Theo?
Einverstanden.

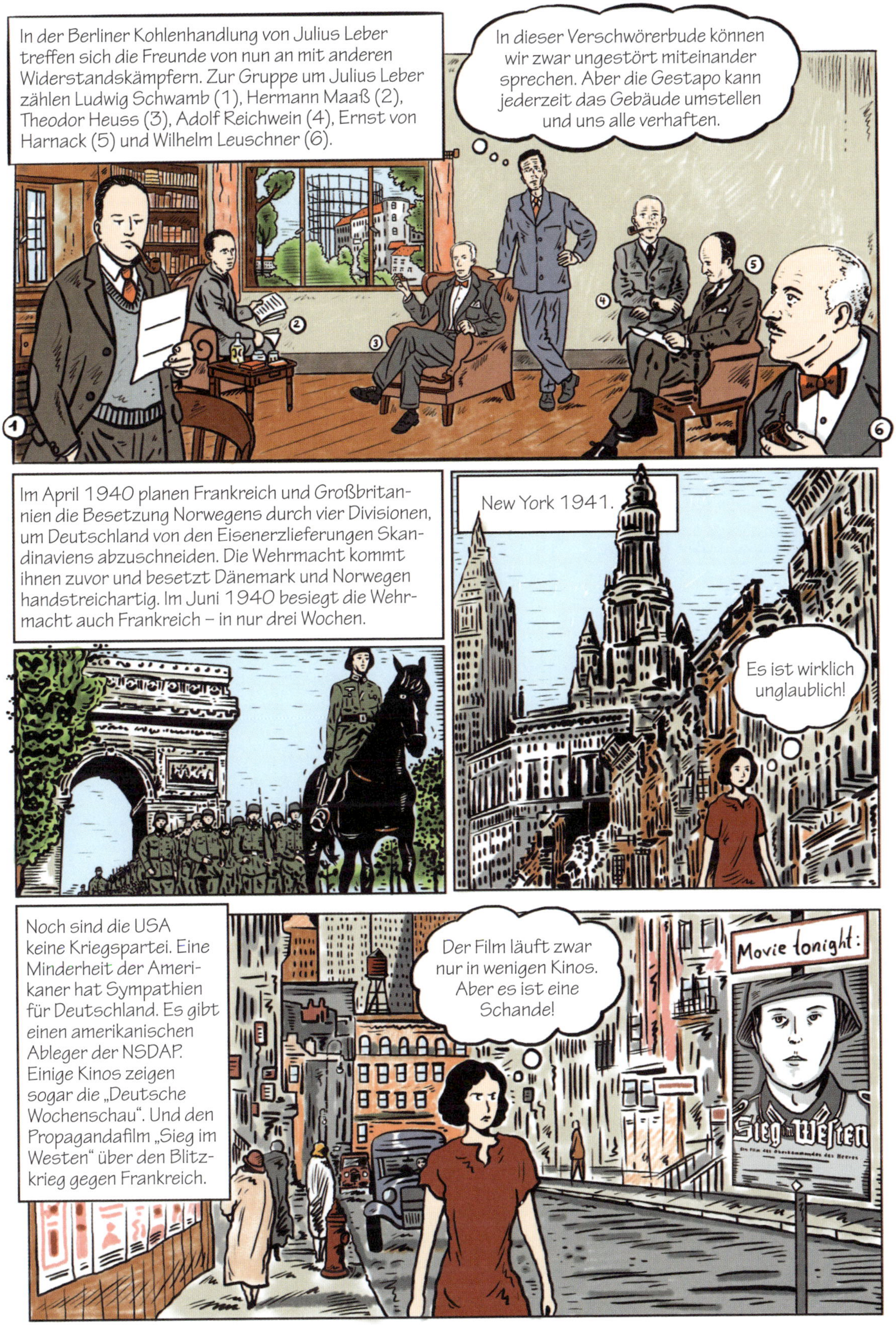
In der Berliner Kohlenhandlung von Julius Leber treffen sich die Freunde von nun an mit anderen Widerstandskämpfern. Zur Gruppe um Julius Leber zählen Ludwig Schwamb (1), Hermann Maaß (2), Theodor Heuss (3), Adolf Reichwein (4), Ernst von Harnack (5) und Wilhelm Leuschner (6).
In dieser Verschwörerbude können wir zwar ungestört miteinander sprechen. Aber die Gestapo kann jederzeit das Gebäude umstellen und uns alle verhaften.
1
2
3
4
5
6
Im April 1940 planen Frankreich und Großbritannien die Besetzung Norwegens durch vier Divisionen, um Deutschland von den Eisenerzlieferungen Skandinaviens abzuschneiden. Die Wehrmacht kommt ihnen zuvor und besetzt Dänemark und Norwegen handstreichartig. Im Juni 1940 besiegt die Wehrmacht auch Frankreich – in nur drei Wochen.
New York 1941.
Es ist wirklich unglaublich!
Noch sind die USA keine Kriegspartei. Eine Minderheit der Amerikaner hat Sympathien für Deutschland. Es gibt einen amerikanischen Ableger der NSDAP. Einige Kinos zeigen sogar die „Deutsche Wochenschau“. Und den Propagandafilm „Sieg im Westen“ über den Blitzkrieg gegen Frankreich.
Der Film läuft zwar nur in wenigen Kinos. Aber es ist eine Schande!
Movie tonight:
Sieg im Westen

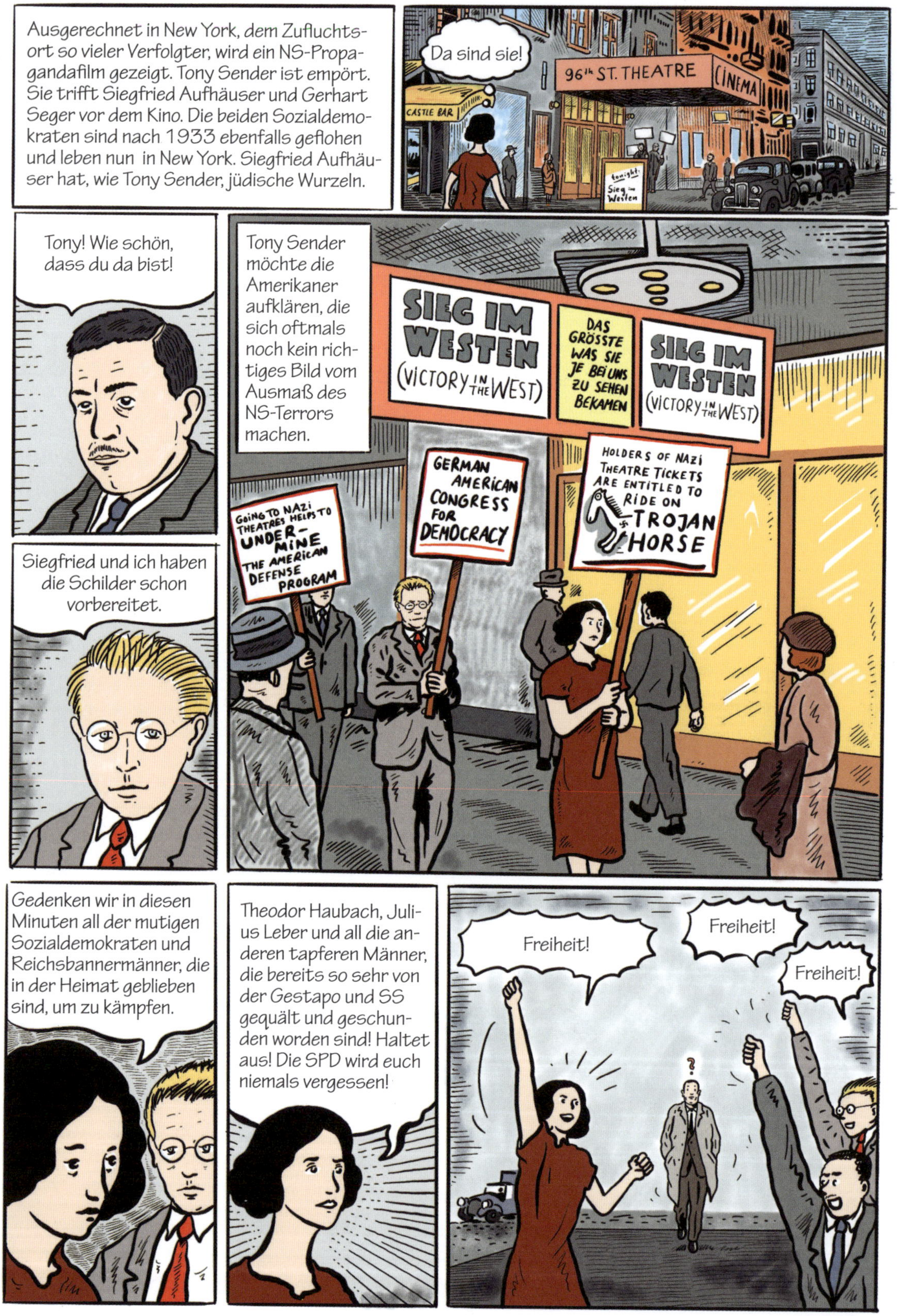

Ausgerechnet in New York, dem Zufluchtsort so vieler Verfolgter, wird ein NS-Propagandafilm gezeigt. Tony Sender ist empört. Sie trifft Siegfried Aufhäuser und Gerhart Seger vor dem Kino. Die beiden Sozialdemokraten sind nach 1933 ebenfalls geflohen und leben nun in New York. Siegfried Aufhäuser hat, wie Tony Sender, jüdische Wurzeln.
Da sind sie!
CASTLE BAR
96th ST. THEATRE
CINEMA
Tony! Wie schön, dass du da bist!
Siegfried und ich haben die Schilder schon vorbereitet.
Tony Sender möchte die Amerikaner aufklären, die sich oftmals noch kein richtiges Bild vom Ausmaß des NS-Terrors machen.
SIEG IM WESTEN (VICTORY IN THE WEST)
DAS GRÖSSTE WAS SIE JE BEI UNS ZU SEHEN BEKAMEN
SIEG IM WESTEN (VICTORY IN THE WEST)
GOING TO NAZI THEATRES HELPS TO UNDERMINE THE AMERICAN DEFENSE PROGRAM
GERMAN AMERICAN CONGRESS FOR DEMOCRACY
HOLDERS OF NAZI THEATRE TICKETS ARE ENTITLED TO RIDE ON TROJAN HORSE
Gedenken wir in diesen Minuten all der mutigen Sozialdemokraten und Reichsbannermänner, die in der Heimat geblieben sind, um zu kämpfen.
Theodor Haubach, Julius Leber und all die anderen tapferen Männer, die bereits so sehr von der Gestapo und SS gequält und geschunden worden sind! Haltet aus! Die SPD wird euch niemals vergessen!
Freiheit!
Freiheit!
Freiheit!
?

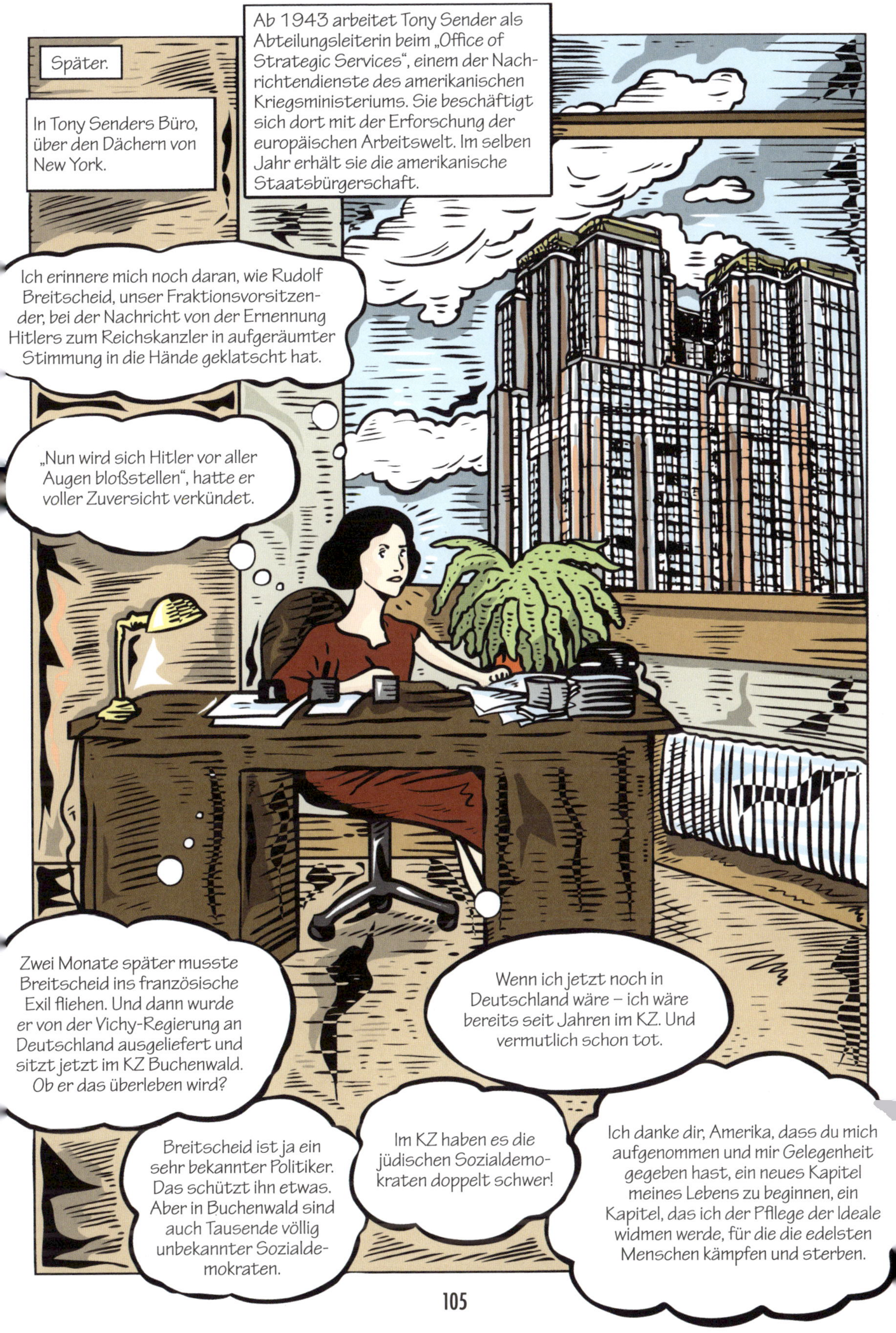
Später.
In Tony Senders Büro, über den Dächern von New York.
Ab 1943 arbeitet Tony Sender als Abteilungsleiterin beim „Office of Strategic Services“, einem der Nachrichtendienste des amerikanischen Kriegsministeriums. Sie beschäftigt sich dort mit der Erforschung der europäischen Arbeitswelt. Im selben Jahr erhält sie die amerikanische Staatsbürgerschaft.
Ich erinnere mich noch daran, wie Rudolf Breitscheid, unser Fraktionsvorsitzender, bei der Nachricht von der Ernennung Hitlers zum Reichskanzler in aufgeräumter Stimmung in die Hände geklatscht hat.
„Nun wird sich Hitler vor aller Augen bloßstellen“, hatte er voller Zuversicht verkündet.
Zwei Monate später musste Breitscheid ins französische Exil fliehen. Und dann wurde er von der Vichy-Regierung an Deutschland ausgeliefert und sitzt jetzt im KZ Buchenwald. Ob er das überleben wird?
Wenn ich jetzt noch in Deutschland wäre – ich wäre bereits seit Jahren im KZ. Und vermutlich schon tot.
Breitscheid ist ja ein sehr bekannter Politiker. Das schützt ihn etwas. Aber in Buchenwald sind auch Tausende völlig unbekannter Sozialdemokraten.
Im KZ haben es die jüdischen Sozialdemokraten doppelt schwer!
Ich danke dir, Amerika, dass du mich aufgenommen und mir Gelegenheit gegeben hast, ein neues Kapitel meines Lebens zu beginnen, ein Kapitel, das ich der Pflege der Ideale widmen werde, für die die edelsten Menschen kämpfen und sterben.

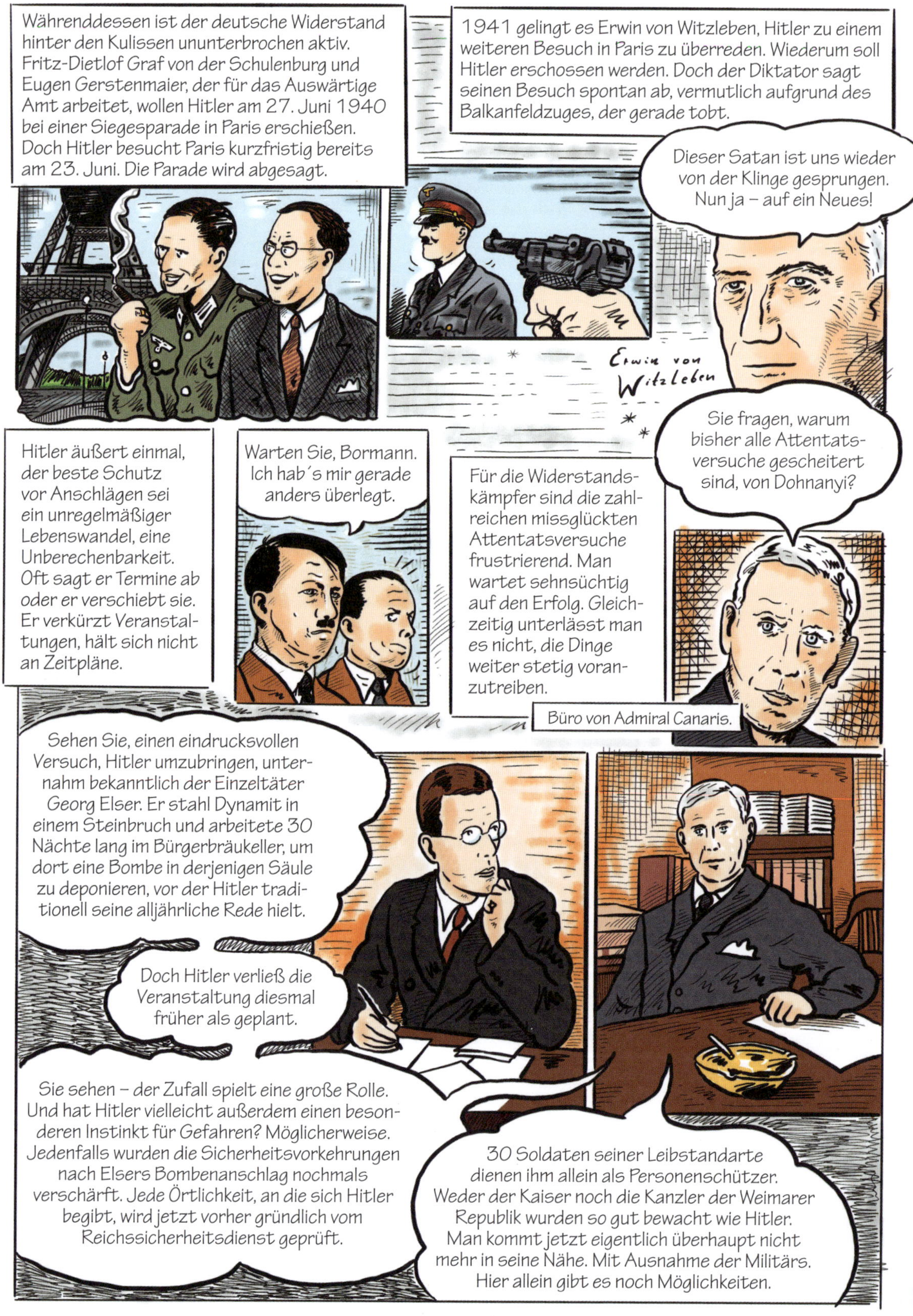

Währenddessen ist der deutsche Widerstand hinter den Kulissen ununterbrochen aktiv. Fritz-Dietlof Graf von der Schulenburg und Eugen Gerstenmaier, der für das Auswärtige Amt arbeitet, wollen Hitler am 27. Juni 1940 bei einer Siegesparade in Paris erschießen. Doch Hitler besucht Paris kurzfristig bereits am 23. Juni. Die Parade wird abgesagt.
1941 gelingt es Erwin von Witzleben, Hitler zu einem weiteren Besuch in Paris zu überreden. Wiederum soll Hitler erschossen werden. Doch der Diktator sagt seinen Besuch spontan ab, vermutlich aufgrund des Balkanfeldzuges, der gerade tobt.
Dieser Satan ist uns wieder von der Klinge gesprungen. Nun ja – auf ein Neues!
Erwin von Witzleben
Hitler äußert einmal, der beste Schutz vor Anschlägen sei ein unregelmäßiger Lebenswandel, eine Unberechenbarkeit. Oft sagt er Termine ab oder er verschiebt sie. Er verkürzt Veranstaltungen, hält sich nicht an Zeitpläne.
Warten Sie, Bormann. Ich hab´s mir gerade anders überlegt.
Für die Widerstandskämpfer sind die zahlreichen missglückten Attentatsversuche frustrierend. Man wartet sehnsüchtig auf den Erfolg. Gleichzeitig unterlässt man es nicht, die Dinge weiter stetig voranzutreiben.
Sie fragen, warum bisher alle Attentatsversuche gescheitert sind, von Dohnanyi?
Büro von Admiral Canaris.
Sehen Sie, einen eindrucksvollen Versuch, Hitler umzubringen, unternahm bekanntlich der Einzeltäter Georg Elser. Er stahl Dynamit in einem Steinbruch und arbeitete 30 Nächte lang im Bürgerbräukeller, um dort eine Bombe in derjenigen Säule zu deponieren, vor der Hitler traditionell seine alljährliche Rede hielt.
Doch Hitler verließ die Veranstaltung diesmal früher als geplant.
Sie sehen – der Zufall spielt eine große Rolle. Und hat Hitler vielleicht außerdem einen besonderen Instinkt für Gefahren? Möglicherweise. Jedenfalls wurden die Sicherheitsvorkehrungen nach Elsers Bombenanschlag nochmals verschärft. Jede Örtlichkeit, an die sich Hitler begibt, wird jetzt vorher gründlich vom Reichssicherheitsdienst geprüft.
30 Soldaten seiner Leibstandarte dienen ihm allein als Personenschützer. Weder der Kaiser noch die Kanzler der Weimarer Republik wurden so gut bewacht wie Hitler. Man kommt jetzt eigentlich überhaupt nicht mehr in seine Nähe. Mit Ausnahme der Militärs. Hier allein gibt es noch Möglichkeiten.

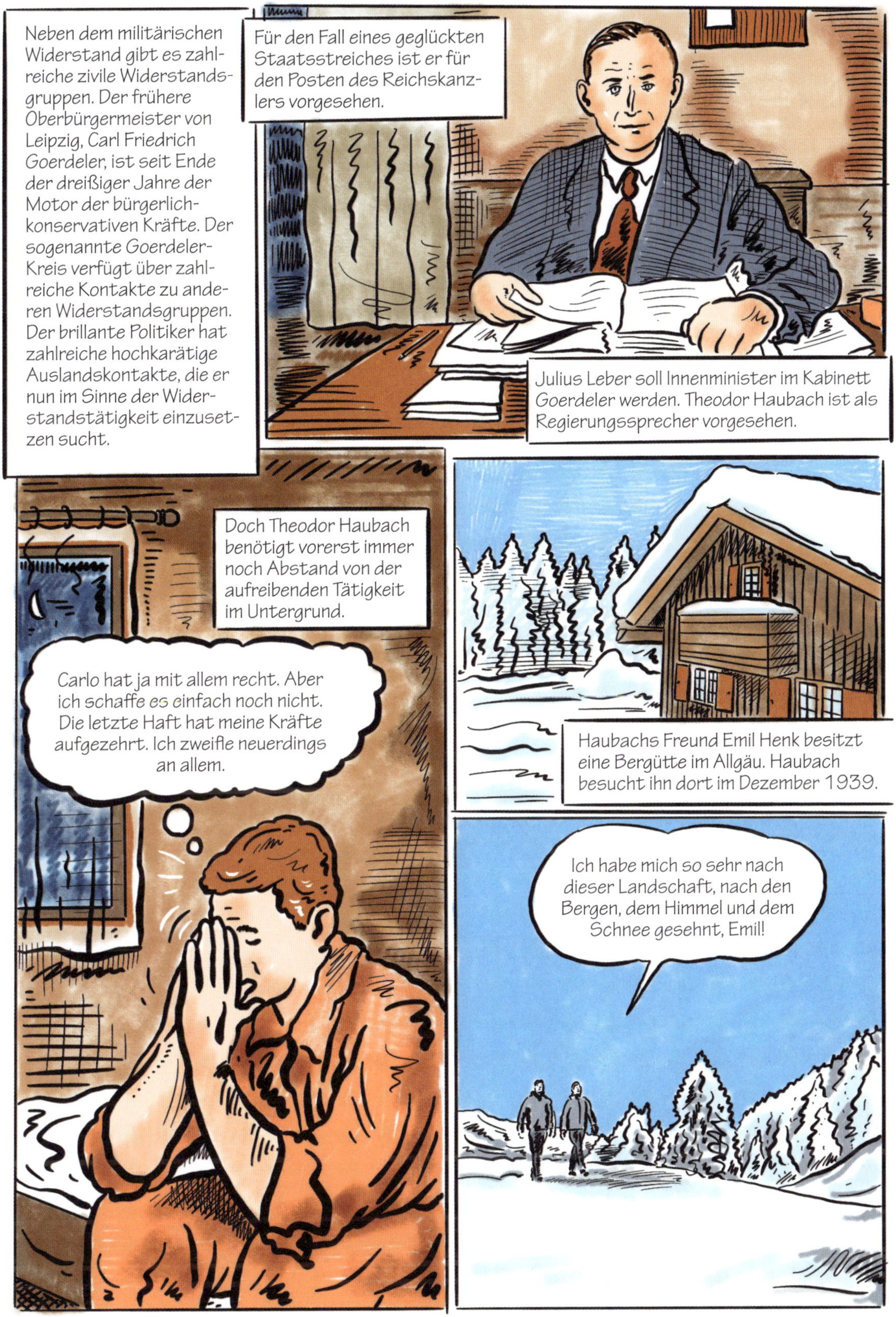
Neben dem militärischen Widerstand gibt es zahlreiche zivile Widerstandsgruppen. Der frühere Oberbürgermeister von Leipzig, Carl Friedrich Goerdeler, ist seit Ende der dreißiger Jahre der Motor der bürgerlich-konservativen Kräfte. Der sogenannte Goerdeler-Kreis verfügt über zahlreiche Kontakte zu anderen Widerstandsgruppen. Der brillante Politiker hat zahlreiche hochkarätige Auslandskontakte, die er nun im Sinne der Widerstandstätigkeit einzusetzen sucht.
Für den Fall eines geglückten Staatsstreiches ist er für den Posten des Reichskanzlers vorgesehen.
Julius Leber soll Innenminister im Kabinett Goerdeler werden. Theodor Haubach ist als Regierungssprecher vorgesehen.
Doch Theodor Haubach benötigt vorerst immer noch Abstand von der aufreibenden Tätigkeit im Untergrund.
Carlo hat ja mit allem recht. Aber ich schaffe es einfach noch nicht. Die letzte Haft hat meine Kräfte aufgezehrt. Ich zweifle neuerdings an allem.
Haubachs Freund Emil Henk besitzt eine Bergütte im Allgäu. Haubach besucht ihn dort im Dezember 1939.
Ich habe mich so sehr nach dieser Landschaft, nach den Bergen, dem Himmel und dem Schnee gesehnt, Emil!

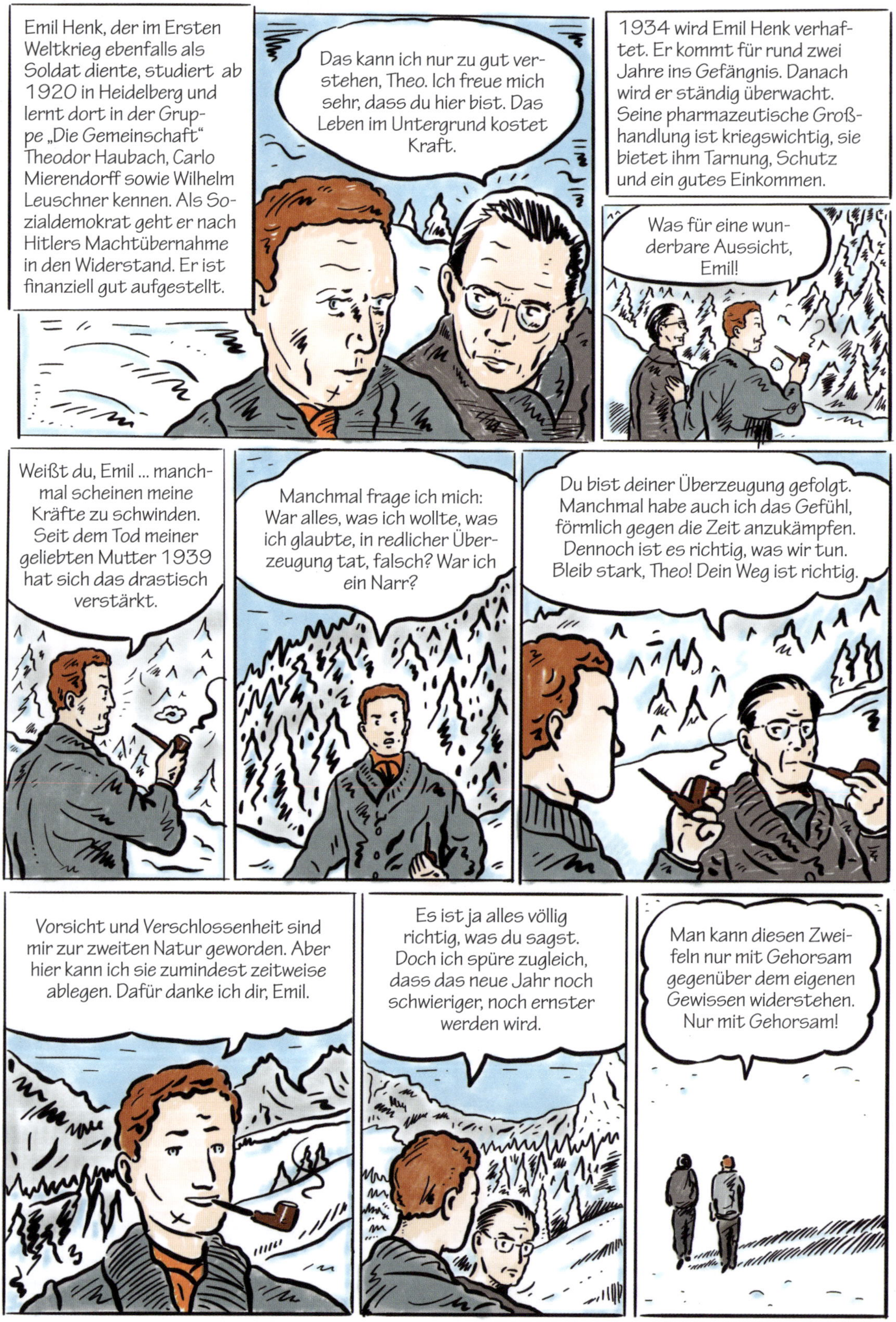
Emil Henk, der im Ersten Weltkrieg ebenfalls als Soldat diente, studiert ab 1920 in Heidelberg und lernt dort in der Gruppe „Die Gemeinschaft“ Theodor Haubach, Carlo Mierendorff sowie Wilhelm Leuschner kennen. Als Sozialdemokrat geht er nach Hitlers Machtübernahme in den Widerstand. Er ist finanziell gut aufgestellt.
Das kann ich nur zu gut verstehen, Theo. Ich freue mich sehr, dass du hier bist. Das Leben im Untergrund kostet Kraft.
1934 wird Emil Henk verhaftet. Er kommt für rund zwei Jahre ins Gefängnis. Danach wird er ständig überwacht. Seine pharmazeutische Großhandlung ist kriegswichtig, sie bietet ihm Tarnung, Schutz und ein gutes Einkommen.
Was für eine wunderbare Aussicht, Emil!
Weißt du, Emil ... manchmal scheinen meine Kräfte zu schwinden. Seit dem Tod meiner geliebten Mutter 1939 hat sich das drastisch verstärkt.
Manchmal frage ich mich: War alles, was ich wollte, was ich glaubte, in redlicher Überzeugung tat, falsch? War ich ein Narr?
Du bist deiner Überzeugung gefolgt. Manchmal habe auch ich das Gefühl, förmlich gegen die Zeit anzukämpfen. Dennoch ist es richtig, was wir tun. Bleib stark, Theo! Dein Weg ist richtig.
Vorsicht und Verschlossenheit sind mir zur zweiten Natur geworden. Aber hier kann ich sie zumindest zeitweise ablegen. Dafür danke ich dir, Emil.
Es ist ja alles völlig richtig, was du sagst. Doch ich spüre zugleich, dass das neue Jahr noch schwieriger, noch ernster werden wird.
Man kann diesen Zweifeln nur mit Gehorsam gegenüber dem eigenen Gewissen widerstehen. Nur mit Gehorsam!

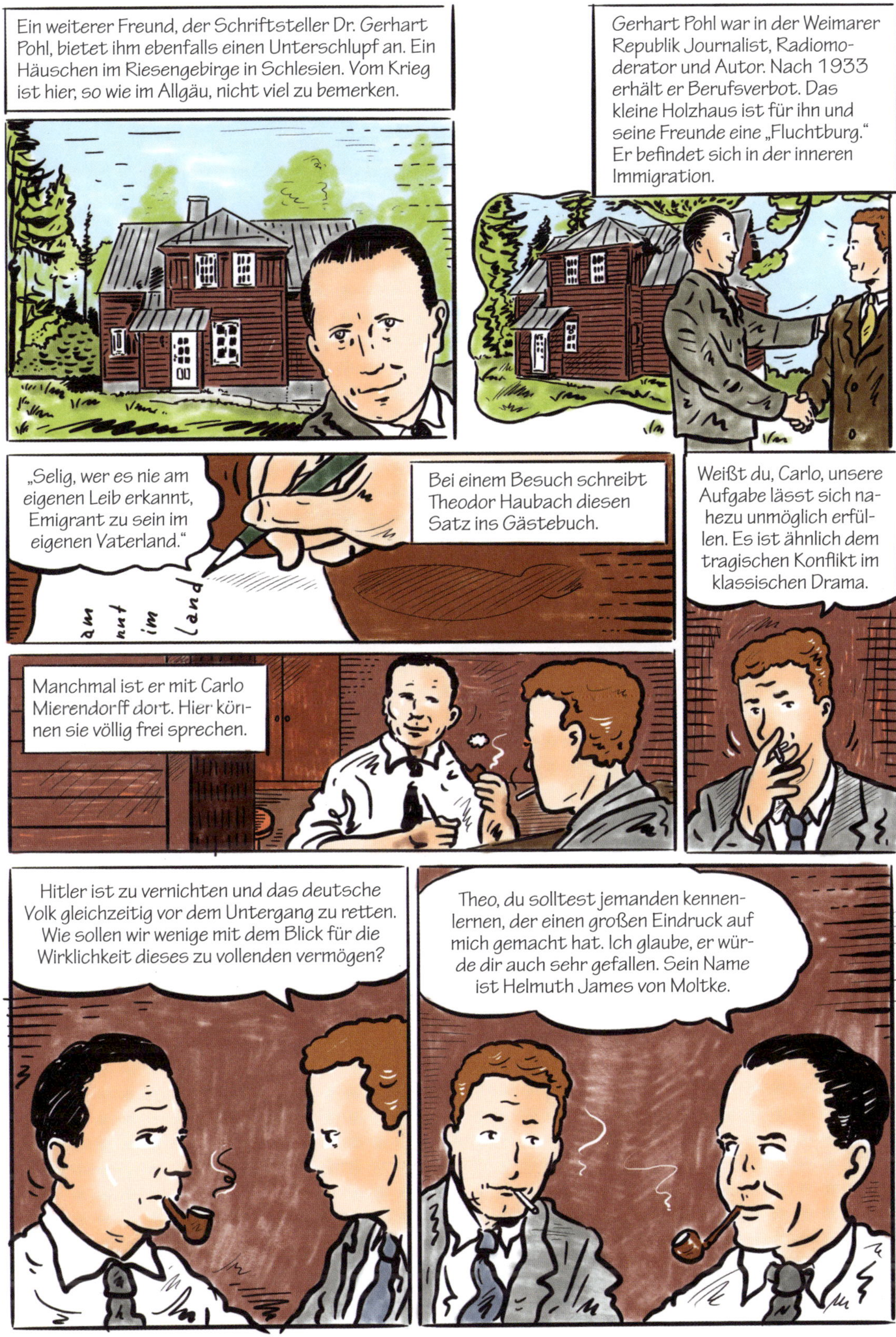

Ein weiterer Freund, der Schriftsteller Dr. Gerhart Pohl, bietet ihm ebenfalls einen Unterschlupf an. Ein Häuschen im Riesengebirge in Schlesien. Vom Krieg ist hier, so wie im Allgäu, nicht viel zu bemerken.
Gerhart Pohl war in der Weimarer Republik Journalist, Radiomoderator und Autor. Nach 1933 erhält er Berufsverbot. Das kleine Holzhaus ist für ihn und seine Freunde eine „Fluchtburg." Er befindet sich in der inneren Immigration.
„Selig, wer es nie am eigenen Leib erkannt, Emigrant zu sein im eigenen Vaterland."
Bei einem Besuch schreibt Theodor Haubach diesen Satz ins Gästebuch.
am
nnt
im
land
Weißt du, Carlo, unsere Aufgabe lässt sich nahezu unmöglich erfüllen. Es ist ähnlich dem tragischen Konflikt im klassischen Drama.
Manchmal ist er mit Carlo Mierendorff dort. Hier können sie völlig frei sprechen.
Hitler ist zu vernichten und das deutsche Volk gleichzeitig vor dem Untergang zu retten. Wie sollen wir wenige mit dem Blick für die Wirklichkeit dieses zu vollenden vermögen?
Theo, du solltest jemanden kennenlernen, der einen großen Eindruck auf mich gemacht hat. Ich glaube, er würde dir auch sehr gefallen. Sein Name ist Helmuth James von Moltke.

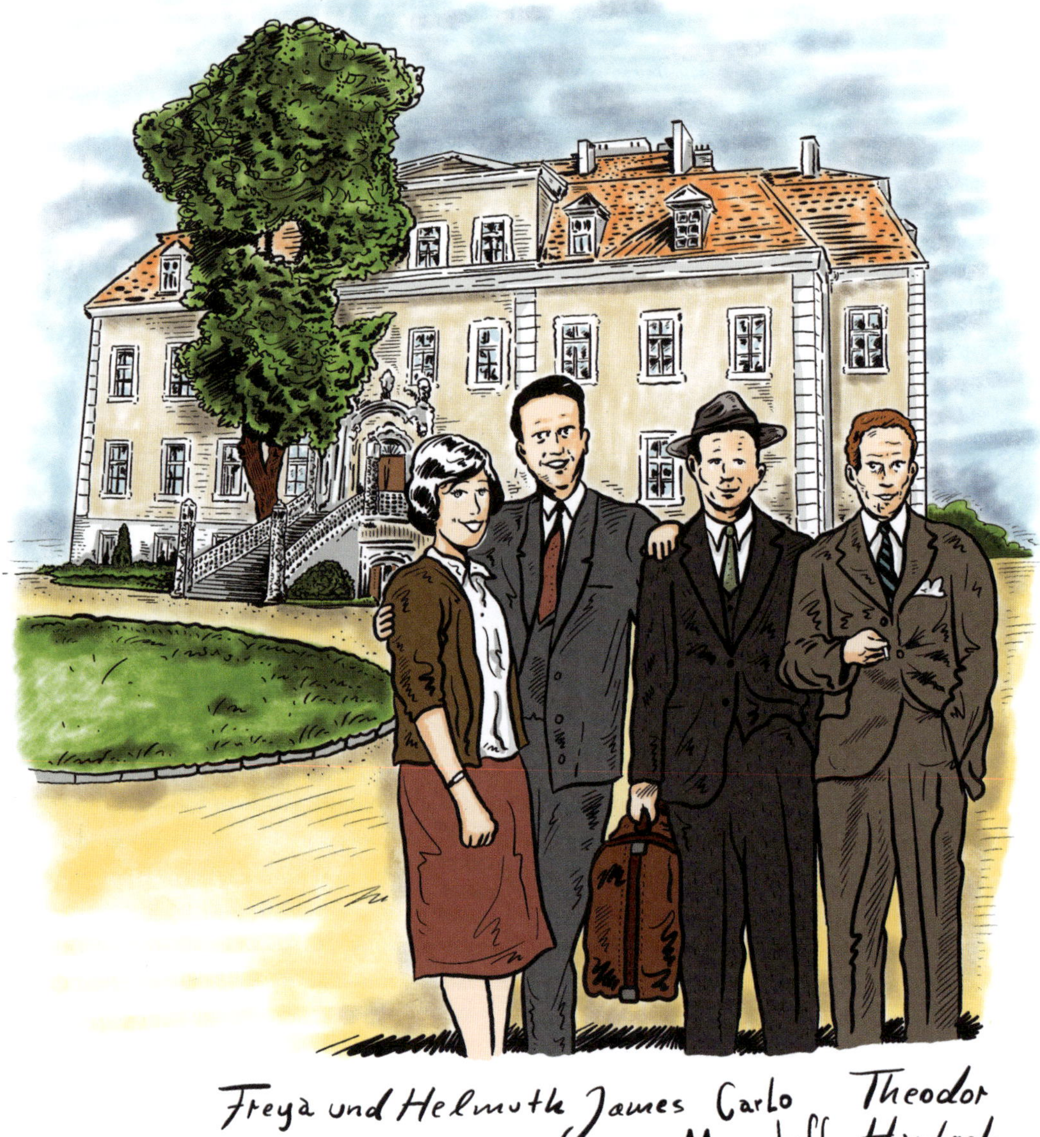

Freya und Helmuth James von Moltke Carlo Mierendorff Theodor Haubach

Sechstes Kapitel

Julius Leber und Theodor Haubach

„Wer aber jeden Tag weiß, was gut ist und was böse und daran nicht irre wird, wie groß auch der Triumph des Bösen zu sein scheint, der hat den ersten Stein zur Überwindung des Bösen gelegt."

Helmuth James Graf von Moltke
in einem Brief an seine Frau Freya
am 1.6.1940

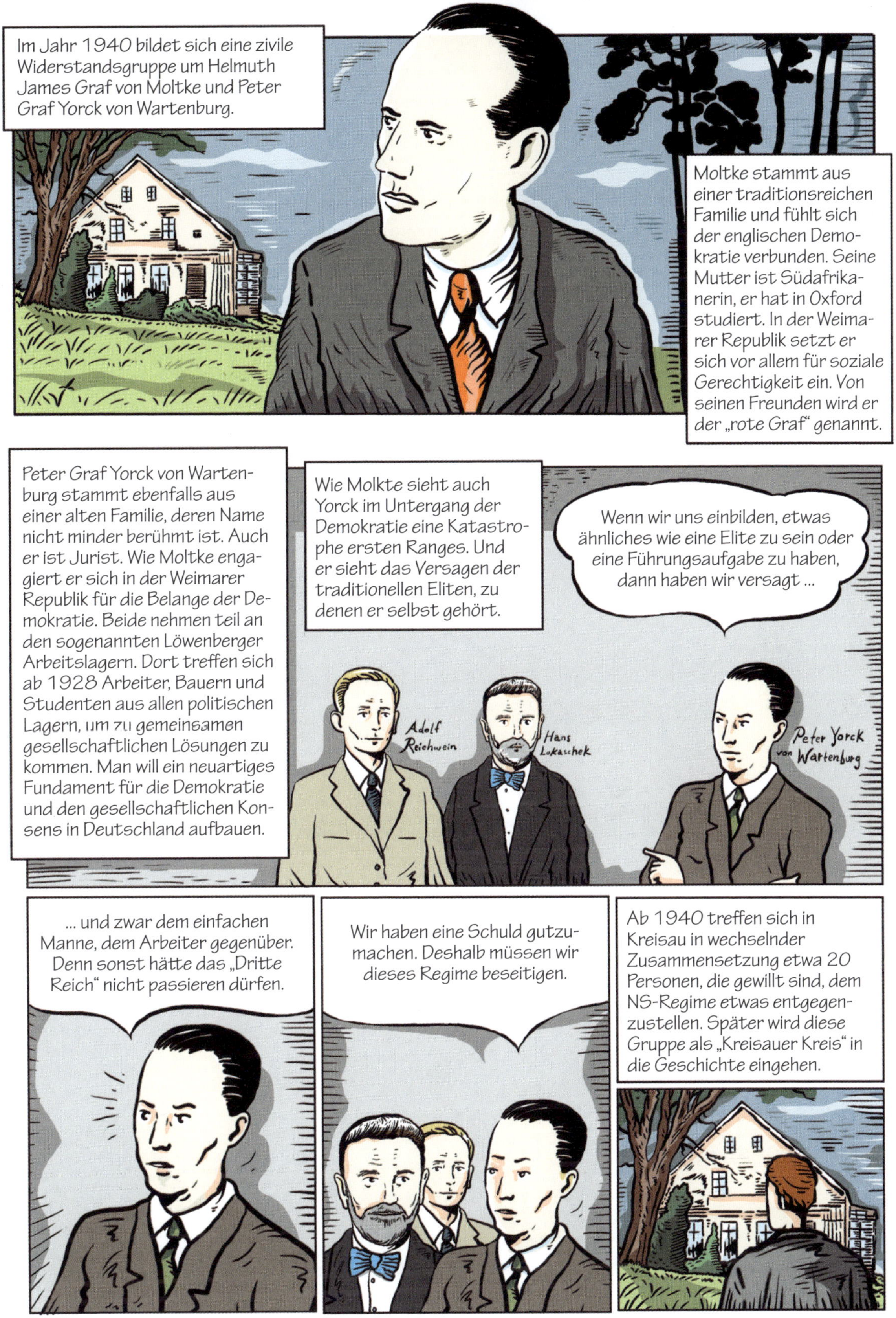
Im Jahr 1940 bildet sich eine zivile Widerstandsgruppe um Helmuth James Graf von Moltke und Peter Graf Yorck von Wartenburg.
Moltke stammt aus einer traditionsreichen Familie und fühlt sich der englischen Demokratie verbunden. Seine Mutter ist Südafrikanerin, er hat in Oxford studiert. In der Weimarer Republik setzt er sich vor allem für soziale Gerechtigkeit ein. Von seinen Freunden wird er der „rote Graf“ genannt.
Peter Graf Yorck von Wartenburg stammt ebenfalls aus einer alten Familie, deren Name nicht minder berühmt ist. Auch er ist Jurist. Wie Moltke engagiert er sich in der Weimarer Republik für die Belange der Demokratie. Beide nehmen teil an den sogenannten Löwenberger Arbeitslagern. Dort treffen sich ab 1928 Arbeiter, Bauern und Studenten aus allen politischen Lagern, um zu gemeinsamen gesellschaftlichen Lösungen zu kommen. Man will ein neuartiges Fundament für die Demokratie und den gesellschaftlichen Konsens in Deutschland aufbauen.
Wie Molkte sieht auch Yorck im Untergang der Demokratie eine Katastrophe ersten Ranges. Und er sieht das Versagen der traditionellen Eliten, zu denen er selbst gehört.
Wenn wir uns einbilden, etwas ähnliches wie eine Elite zu sein oder eine Führungsaufgabe zu haben, dann haben wir versagt ...
Adolf Reichwein
Hans Lukaschek
Peter Yorck von Wartenburg
... und zwar dem einfachen Manne, dem Arbeiter gegenüber. Denn sonst hätte das „Dritte Reich“ nicht passieren dürfen.
Wir haben eine Schuld gutzumachen. Deshalb müssen wir dieses Regime beseitigen.
Ab 1940 treffen sich in Kreisau in wechselnder Zusammensetzung etwa 20 Personen, die gewillt sind, dem NS-Regime etwas entgegenzustellen. Später wird diese Gruppe als „Kreisauer Kreis“ in die Geschichte eingehen.

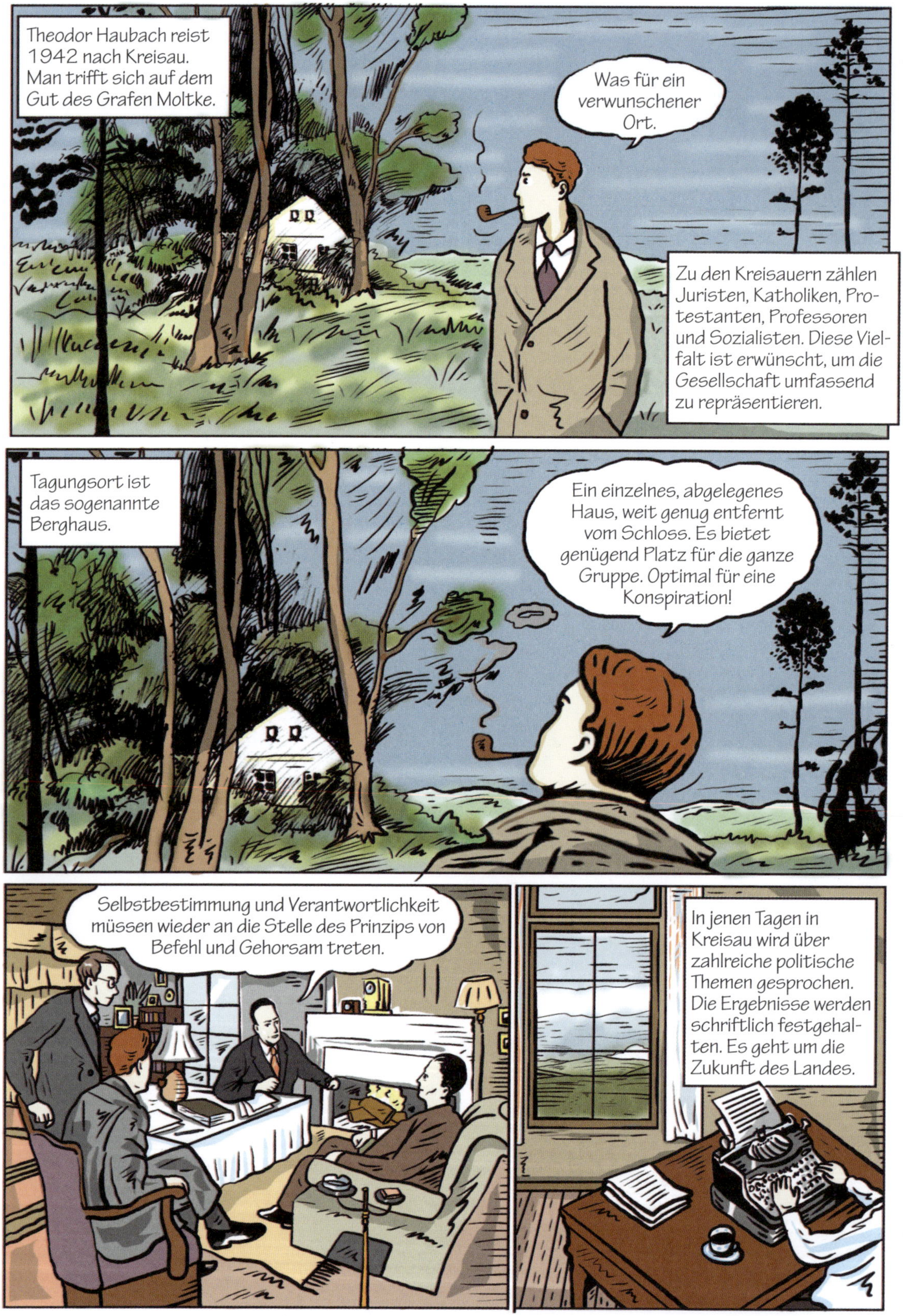

Theodor Haubach reist 1942 nach Kreisau. Man trifft sich auf dem Gut des Grafen Moltke.
Was für ein verwunschener Ort.
Zu den Kreisauern zählen Juristen, Katholiken, Protestanten, Professoren und Sozialisten. Diese Vielfalt ist erwünscht, um die Gesellschaft umfassend zu repräsentieren.
Tagungsort ist das sogenannte Berghaus.
Ein einzelnes, abgelegenes Haus, weit genug entfernt vom Schloss. Es bietet genügend Platz für die ganze Gruppe. Optimal für eine Konspiration!
Selbstbestimmung und Verantwortlichkeit müssen wieder an die Stelle des Prinzips von Befehl und Gehorsam treten.
In jenen Tagen in Kreisau wird über zahlreiche politische Themen gesprochen. Die Ergebnisse werden schriftlich festgehalten. Es geht um die Zukunft des Landes.

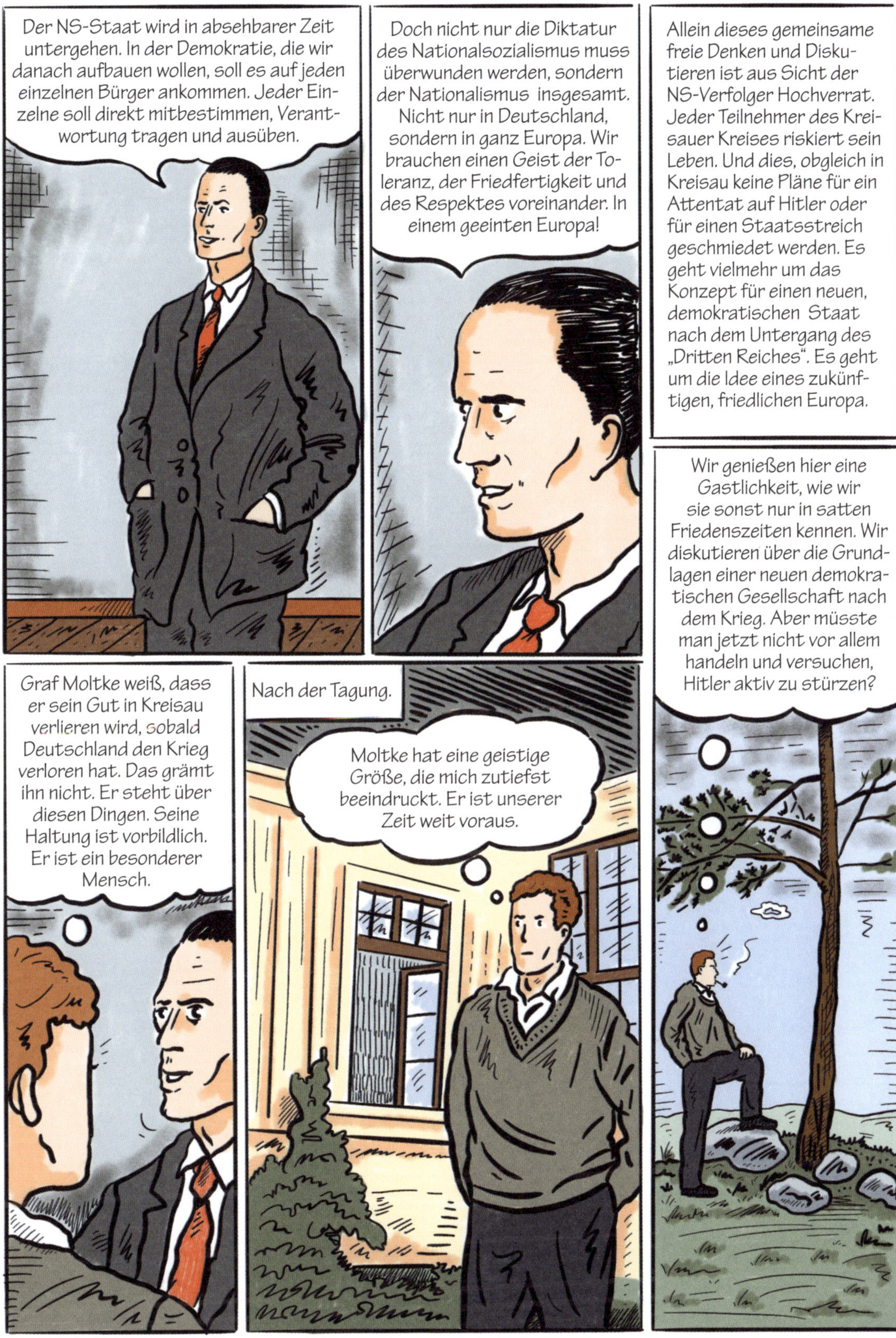

Der NS-Staat wird in absehbarer Zeit untergehen. In der Demokratie, die wir danach aufbauen wollen, soll es auf jeden einzelnen Bürger ankommen. Jeder Einzelne soll direkt mitbestimmen, Verantwortung tragen und ausüben.
Doch nicht nur die Diktatur des Nationalsozialismus muss überwunden werden, sondern der Nationalismus insgesamt. Nicht nur in Deutschland, sondern in ganz Europa. Wir brauchen einen Geist der Toleranz, der Friedfertigkeit und des Respektes voreinander. In einem geeinten Europa!
Allein dieses gemeinsame freie Denken und Diskutieren ist aus Sicht der NS-Verfolger Hochverrat. Jeder Teilnehmer des Kreisauer Kreises riskiert sein Leben. Und dies, obgleich in Kreisau keine Pläne für ein Attentat auf Hitler oder für einen Staatsstreich geschmiedet werden. Es geht vielmehr um das Konzept für einen neuen, demokratischen Staat nach dem Untergang des „Dritten Reiches". Es geht um die Idee eines zukünftigen, friedlichen Europa.
Graf Moltke weiß, dass er sein Gut in Kreisau verlieren wird, sobald Deutschland den Krieg verloren hat. Das grämt ihn nicht. Er steht über diesen Dingen. Seine Haltung ist vorbildlich. Er ist ein besonderer Mensch.
Nach der Tagung.
Moltke hat eine geistige Größe, die mich zutiefst beeindruckt. Er ist unserer Zeit weit voraus.
Wir genießen hier eine Gastlichkeit, wie wir sie sonst nur in satten Friedenszeiten kennen. Wir diskutieren über die Grundlagen einer neuen demokratischen Gesellschaft nach dem Krieg. Aber müsste man jetzt nicht vor allem handeln und versuchen, Hitler aktiv zu stürzen?

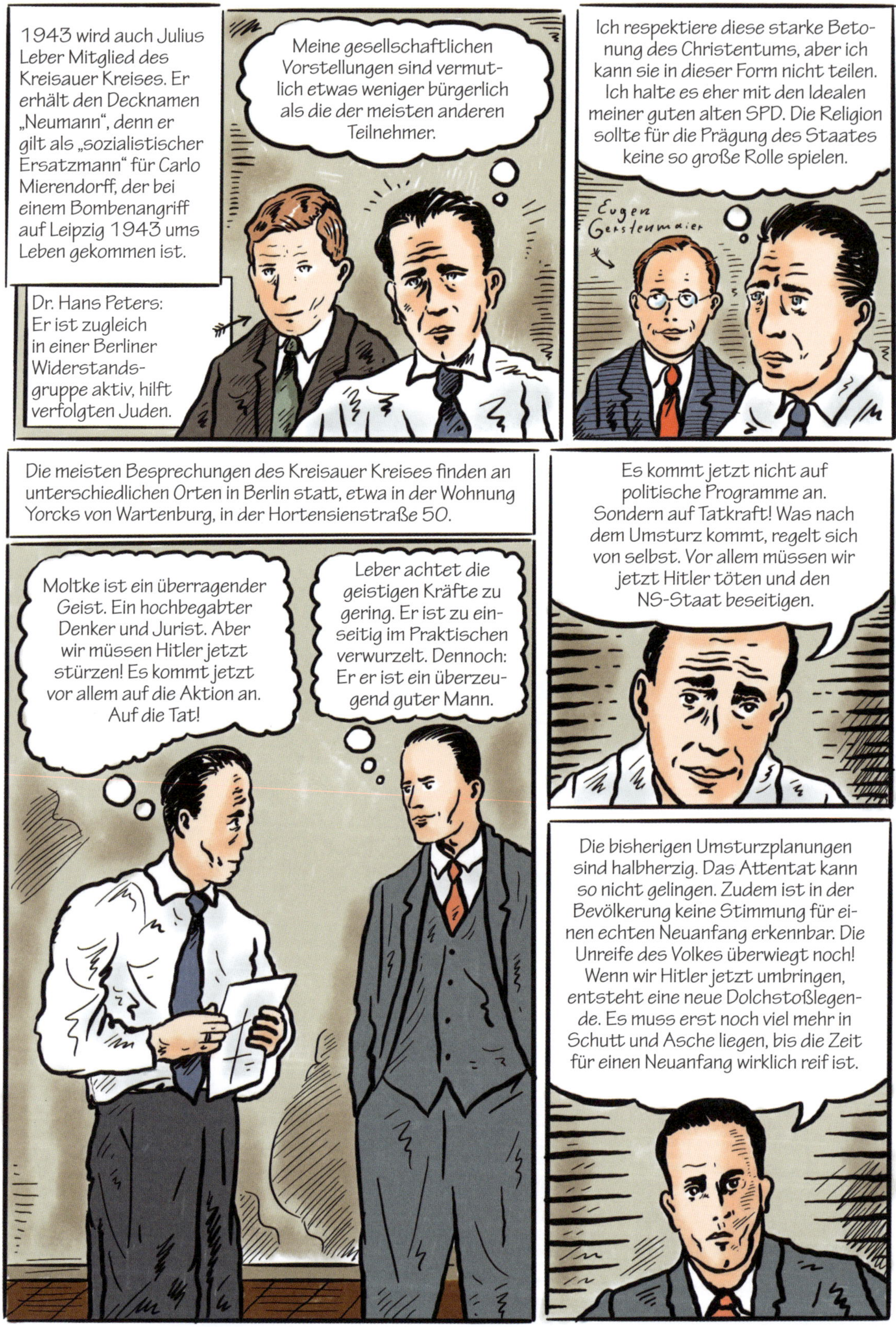
1943 wird auch Julius Leber Mitglied des Kreisauer Kreises. Er erhält den Decknamen „Neumann", denn er gilt als „sozialistischer Ersatzmann" für Carlo Mierendorff, der bei einem Bombenangriff auf Leipzig 1943 ums Leben gekommen ist.
Dr. Hans Peters: Er ist zugleich in einer Berliner Widerstands-gruppe aktiv, hilft verfolgten Juden.
Meine gesellschaftlichen Vorstellungen sind vermutlich etwas weniger bürgerlich als die der meisten anderen Teilnehmer.
Ich respektiere diese starke Betonung des Christentums, aber ich kann sie in dieser Form nicht teilen. Ich halte es eher mit den Idealen meiner guten alten SPD. Die Religion sollte für die Prägung des Staates keine so große Rolle spielen.
Eugen Gerstenmaier
Die meisten Besprechungen des Kreisauer Kreises finden an unterschiedlichen Orten in Berlin statt, etwa in der Wohnung Yorcks von Wartenburg, in der Hortensienstraße 50.
Moltke ist ein überragender Geist. Ein hochbegabter Denker und Jurist. Aber wir müssen Hitler jetzt stürzen! Es kommt jetzt vor allem auf die Aktion an. Auf die Tat!
Leber achtet die geistigen Kräfte zu gering. Er ist zu einseitig im Praktischen verwurzelt. Dennoch: Er er ist ein überzeugend guter Mann.
Es kommt jetzt nicht auf politische Programme an. Sondern auf Tatkraft! Was nach dem Umsturz kommt, regelt sich von selbst. Vor allem müssen wir jetzt Hitler töten und den NS-Staat beseitigen.
Die bisherigen Umsturzplanungen sind halbherzig. Das Attentat kann so nicht gelingen. Zudem ist in der Bevölkerung keine Stimmung für einen echten Neuanfang erkennbar. Die Unreife des Volkes überwiegt noch! Wenn wir Hitler jetzt umbringen, entsteht eine neue Dolchstoßlegende. Es muss erst noch viel mehr in Schutt und Asche liegen, bis die Zeit für einen Neuanfang wirklich reif ist.

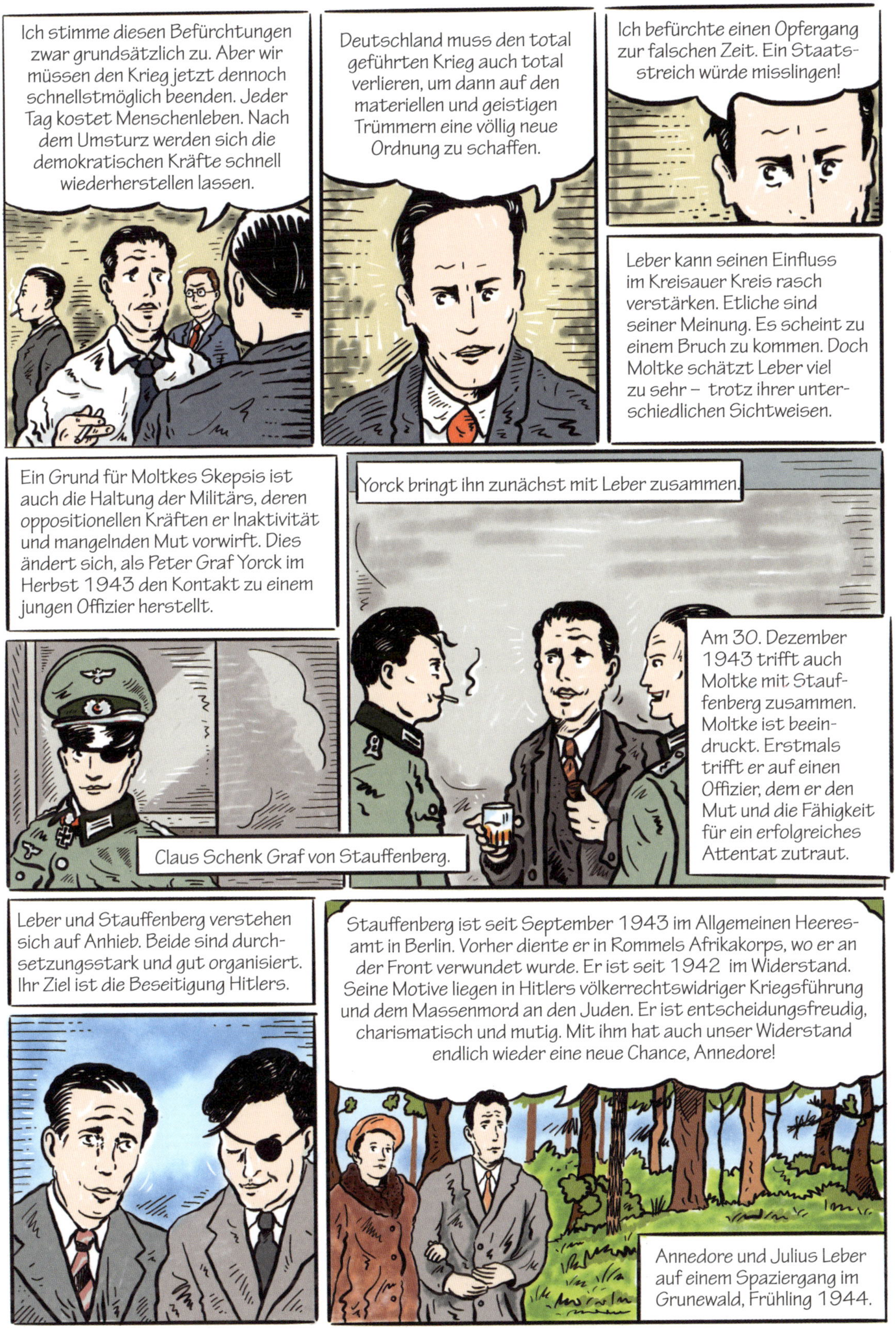
Ich stimme diesen Befürchtungen zwar grundsätzlich zu. Aber wir müssen den Krieg jetzt dennoch schnellstmöglich beenden. Jeder Tag kostet Menschenleben. Nach dem Umsturz werden sich die demokratischen Kräfte schnell wiederherstellen lassen.
Deutschland muss den total geführten Krieg auch total verlieren, um dann auf den materiellen und geistigen Trümmern eine völlig neue Ordnung zu schaffen.
Ich befürchte einen Opfergang zur falschen Zeit. Ein Staatsstreich würde misslingen!
Leber kann seinen Einfluss im Kreisauer Kreis rasch verstärken. Etliche sind seiner Meinung. Es scheint zu einem Bruch zu kommen. Doch Moltke schätzt Leber viel zu sehr – trotz ihrer unterschiedlichen Sichtweisen.
Ein Grund für Moltkes Skepsis ist auch die Haltung der Militärs, deren oppositionellen Kräften er Inaktivität und mangelnden Mut vorwirft. Dies ändert sich, als Peter Graf Yorck im Herbst 1943 den Kontakt zu einem jungen Offizier herstellt.
Claus Schenk Graf von Stauffenberg.
Yorck bringt ihn zunächst mit Leber zusammen.
Am 30. Dezember 1943 trifft auch Moltke mit Stauffenberg zusammen. Moltke ist beeindruckt. Erstmals trifft er auf einen Offizier, dem er den Mut und die Fähigkeit für ein erfolgreiches Attentat zutraut.
Leber und Stauffenberg verstehen sich auf Anhieb. Beide sind durchsetzungsstark und gut organisiert. Ihr Ziel ist die Beseitigung Hitlers.
Stauffenberg ist seit September 1943 im Allgemeinen Heeresamt in Berlin. Vorher diente er in Rommels Afrikakorps, wo er an der Front verwundet wurde. Er ist seit 1942 im Widerstand. Seine Motive liegen in Hitlers völkerrechtswidriger Kriegsführung und dem Massenmord an den Juden. Er ist entscheidungsfreudig, charismatisch und mutig. Mit ihm hat auch unser Widerstand endlich wieder eine neue Chance, Annedore!
Annedore und Julius Leber auf einem Spaziergang im Grunewald, Frühling 1944.

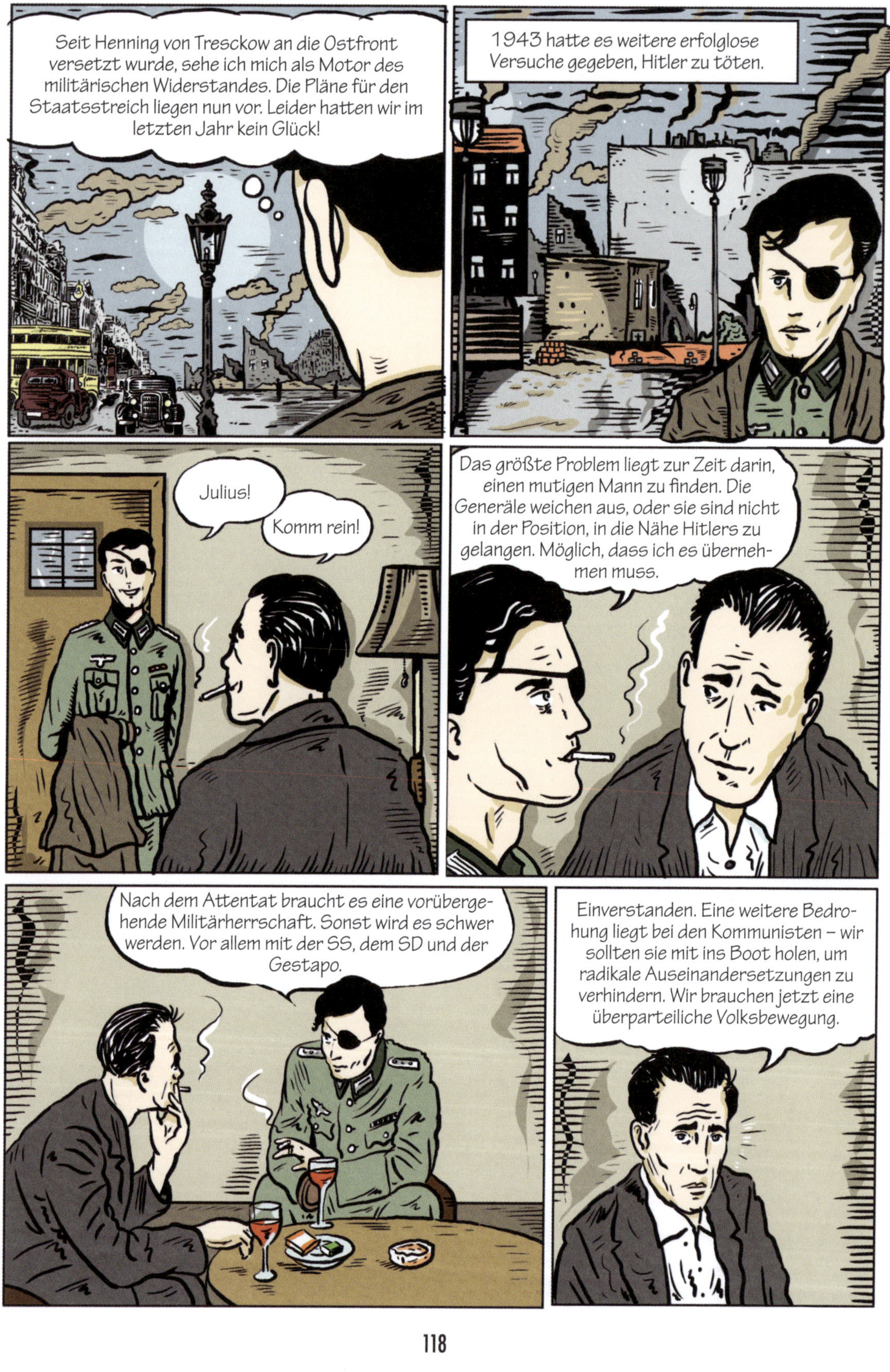
Seit Henning von Tresckow an die Ostfront versetzt wurde, sehe ich mich als Motor des militärischen Widerstandes. Die Pläne für den Staatsstreich liegen nun vor. Leider hatten wir im letzten Jahr kein Glück!
1943 hatte es weitere erfolglose Versuche gegeben, Hitler zu töten.
Julius!
Komm rein!
Das größte Problem liegt zur Zeit darin, einen mutigen Mann zu finden. Die Generäle weichen aus, oder sie sind nicht in der Position, in die Nähe Hitlers zu gelangen. Möglich, dass ich es übernehmen muss.
Nach dem Attentat braucht es eine vorübergehende Militärherrschaft. Sonst wird es schwer werden. Vor allem mit der SS, dem SD und der Gestapo.
Einverstanden. Eine weitere Bedrohung liegt bei den Kommunisten – wir sollten sie mit ins Boot holen, um radikale Auseinandersetzungen zu verhindern. Wir brauchen jetzt eine überparteiliche Volksbewegung.

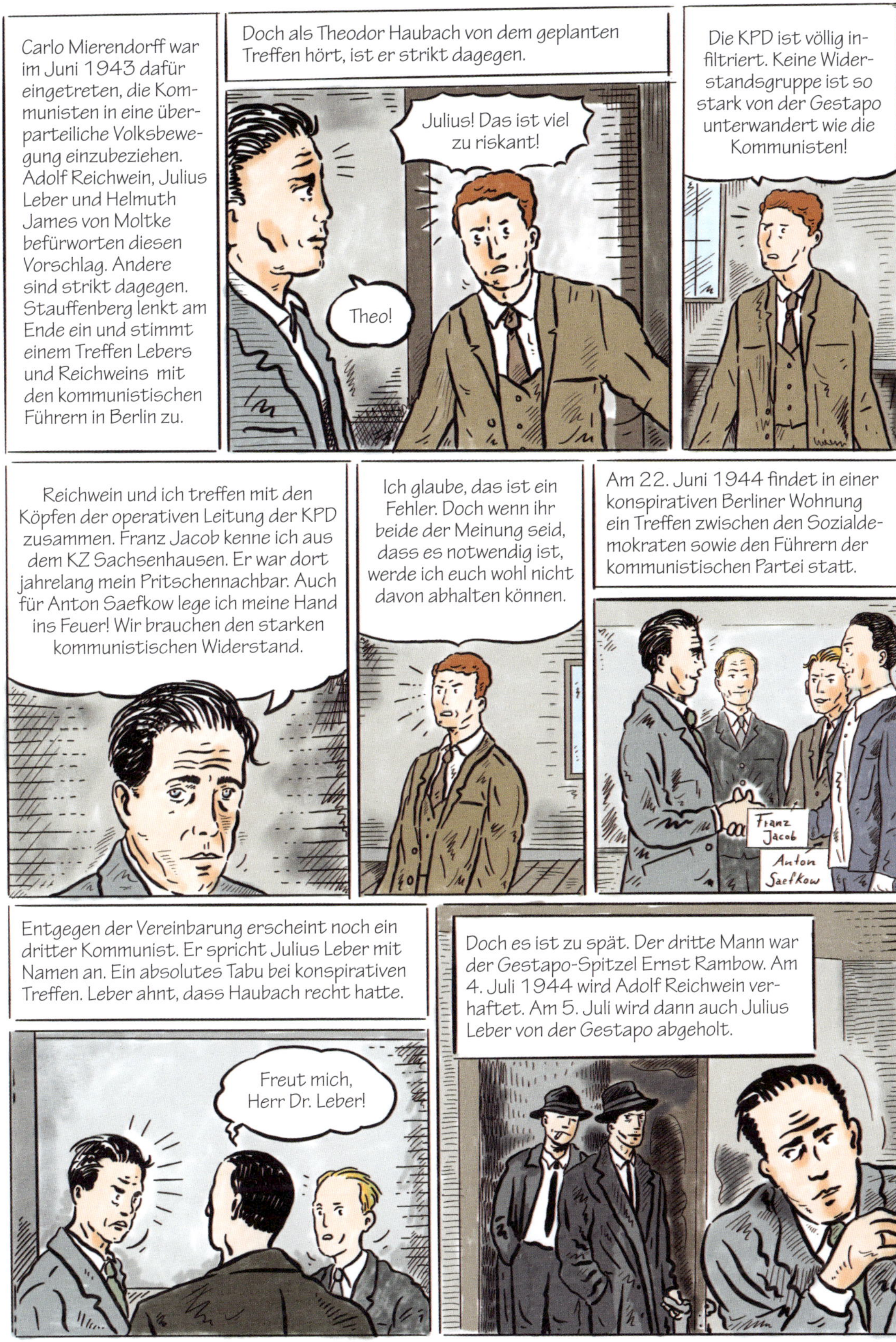
Carlo Mierendorff war im Juni 1943 dafür eingetreten, die Kommunisten in eine überparteiliche Volksbewegung einzubeziehen. Adolf Reichwein, Julius Leber und Helmuth James von Moltke befürworten diesen Vorschlag. Andere sind strikt dagegen. Stauffenberg lenkt am Ende ein und stimmt einem Treffen Lebers und Reichweins mit den kommunistischen Führern in Berlin zu.
Doch als Theodor Haubach von dem geplanten Treffen hört, ist er strikt dagegen.
Julius! Das ist viel zu riskant!
Theo!
Die KPD ist völlig infiltriert. Keine Widerstandsgruppe ist so stark von der Gestapo unterwandert wie die Kommunisten!
Reichwein und ich treffen mit den Köpfen der operativen Leitung der KPD zusammen. Franz Jacob kenne ich aus dem KZ Sachsenhausen. Er war dort jahrelang mein Pritschennachbar. Auch für Anton Saefkow lege ich meine Hand ins Feuer! Wir brauchen den starken kommunistischen Widerstand.
Ich glaube, das ist ein Fehler. Doch wenn ihr beide der Meinung seid, dass es notwendig ist, werde ich euch wohl nicht davon abhalten können.
Am 22. Juni 1944 findet in einer konspirativen Berliner Wohnung ein Treffen zwischen den Sozialdemokraten sowie den Führern der kommunistischen Partei statt.
Franz Jacob
Anton Saefkow
Entgegen der Vereinbarung erscheint noch ein dritter Kommunist. Er spricht Julius Leber mit Namen an. Ein absolutes Tabu bei konspirativen Treffen. Leber ahnt, dass Haubach recht hatte.
Freut mich, Herr Dr. Leber!
Doch es ist zu spät. Der dritte Mann war der Gestapo-Spitzel Ernst Rambow. Am 4. Juli 1944 wird Adolf Reichwein verhaftet. Am 5. Juli wird dann auch Julius Leber von der Gestapo abgeholt.

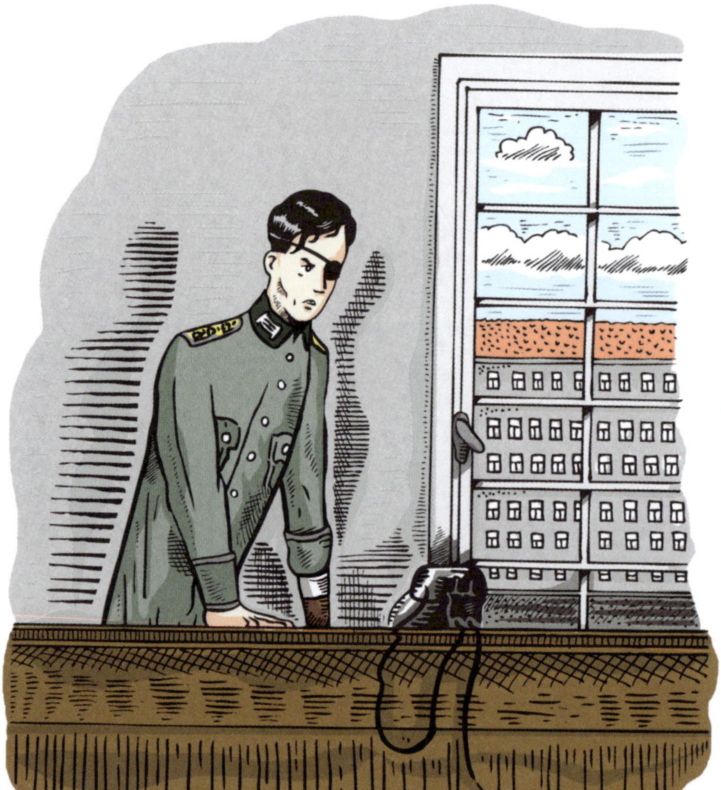

Siebtes Kapitel
Julius Leber

„Ich hol' ihn raus!"

Claus Schenk Graf von Stauffenberg nach der
Verhaftung Julius Lebers am 5. Juli 1944
im Kreis seiner Widerstandsgruppe

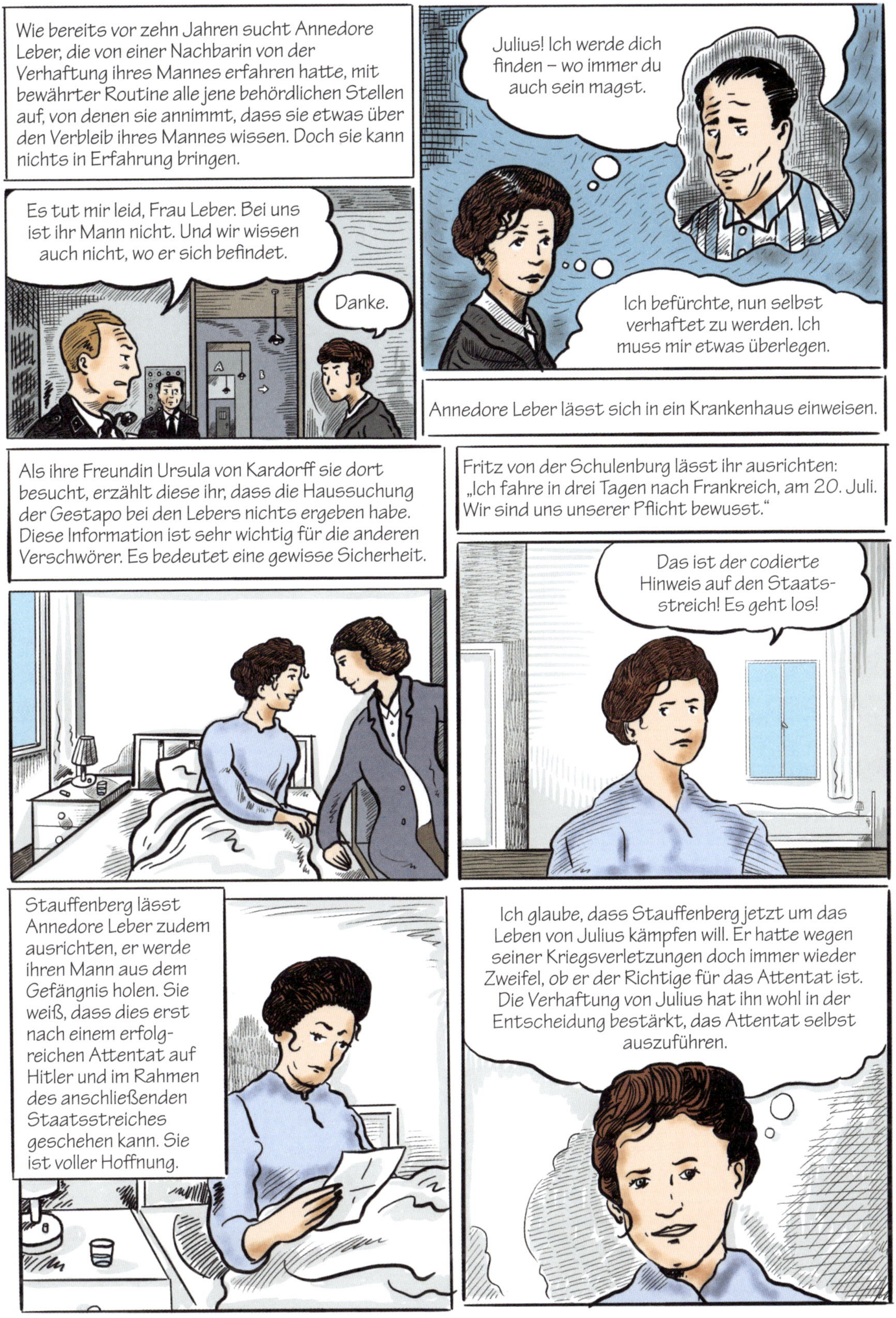

Wie bereits vor zehn Jahren sucht Annedore Leber, die von einer Nachbarin von der Verhaftung ihres Mannes erfahren hatte, mit bewährter Routine alle jene behördlichen Stellen auf, von denen sie annimmt, dass sie etwas über den Verbleib ihres Mannes wissen. Doch sie kann nichts in Erfahrung bringen.
Es tut mir leid, Frau Leber. Bei uns ist ihr Mann nicht. Und wir wissen auch nicht, wo er sich befindet.
Danke.
Julius! Ich werde dich finden – wo immer du auch sein magst.
Ich befürchte, nun selbst verhaftet zu werden. Ich muss mir etwas überlegen.
Annedore Leber lässt sich in ein Krankenhaus einweisen.
Als ihre Freundin Ursula von Kardorff sie dort besucht, erzählt diese ihr, dass die Haussuchung der Gestapo bei den Lebers nichts ergeben habe. Diese Information ist sehr wichtig für die anderen Verschwörer. Es bedeutet eine gewisse Sicherheit.
Fritz von der Schulenburg lässt ihr ausrichten: „Ich fahre in drei Tagen nach Frankreich, am 20. Juli. Wir sind uns unserer Pflicht bewusst."
Das ist der codierte Hinweis auf den Staatsstreich! Es geht los!
Stauffenberg lässt Annedore Leber zudem ausrichten, er werde ihren Mann aus dem Gefängnis holen. Sie weiß, dass dies erst nach einem erfolgreichen Attentat auf Hitler und im Rahmen des anschließenden Staatsstreiches geschehen kann. Sie ist voller Hoffnung.
Ich glaube, dass Stauffenberg jetzt um das Leben von Julius kämpfen will. Er hatte wegen seiner Kriegsverletzungen doch immer wieder Zweifel, ob er der Richtige für das Attentat ist. Die Verhaftung von Julius hat ihn wohl in der Entscheidung bestärkt, das Attentat selbst auszuführen.

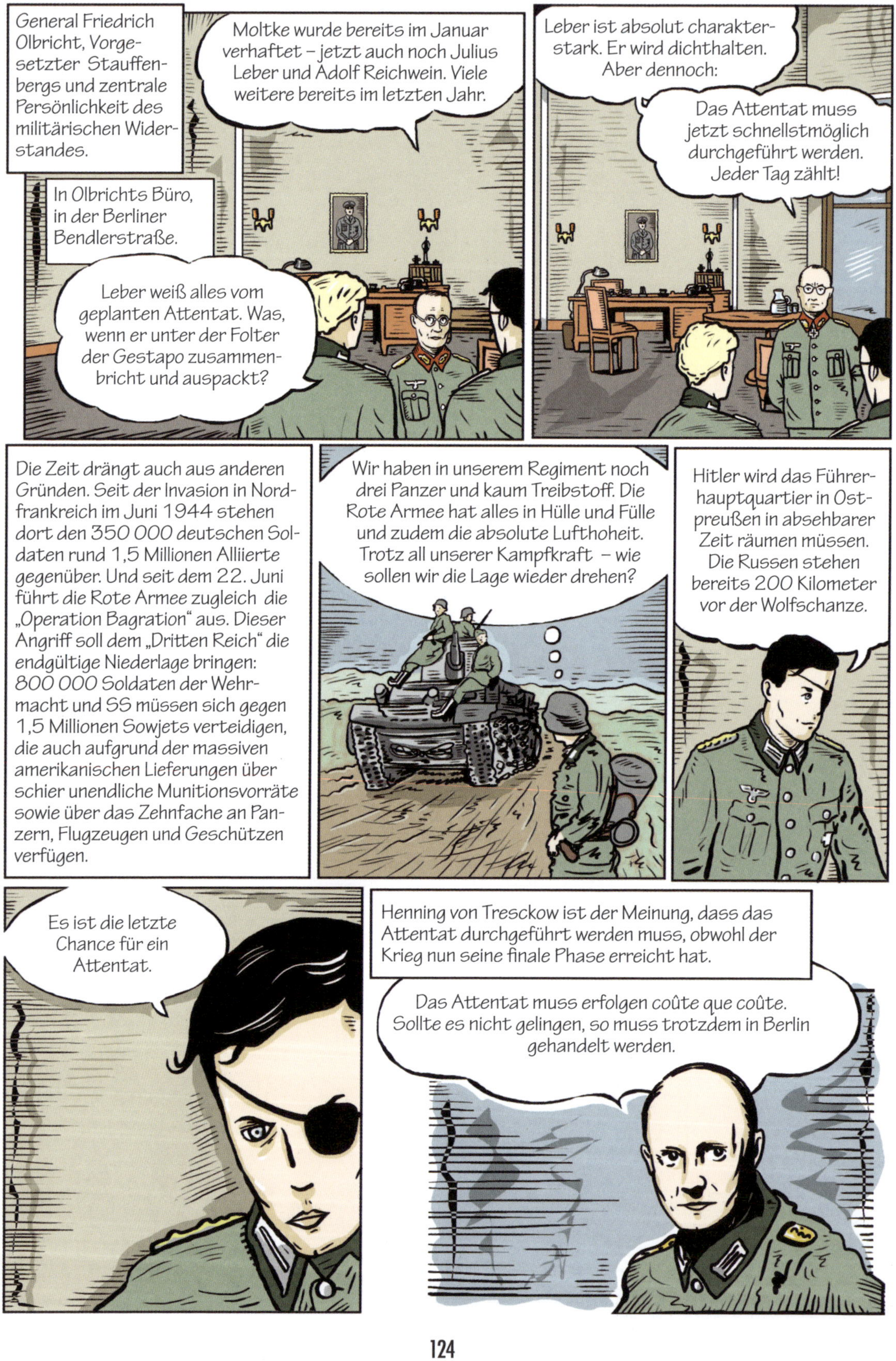
General Friedrich Olbricht, Vorgesetzter Stauffenbergs und zentrale Persönlichkeit des militärischen Widerstandes.
Moltke wurde bereits im Januar verhaftet – jetzt auch noch Julius Leber und Adolf Reichwein. Viele weitere bereits im letzten Jahr.
In Olbrichts Büro, in der Berliner Bendlerstraße.
Leber weiß alles vom geplanten Attentat. Was, wenn er unter der Folter der Gestapo zusammenbricht und auspackt?
Leber ist absolut charakterstark. Er wird dichthalten. Aber dennoch:
Das Attentat muss jetzt schnellstmöglich durchgeführt werden. Jeder Tag zählt!
Die Zeit drängt auch aus anderen Gründen. Seit der Invasion in Nordfrankreich im Juni 1944 stehen dort den 350 000 deutschen Soldaten rund 1,5 Millionen Alliierte gegenüber. Und seit dem 22. Juni führt die Rote Armee zugleich die „Operation Bagration" aus. Dieser Angriff soll dem „Dritten Reich" die endgültige Niederlage bringen: 800 000 Soldaten der Wehrmacht und SS müssen sich gegen 1,5 Millionen Sowjets verteidigen, die auch aufgrund der massiven amerikanischen Lieferungen über schier unendliche Munitionsvorräte sowie über das Zehnfache an Panzern, Flugzeugen und Geschützen verfügen.
Wir haben in unserem Regiment noch drei Panzer und kaum Treibstoff. Die Rote Armee hat alles in Hülle und Fülle und zudem die absolute Lufthoheit. Trotz all unserer Kampfkraft – wie sollen wir die Lage wieder drehen?
Hitler wird das Führerhauptquartier in Ostpreußen in absehbarer Zeit räumen müssen. Die Russen stehen bereits 200 Kilometer vor der Wolfschanze.
Es ist die letzte Chance für ein Attentat.
Henning von Tresckow ist der Meinung, dass das Attentat durchgeführt werden muss, obwohl der Krieg nun seine finale Phase erreicht hat.
Das Attentat muss erfolgen coûte que coûte. Sollte es nicht gelingen, so muss trotzdem in Berlin gehandelt werden.

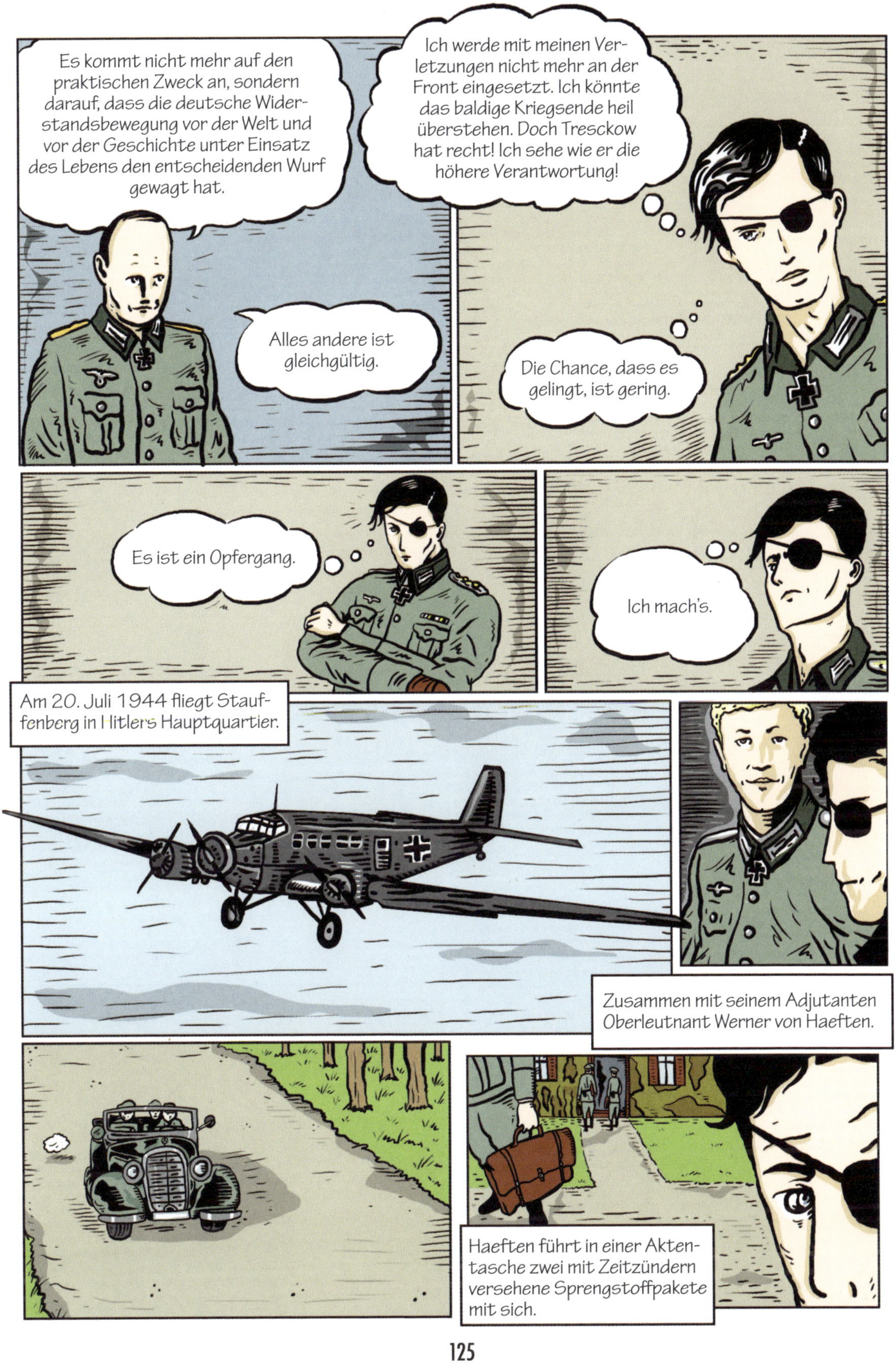
Es kommt nicht mehr auf den praktischen Zweck an, sondern darauf, dass die deutsche Widerstandsbewegung vor der Welt und vor der Geschichte unter Einsatz des Lebens den entscheidenden Wurf gewagt hat.
Alles andere ist gleichgültig.
Ich werde mit meinen Verletzungen nicht mehr an der Front eingesetzt. Ich könnte das baldige Kriegsende heil überstehen. Doch Tresckow hat recht! Ich sehe wie er die höhere Verantwortung!
Die Chance, dass es gelingt, ist gering.
Es ist ein Opfergang.
Ich mach's.
Am 20. Juli 1944 fliegt Stauffenberg in Hitlers Hauptquartier.
Zusammen mit seinem Adjutanten Oberleutnant Werner von Haeften.
Haeften führt in einer Aktentasche zwei mit Zeitzündern versehene Sprengstoffpakete mit sich.

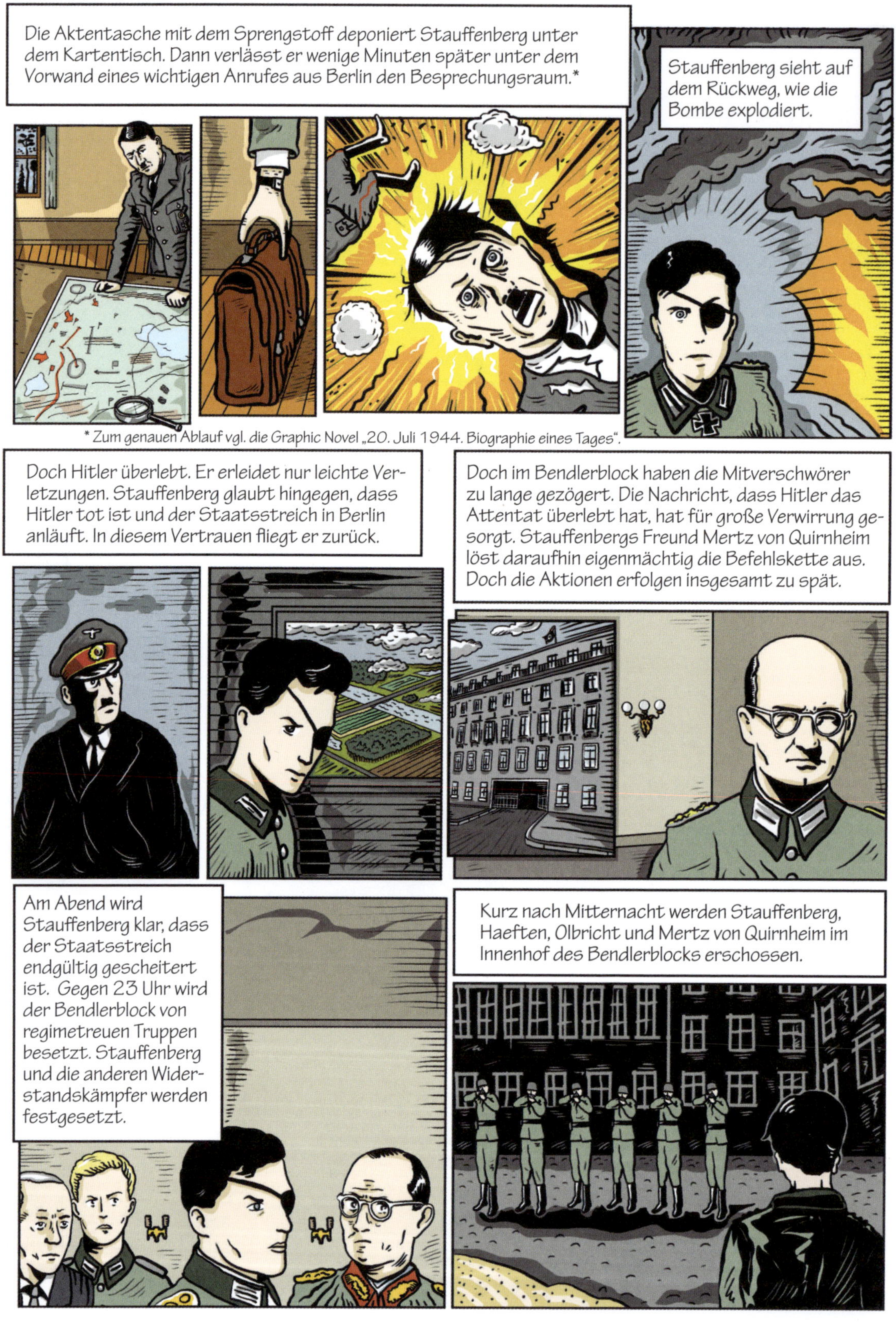
Die Aktentasche mit dem Sprengstoff deponiert Stauffenberg unter dem Kartentisch. Dann verlässt er wenige Minuten später unter dem Vorwand eines wichtigen Anrufes aus Berlin den Besprechungsraum.*
Stauffenberg sieht auf dem Rückweg, wie die Bombe explodiert.
* Zum genauen Ablauf vgl. die Graphic Novel „20. Juli 1944. Biographie eines Tages".
Doch Hitler überlebt. Er erleidet nur leichte Verletzungen. Stauffenberg glaubt hingegen, dass Hitler tot ist und der Staatsstreich in Berlin anläuft. In diesem Vertrauen fliegt er zurück.
Doch im Bendlerblock haben die Mitverschwörer zu lange gezögert. Die Nachricht, dass Hitler das Attentat überlebt hat, hat für große Verwirrung gesorgt. Stauffenbergs Freund Mertz von Quirnheim löst daraufhin eigenmächtig die Befehlskette aus. Doch die Aktionen erfolgen insgesamt zu spät.
Am Abend wird Stauffenberg klar, dass der Staatsstreich endgültig gescheitert ist. Gegen 23 Uhr wird der Bendlerblock von regimetreuen Truppen besetzt. Stauffenberg und die anderen Widerstandskämpfer werden festgesetzt.
Kurz nach Mitternacht werden Stauffenberg, Haeften, Olbricht und Mertz von Quirnheim im Innenhof des Bendlerblocks erschossen.

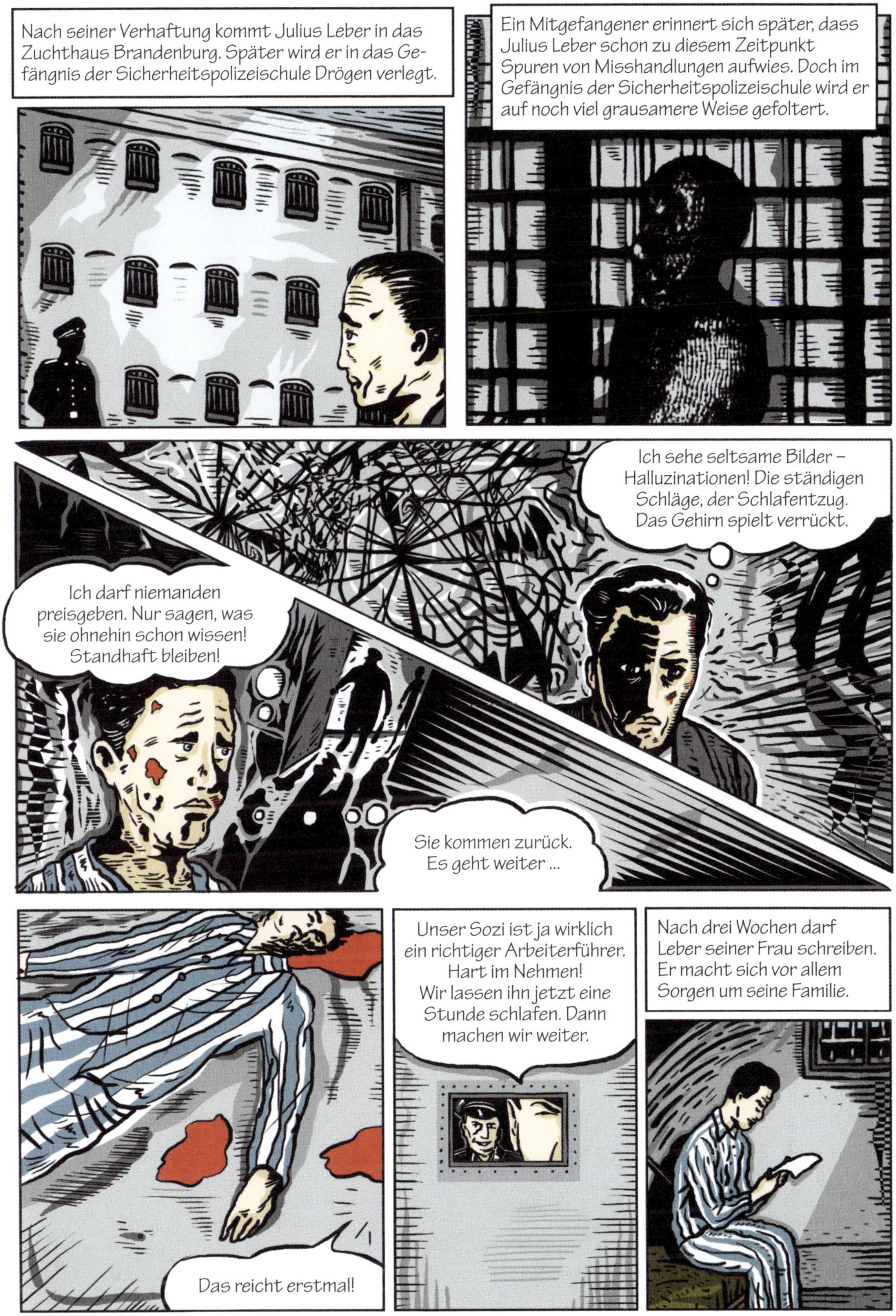
Nach seiner Verhaftung kommt Julius Leber in das Zuchthaus Brandenburg. Später wird er in das Gefängnis der Sicherheitspolizeischule Drögen verlegt.
Ein Mitgefangener erinnert sich später, dass Julius Leber schon zu diesem Zeitpunkt Spuren von Misshandlungen aufwies. Doch im Gefängnis der Sicherheitspolizeischule wird er auf noch viel grausamere Weise gefoltert.
Ich sehe seltsame Bilder – Halluzinationen! Die ständigen Schläge, der Schlafentzug. Das Gehirn spielt verrückt.
Ich darf niemanden preisgeben. Nur sagen, was sie ohnehin schon wissen! Standhaft bleiben!
Sie kommen zurück. Es geht weiter ...
Das reicht erstmal!
Unser Sozi ist ja wirklich ein richtiger Arbeiterführer. Hart im Nehmen! Wir lassen ihn jetzt eine Stunde schlafen. Dann machen wir weiter.
Nach drei Wochen darf Leber seiner Frau schreiben. Er macht sich vor allem Sorgen um seine Familie.

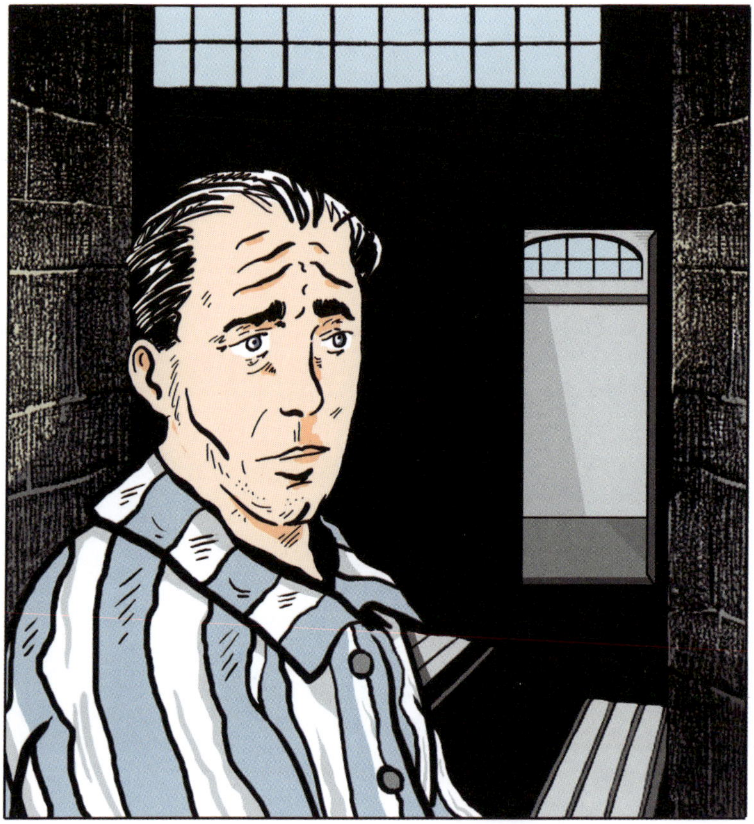

Achtes Kapitel

Julius Leber und Theodor Haubach

„Für eine so gute und gerechte Sache ist der Einsatz des eigenen Lebens der angemessene Preis. Wir haben getan, was in unserer Macht gestanden hat."

Julius Leber zu Isa Vermehren,
KZ Ravensbrück im September 1944

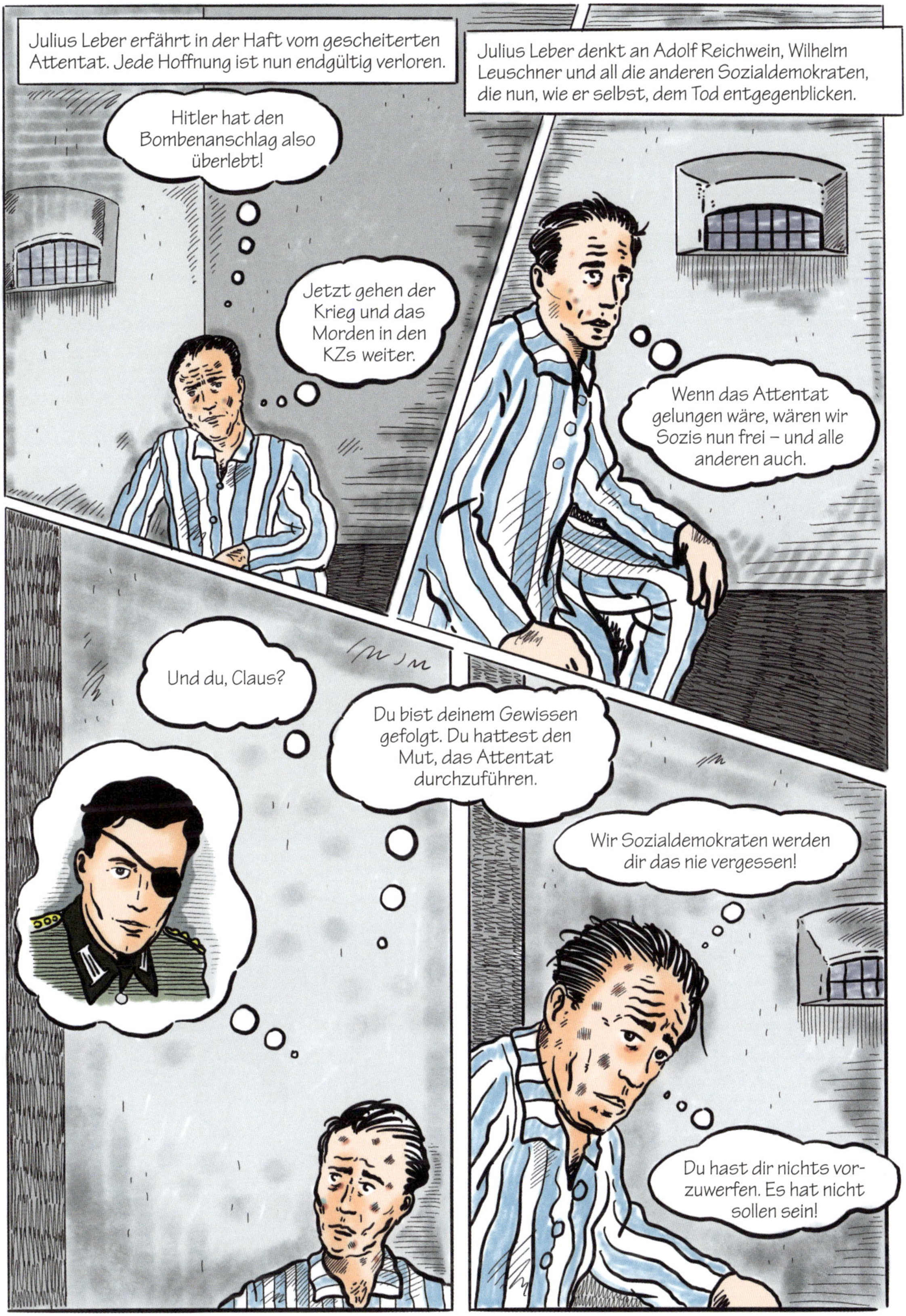
Julius Leber erfährt in der Haft vom gescheiterten Attentat. Jede Hoffnung ist nun endgültig verloren.
Hitler hat den Bombenanschlag also überlebt!
Jetzt gehen der Krieg und das Morden in den KZs weiter.
Julius Leber denkt an Adolf Reichwein, Wilhelm Leuschner und all die anderen Sozialdemokraten, die nun, wie er selbst, dem Tod entgegenblicken.
Wenn das Attentat gelungen wäre, wären wir Sozis nun frei – und alle anderen auch.
Und du, Claus?
Du bist deinem Gewissen gefolgt. Du hattest den Mut, das Attentat durchzuführen.
Wir Sozialdemokraten werden dir das nie vergessen!
Du hast dir nichts vorzuwerfen. Es hat nicht sollen sein!

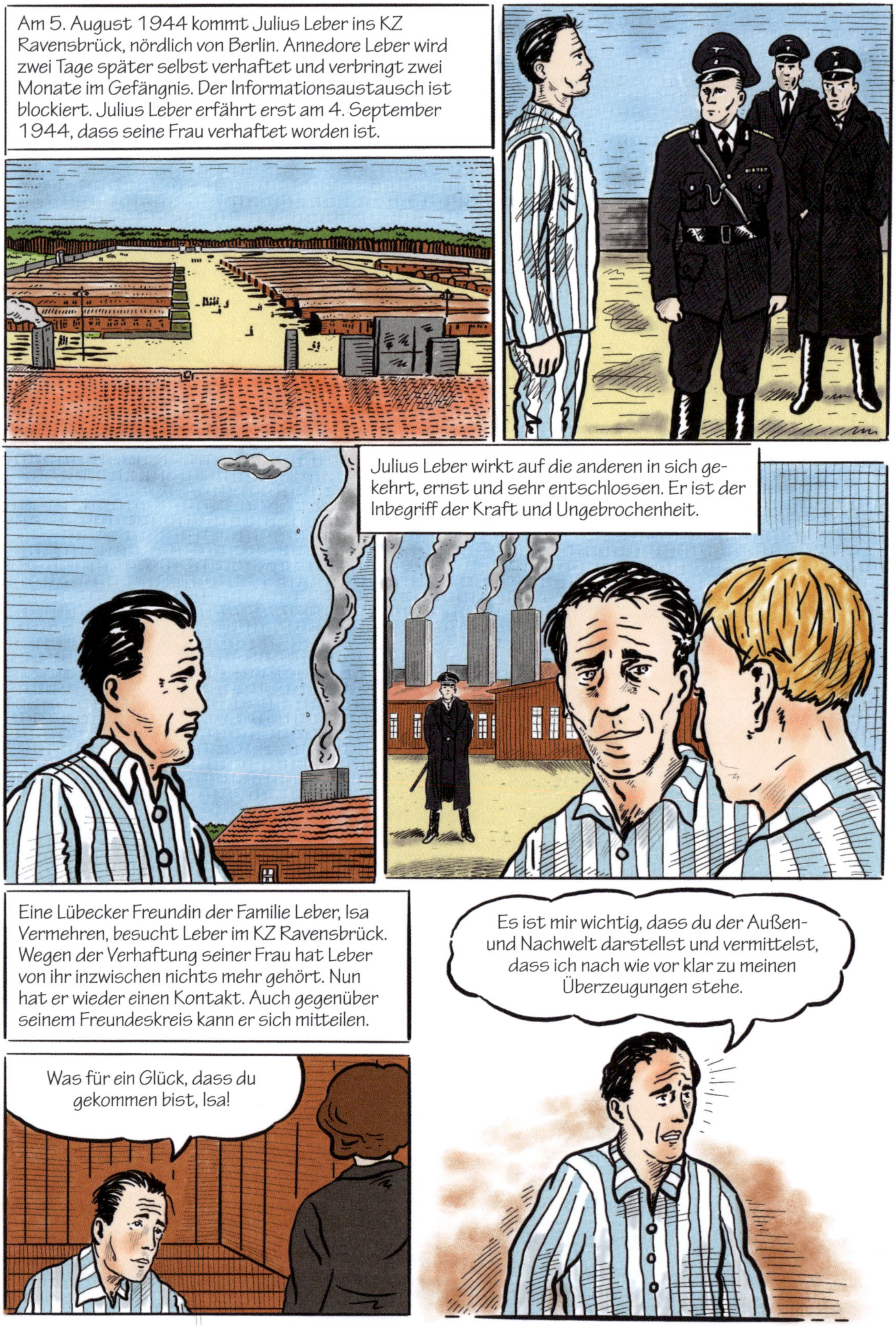
Am 5. August 1944 kommt Julius Leber ins KZ Ravensbrück, nördlich von Berlin. Annedore Leber wird zwei Tage später selbst verhaftet und verbringt zwei Monate im Gefängnis. Der Informationsaustausch ist blockiert. Julius Leber erfährt erst am 4. September 1944, dass seine Frau verhaftet worden ist.
Julius Leber wirkt auf die anderen in sich gekehrt, ernst und sehr entschlossen. Er ist der Inbegriff der Kraft und Ungebrochenheit.
Eine Lübecker Freundin der Familie Leber, Isa Vermehren, besucht Leber im KZ Ravensbrück. Wegen der Verhaftung seiner Frau hat Leber von ihr inzwischen nichts mehr gehört. Nun hat er wieder einen Kontakt. Auch gegenüber seinem Freundeskreis kann er sich mitteilen.
Was für ein Glück, dass du gekommen bist, Isa!
Es ist mir wichtig, dass du der Außen- und Nachwelt darstellst und vermittelst, dass ich nach wie vor klar zu meinen Überzeugungen stehe.

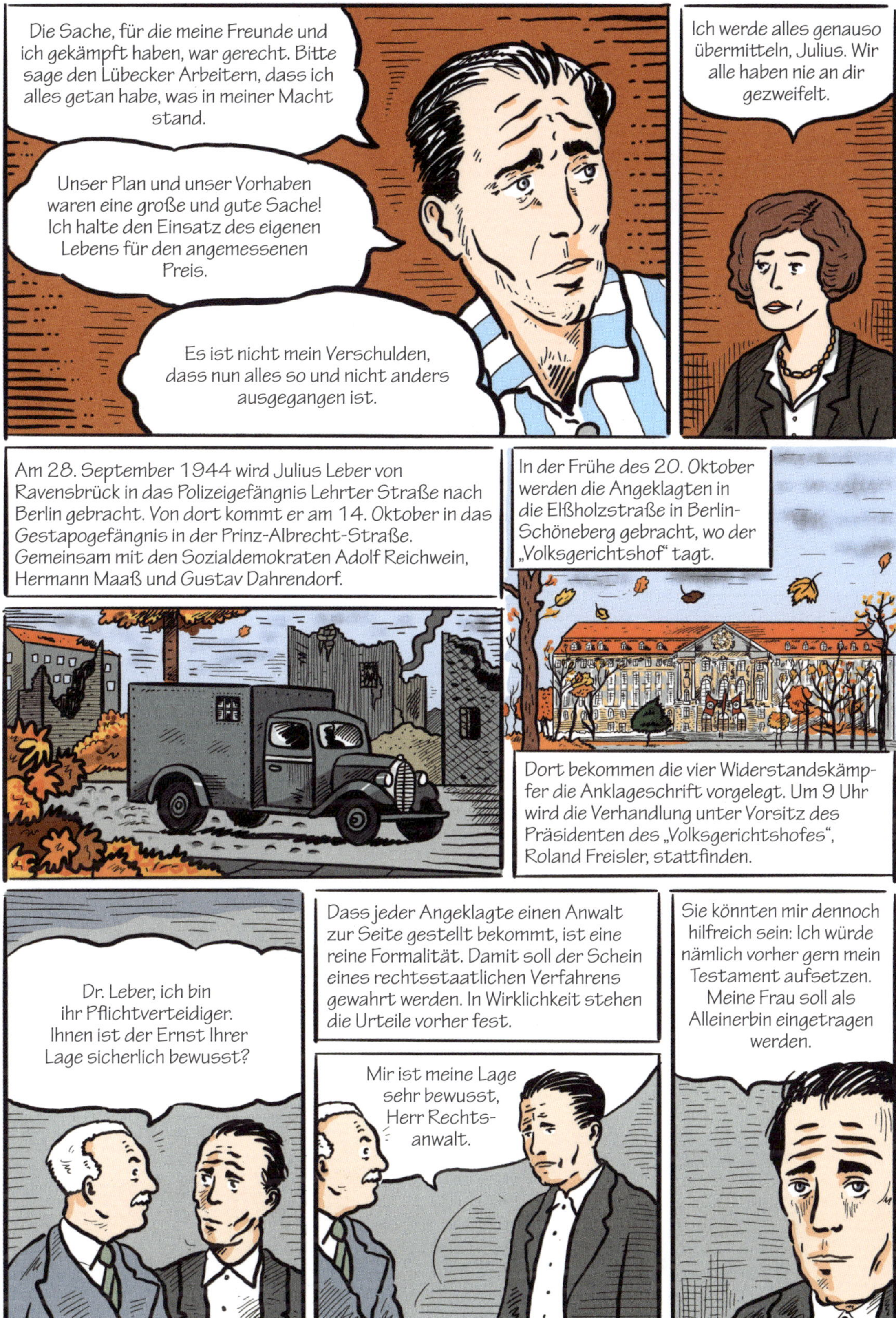

Die Sache, für die meine Freunde und ich gekämpft haben, war gerecht. Bitte sage den Lübecker Arbeitern, dass ich alles getan habe, was in meiner Macht stand.
Unser Plan und unser Vorhaben waren eine große und gute Sache! Ich halte den Einsatz des eigenen Lebens für den angemessenen Preis.
Es ist nicht mein Verschulden, dass nun alles so und nicht anders ausgegangen ist.
Ich werde alles genauso übermitteln, Julius. Wir alle haben nie an dir gezweifelt.
Am 28. September 1944 wird Julius Leber von Ravensbrück in das Polizeigefängnis Lehrter Straße nach Berlin gebracht. Von dort kommt er am 14. Oktober in das Gestapogefängnis in der Prinz-Albrecht-Straße. Gemeinsam mit den Sozialdemokraten Adolf Reichwein, Hermann Maaß und Gustav Dahrendorf.
In der Frühe des 20. Oktober werden die Angeklagten in die Elßholzstraße in Berlin-Schöneberg gebracht, wo der „Volksgerichtshof" tagt.
Dort bekommen die vier Widerstandskämpfer die Anklageschrift vorgelegt. Um 9 Uhr wird die Verhandlung unter Vorsitz des Präsidenten des „Volksgerichtshofes", Roland Freisler, stattfinden.
Dr. Leber, ich bin ihr Pflichtverteidiger. Ihnen ist der Ernst Ihrer Lage sicherlich bewusst?
Dass jeder Angeklagte einen Anwalt zur Seite gestellt bekommt, ist eine reine Formalität. Damit soll der Schein eines rechtsstaatlichen Verfahrens gewahrt werden. In Wirklichkeit stehen die Urteile vorher fest.
Mir ist meine Lage sehr bewusst, Herr Rechtsanwalt.
Sie könnten mir dennoch hilfreich sein: Ich würde nämlich vorher gern mein Testament aufsetzen. Meine Frau soll als Alleinerbin eingetragen werden.

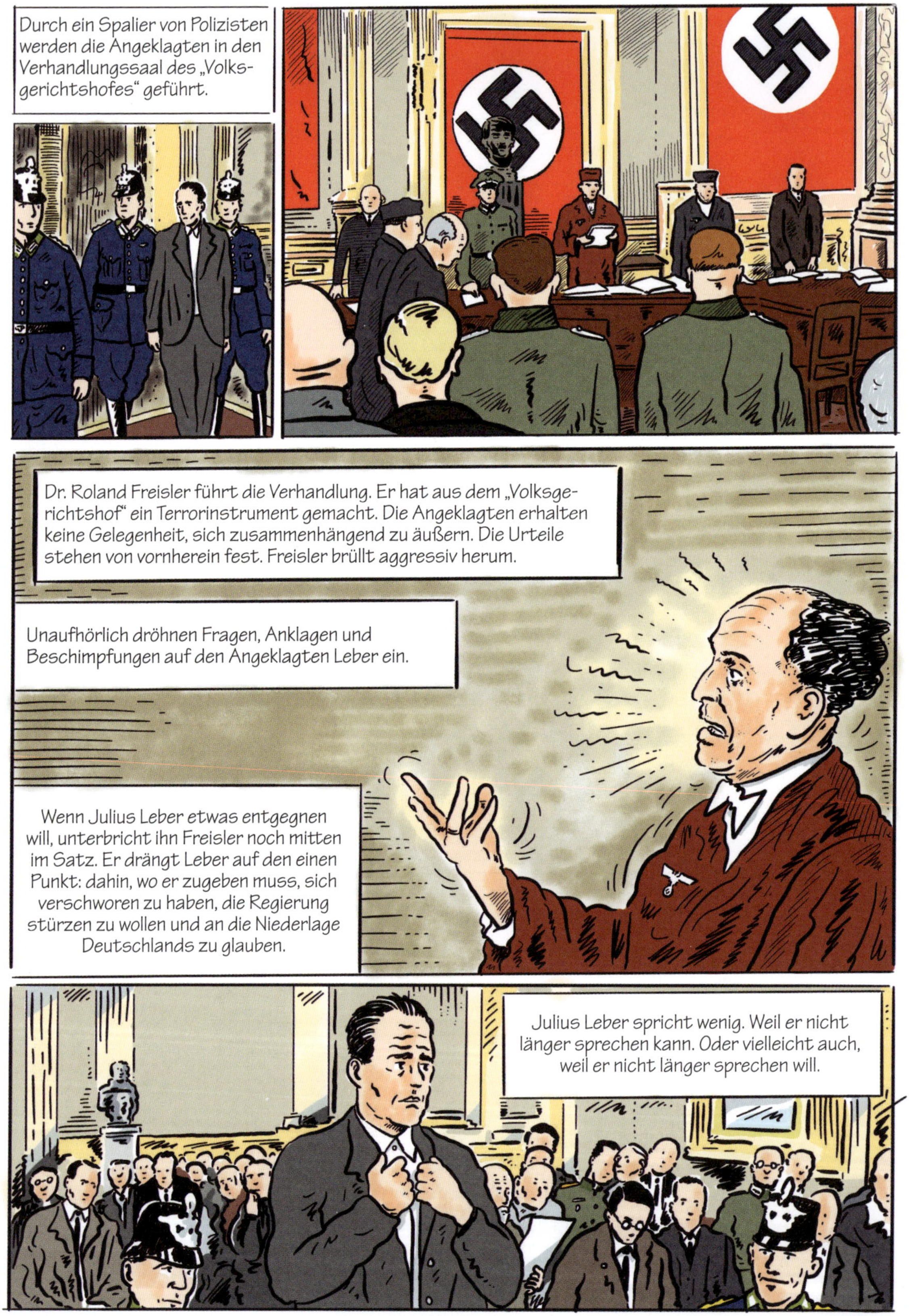
Durch ein Spalier von Polizisten werden die Angeklagten in den Verhandlungssaal des „Volksgerichtshofes“ geführt.
Dr. Roland Freisler führt die Verhandlung. Er hat aus dem „Volksgerichtshof“ ein Terrorinstrument gemacht. Die Angeklagten erhalten keine Gelegenheit, sich zusammenhängend zu äußern. Die Urteile stehen von vornherein fest. Freisler brüllt aggressiv herum.
Unaufhörlich dröhnen Fragen, Anklagen und Beschimpfungen auf den Angeklagten Leber ein.
Wenn Julius Leber etwas entgegnen will, unterbricht ihn Freisler noch mitten im Satz. Er drängt Leber auf den einen Punkt: dahin, wo er zugeben muss, sich verschworen zu haben, die Regierung stürzen zu wollen und an die Niederlage Deutschlands zu glauben.
Julius Leber spricht wenig. Weil er nicht länger sprechen kann. Oder vielleicht auch, weil er nicht länger sprechen will.

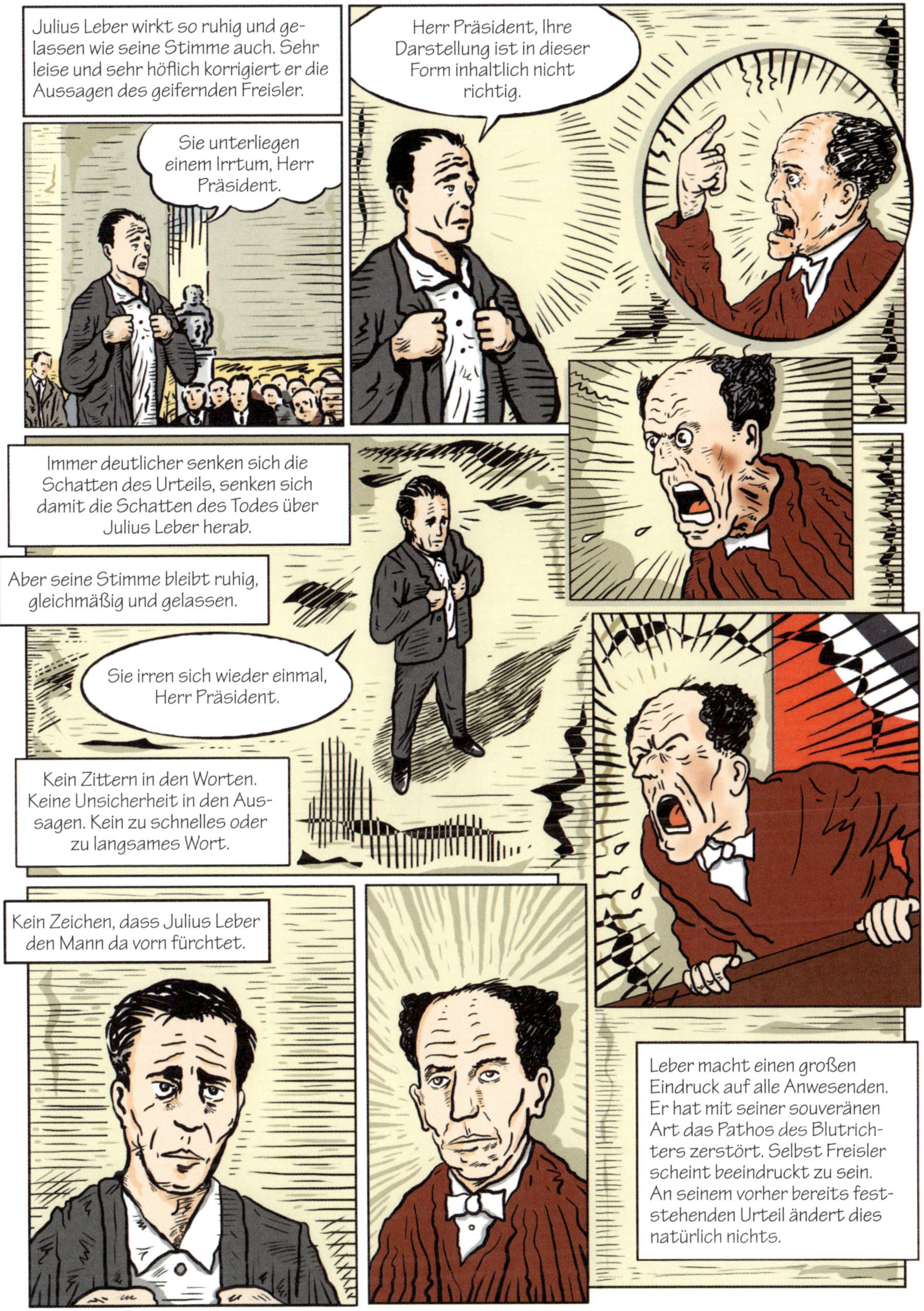

Julius Leber wirkt so ruhig und gelassen wie seine Stimme auch. Sehr leise und sehr höflich korrigiert er die Aussagen des geifernden Freisler.
Sie unterliegen einem Irrtum, Herr Präsident.
Herr Präsident, Ihre Darstellung ist in dieser Form inhaltlich nicht richtig.
Immer deutlicher senken sich die Schatten des Urteils, senken sich damit die Schatten des Todes über Julius Leber herab.
Aber seine Stimme bleibt ruhig, gleichmäßig und gelassen.
Sie irren sich wieder einmal, Herr Präsident.
Kein Zittern in den Worten. Keine Unsicherheit in den Aussagen. Kein zu schnelles oder zu langsames Wort.
Kein Zeichen, dass Julius Leber den Mann da vorn fürchtet.
Leber macht einen großen Eindruck auf alle Anwesenden. Er hat mit seiner souveränen Art das Pathos des Blutrichters zerstört. Selbst Freisler scheint beeindruckt zu sein. An seinem vorher bereits feststehenden Urteil ändert dies natürlich nichts.

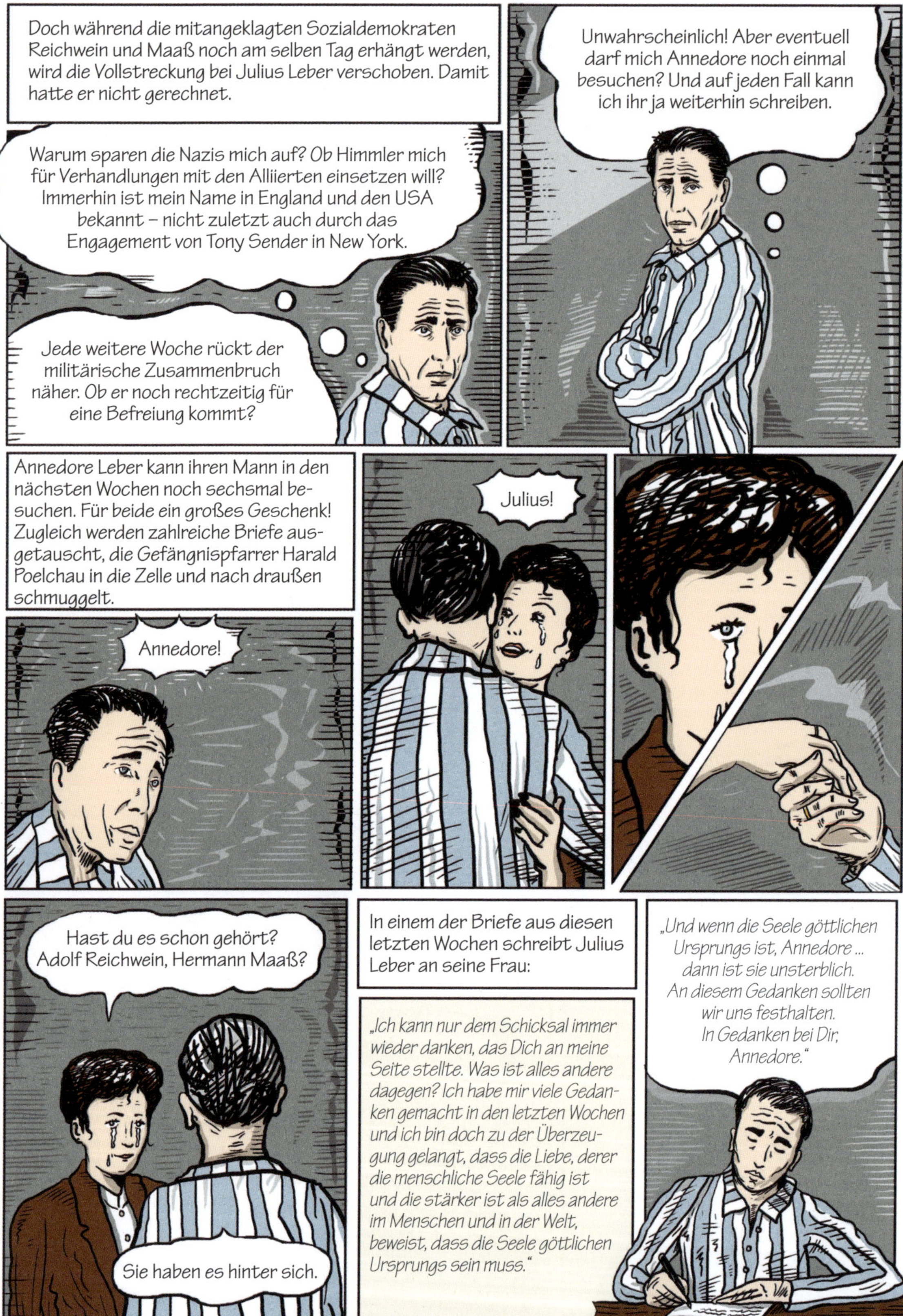
Doch während die mitangeklagten Sozialdemokraten Reichwein und Maaß noch am selben Tag erhängt werden, wird die Vollstreckung bei Julius Leber verschoben. Damit hatte er nicht gerechnet.
Warum sparen die Nazis mich auf? Ob Himmler mich für Verhandlungen mit den Alliierten einsetzen will? Immerhin ist mein Name in England und den USA bekannt – nicht zuletzt auch durch das Engagement von Tony Sender in New York.
Jede weitere Woche rückt der militärische Zusammenbruch näher. Ob er noch rechtzeitig für eine Befreiung kommt?
Unwahrscheinlich! Aber eventuell darf mich Annedore noch einmal besuchen? Und auf jeden Fall kann ich ihr ja weiterhin schreiben.
Annedore Leber kann ihren Mann in den nächsten Wochen noch sechsmal besuchen. Für beide ein großes Geschenk! Zugleich werden zahlreiche Briefe ausgetauscht, die Gefängnispfarrer Harald Poelchau in die Zelle und nach draußen schmuggelt.
Annedore!
Julius!
Hast du es schon gehört? Adolf Reichwein, Hermann Maaß?
Sie haben es hinter sich.
In einem der Briefe aus diesen letzten Wochen schreibt Julius Leber an seine Frau:
„Ich kann nur dem Schicksal immer wieder danken, das Dich an meine Seite stellte. Was ist alles andere dagegen? Ich habe mir viele Gedanken gemacht in den letzten Wochen und ich bin doch zu der Überzeugung gelangt, dass die Liebe, derer die menschliche Seele fähig ist und die stärker ist als alles andere im Menschen und in der Welt, beweist, dass die Seele göttlichen Ursprungs sein muss."
„Und wenn die Seele göttlichen Ursprungs ist, Annedore ... dann ist sie unsterblich. An diesem Gedanken sollten wir uns festhalten. In Gedanken bei Dir, Annedore."

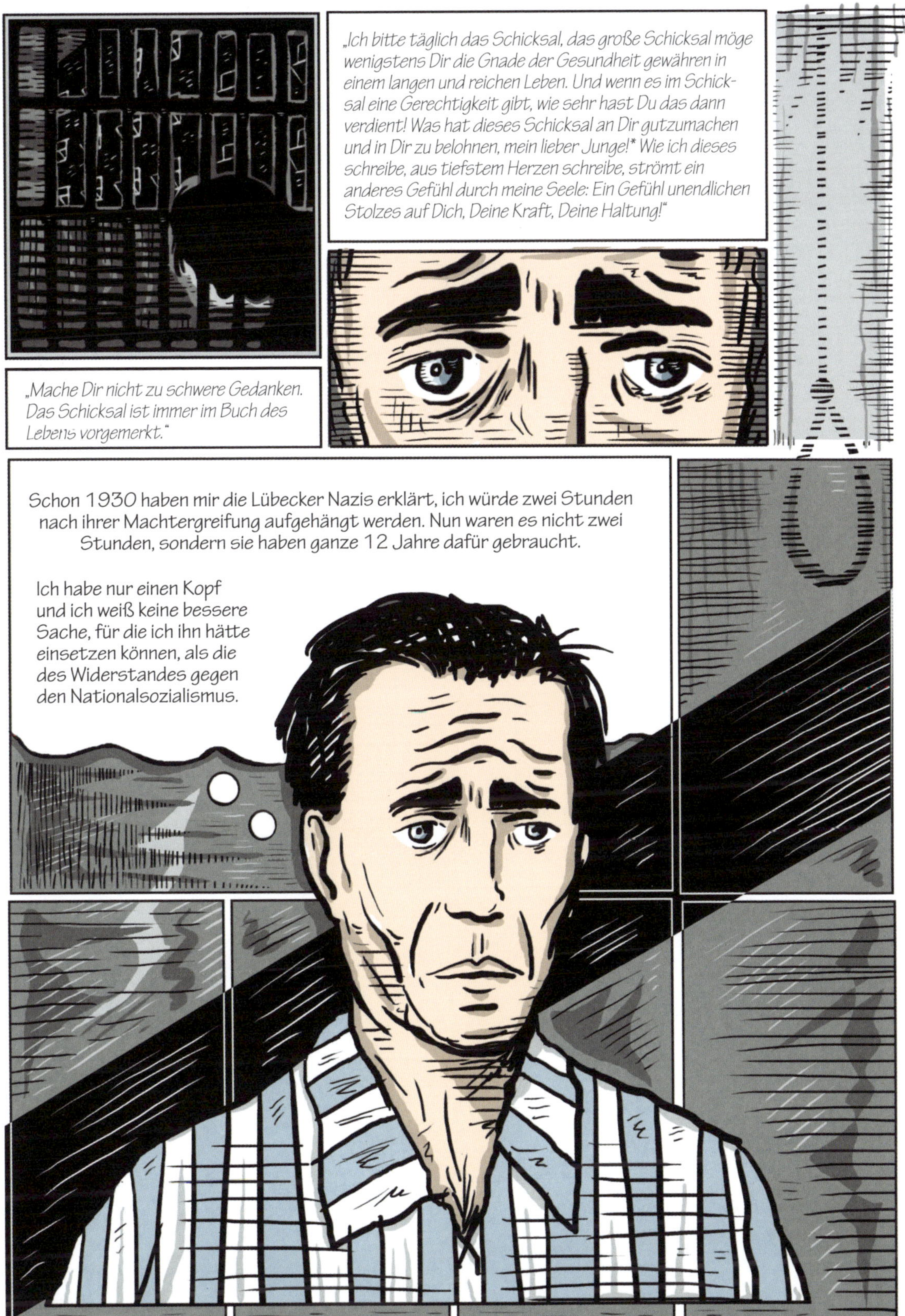

* Aus Julius Lebers Briefen an seine Frau Annedore. Er nannte sie darin oft liebevoll „mein lieber Junge" oder auch „Paulus".

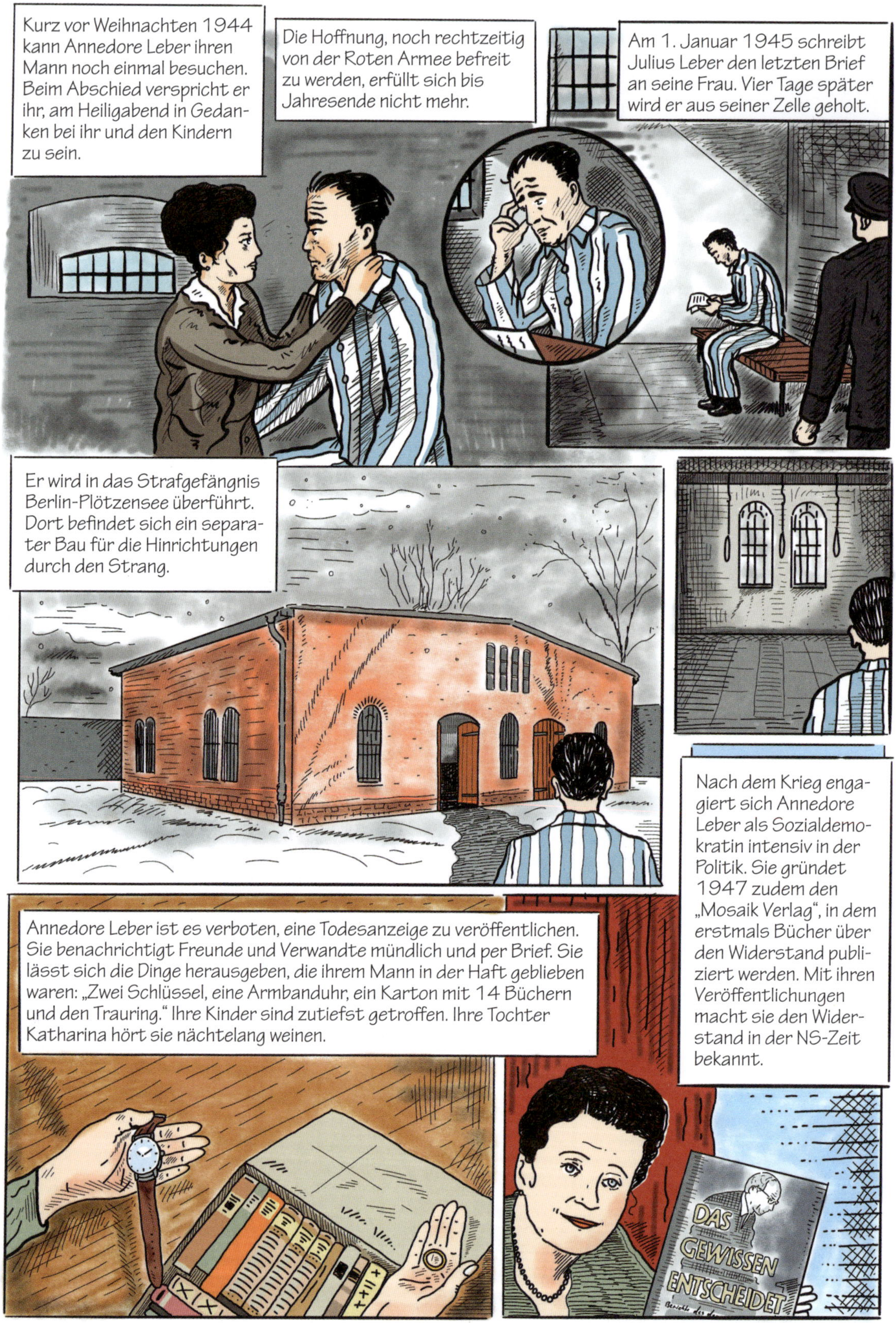
Kurz vor Weihnachten 1944 kann Annedore Leber ihren Mann noch einmal besuchen. Beim Abschied verspricht er ihr, am Heiligabend in Gedanken bei ihr und den Kindern zu sein.
Die Hoffnung, noch rechtzeitig von der Roten Armee befreit zu werden, erfüllt sich bis Jahresende nicht mehr.
Am 1. Januar 1945 schreibt Julius Leber den letzten Brief an seine Frau. Vier Tage später wird er aus seiner Zelle geholt.
Er wird in das Strafgefängnis Berlin-Plötzensee überführt. Dort befindet sich ein separater Bau für die Hinrichtungen durch den Strang.
Nach dem Krieg engagiert sich Annedore Leber als Sozialdemokratin intensiv in der Politik. Sie gründet 1947 zudem den „Mosaik Verlag", in dem erstmals Bücher über den Widerstand publiziert werden. Mit ihren Veröffentlichungen macht sie den Widerstand in der NS-Zeit bekannt.
Annedore Leber ist es verboten, eine Todesanzeige zu veröffentlichen. Sie benachrichtigt Freunde und Verwandte mündlich und per Brief. Sie lässt sich die Dinge herausgeben, die ihrem Mann in der Haft geblieben waren: „Zwei Schlüssel, eine Armbanduhr, ein Karton mit 14 Büchern und den Trauring." Ihre Kinder sind zutiefst getroffen. Ihre Tochter Katharina hört sie nächtelang weinen.
DAS GEWISSEN ENTSCHEIDET

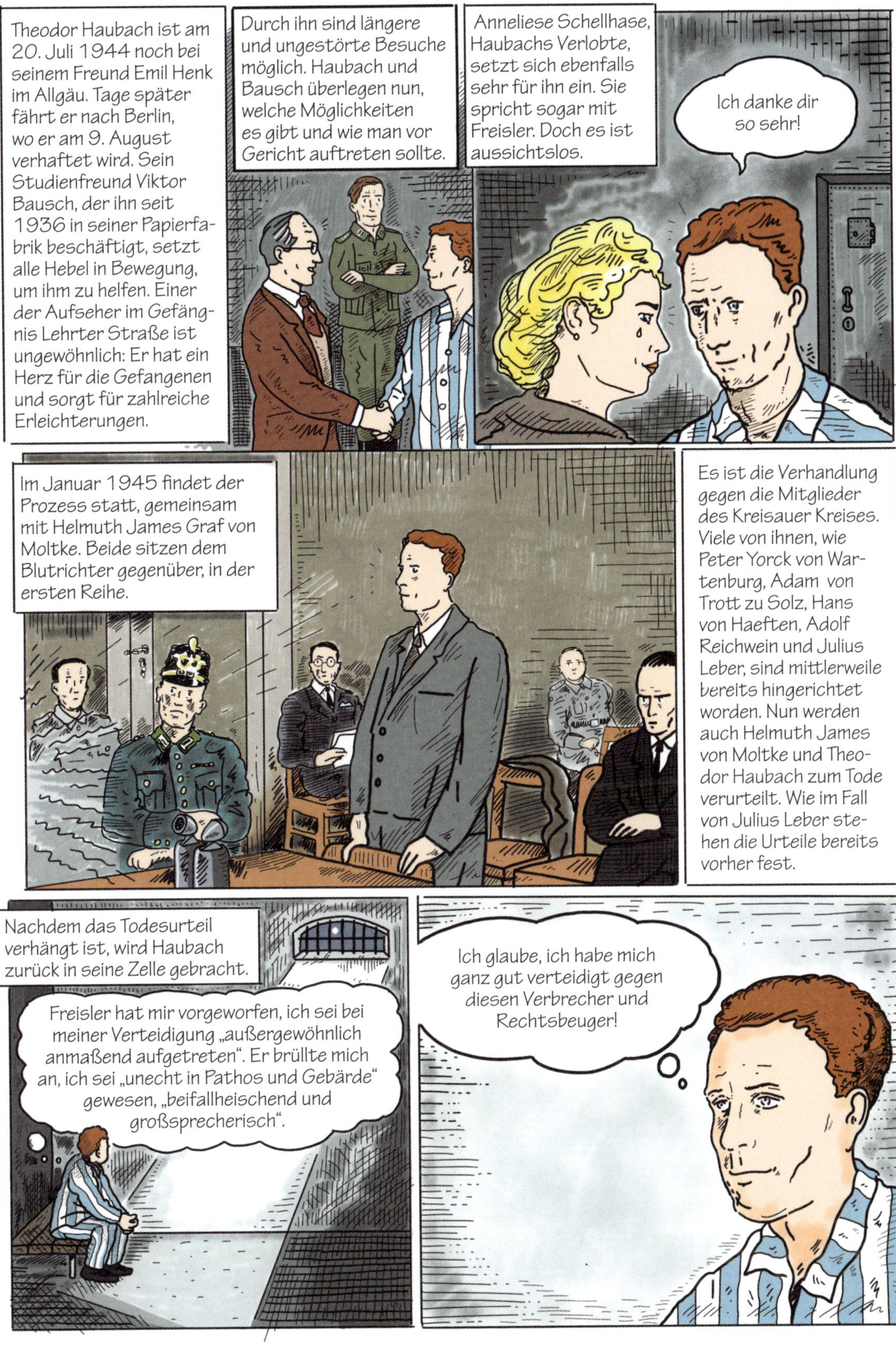
Theodor Haubach ist am 20. Juli 1944 noch bei seinem Freund Emil Henk im Allgäu. Tage später fährt er nach Berlin, wo er am 9. August verhaftet wird. Sein Studienfreund Viktor Bausch, der ihn seit 1936 in seiner Papierfabrik beschäftigt, setzt alle Hebel in Bewegung, um ihm zu helfen. Einer der Aufseher im Gefängnis Lehrter Straße ist ungewöhnlich: Er hat ein Herz für die Gefangenen und sorgt für zahlreiche Erleichterungen.
Durch ihn sind längere und ungestörte Besuche möglich. Haubach und Bausch überlegen nun, welche Möglichkeiten es gibt und wie man vor Gericht auftreten sollte.
Anneliese Schellhase, Haubachs Verlobte, setzt sich ebenfalls sehr für ihn ein. Sie spricht sogar mit Freisler. Doch es ist aussichtslos.
Ich danke dir so sehr!
Im Januar 1945 findet der Prozess statt, gemeinsam mit Helmuth James Graf von Moltke. Beide sitzen dem Blutrichter gegenüber, in der ersten Reihe.
Es ist die Verhandlung gegen die Mitglieder des Kreisauer Kreises. Viele von ihnen, wie Peter Yorck von Wartenburg, Adam von Trott zu Solz, Hans von Haeften, Adolf Reichwein und Julius Leber, sind mittlerweile bereits hingerichtet worden. Nun werden auch Helmuth James von Moltke und Theodor Haubach zum Tode verurteilt. Wie im Fall von Julius Leber stehen die Urteile bereits vorher fest.
Nachdem das Todesurteil verhängt ist, wird Haubach zurück in seine Zelle gebracht.
Freisler hat mir vorgeworfen, ich sei bei meiner Verteidigung „außergewöhnlich anmaßend aufgetreten“. Er brüllte mich an, ich sei „unecht in Pathos und Gebärde“ gewesen, „beifallheischend und großsprecherisch“.
Ich glaube, ich habe mich ganz gut verteidigt gegen diesen Verbrecher und Rechtsbeuger!

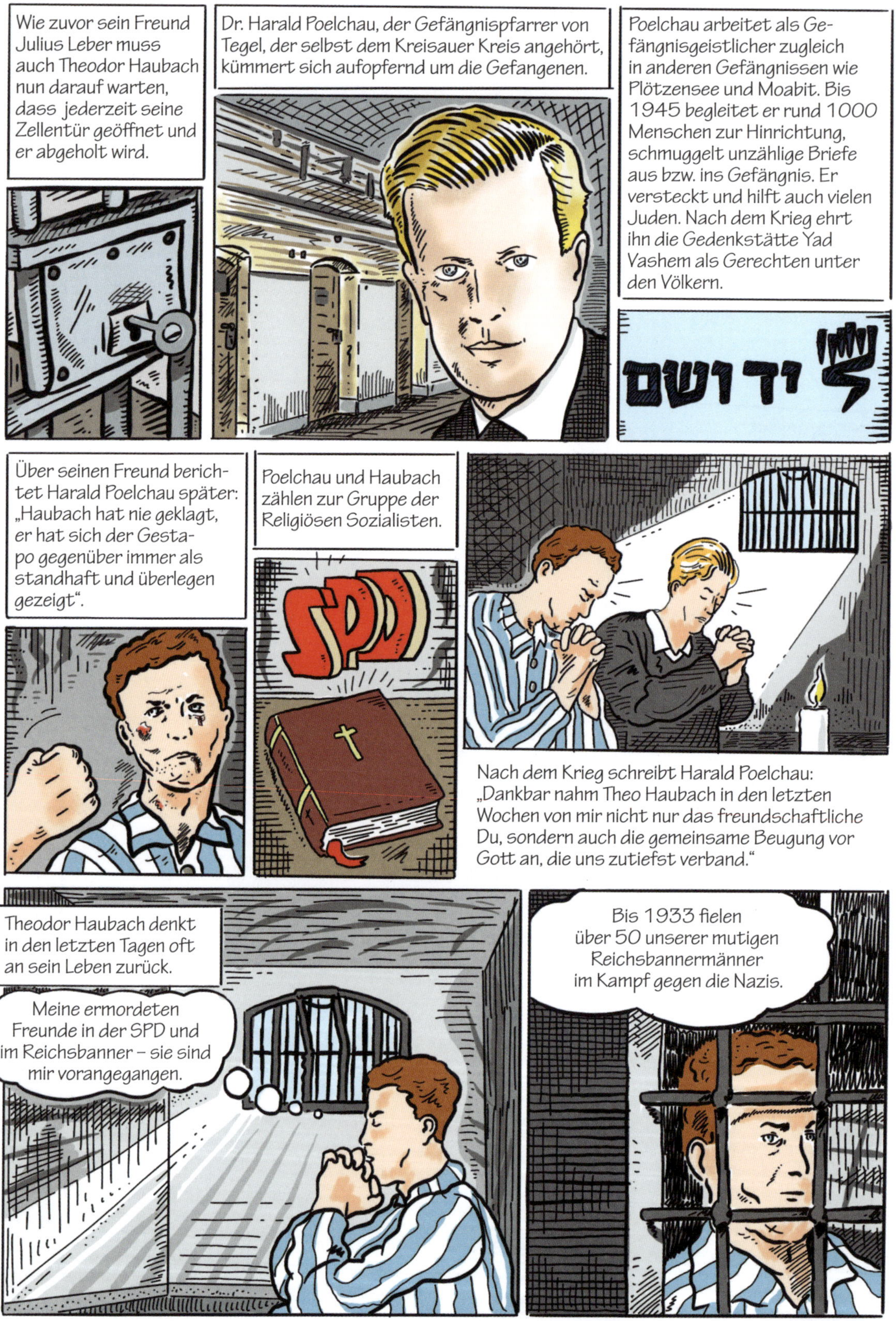
Wie zuvor sein Freund Julius Leber muss auch Theodor Haubach nun darauf warten, dass jederzeit seine Zellentür geöffnet und er abgeholt wird.
Dr. Harald Poelchau, der Gefängnispfarrer von Tegel, der selbst dem Kreisauer Kreis angehört, kümmert sich aufopfernd um die Gefangenen.
Poelchau arbeitet als Gefängnisgeistlicher zugleich in anderen Gefängnissen wie Plötzensee und Moabit. Bis 1945 begleitet er rund 1000 Menschen zur Hinrichtung, schmuggelt unzählige Briefe aus bzw. ins Gefängnis. Er versteckt und hilft auch vielen Juden. Nach dem Krieg ehrt ihn die Gedenkstätte Yad Vashem als Gerechten unter den Völkern.
יד ושם
Über seinen Freund berichtet Harald Poelchau später: „Haubach hat nie geklagt, er hat sich der Gestapo gegenüber immer als standhaft und überlegen gezeigt".
Poelchau und Haubach zählen zur Gruppe der Religiösen Sozialisten.
SPD
Nach dem Krieg schreibt Harald Poelchau: „Dankbar nahm Theo Haubach in den letzten Wochen von mir nicht nur das freundschaftliche Du, sondern auch die gemeinsame Beugung vor Gott an, die uns zutiefst verband."
Theodor Haubach denkt in den letzten Tagen oft an sein Leben zurück.
Meine ermordeten Freunde in der SPD und im Reichsbanner – sie sind mir vorangegangen.
Bis 1933 fielen über 50 unserer mutigen Reichsbannermänner im Kampf gegen die Nazis.

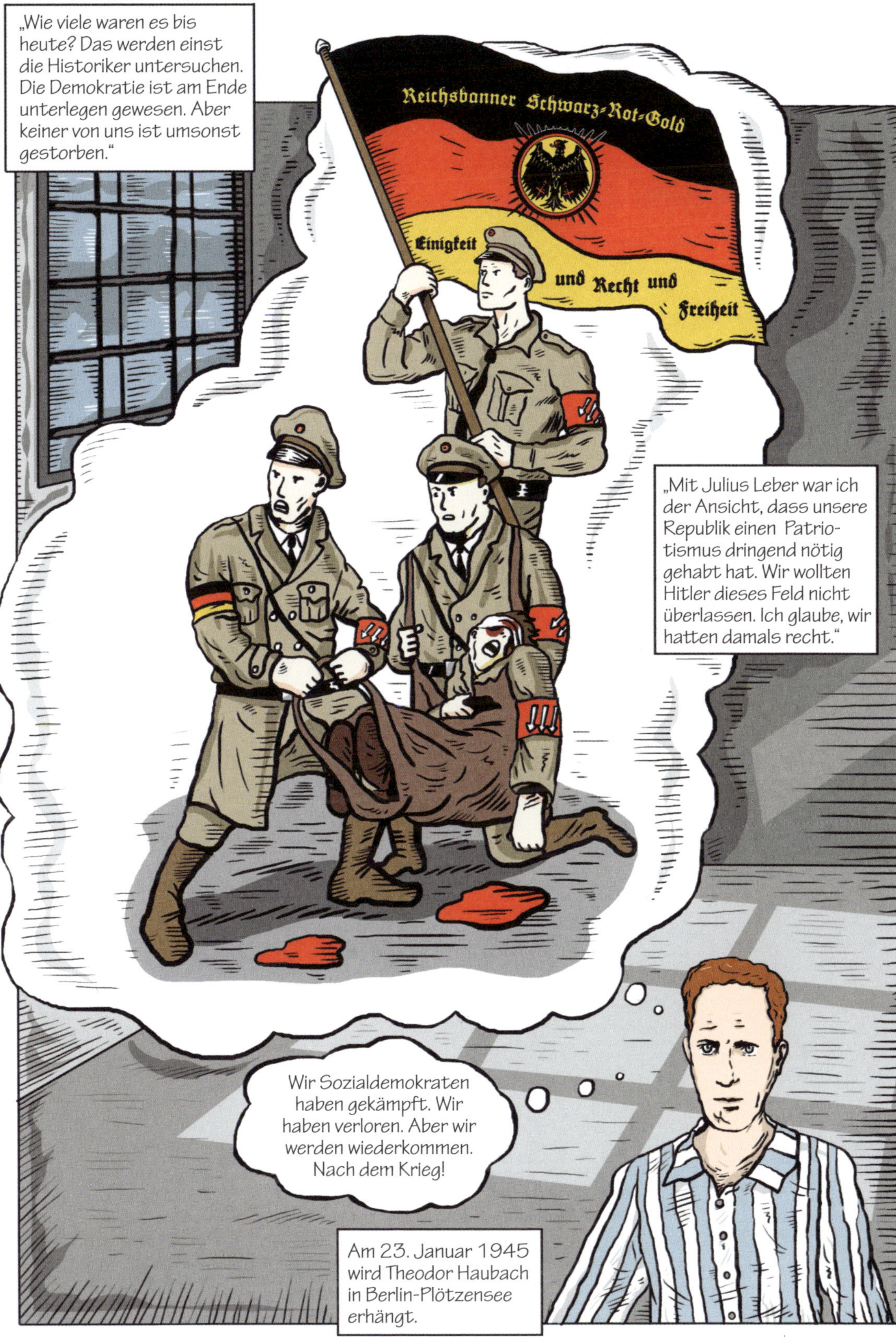
„Wie viele waren es bis heute? Das werden einst die Historiker untersuchen. Die Demokratie ist am Ende unterlegen gewesen. Aber keiner von uns ist umsonst gestorben."
Reichsbanner Schwarz-Rot-Gold
Einigkeit und Recht und Freiheit
„Mit Julius Leber war ich der Ansicht, dass unsere Republik einen Patriotismus dringend nötig gehabt hat. Wir wollten Hitler dieses Feld nicht überlassen. Ich glaube, wir hatten damals recht."
Wir Sozialdemokraten haben gekämpft. Wir haben verloren. Aber wir werden wiederkommen. Nach dem Krieg!
Am 23. Januar 1945 wird Theodor Haubach in Berlin-Plötzensee erhängt.

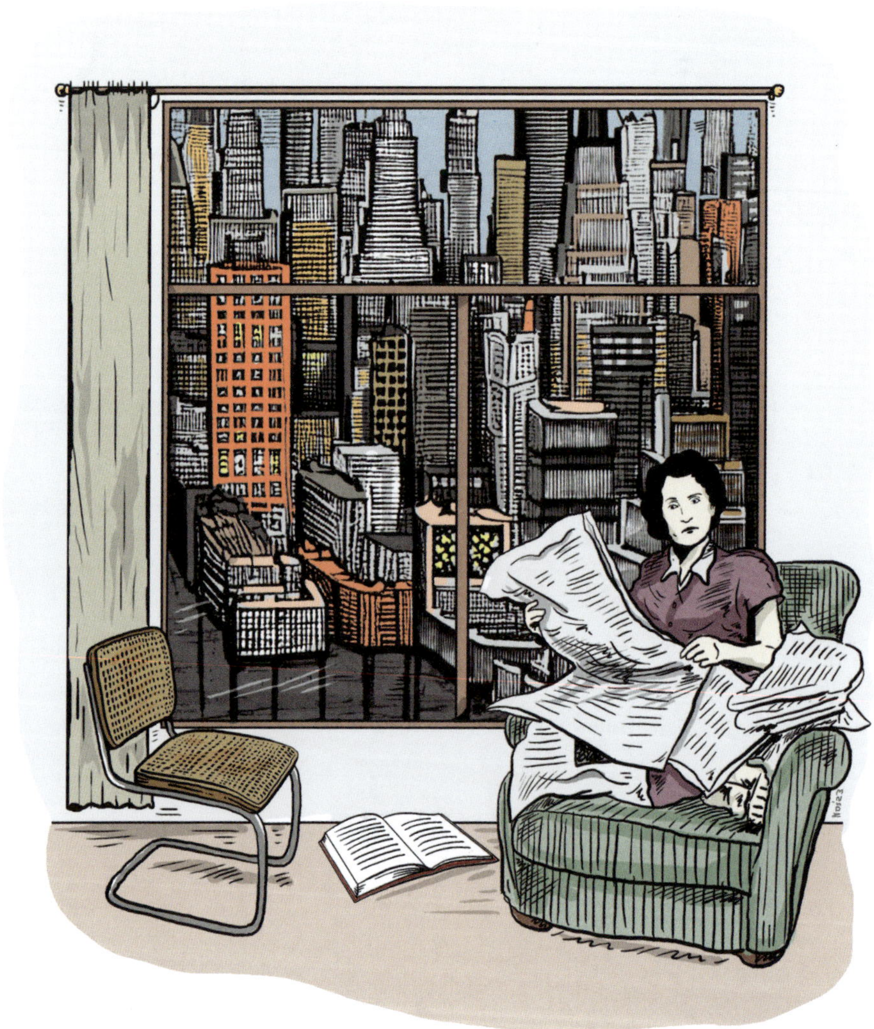

Epilog
Tony Sender

„Es kann sein, dass unser Kampf nicht mit einem Sieg enden wird – selbst in diesem Fall ist es besser, in einer Schlacht zu unterliegen als kampflos zu verlieren."

Tony Sender, 1932

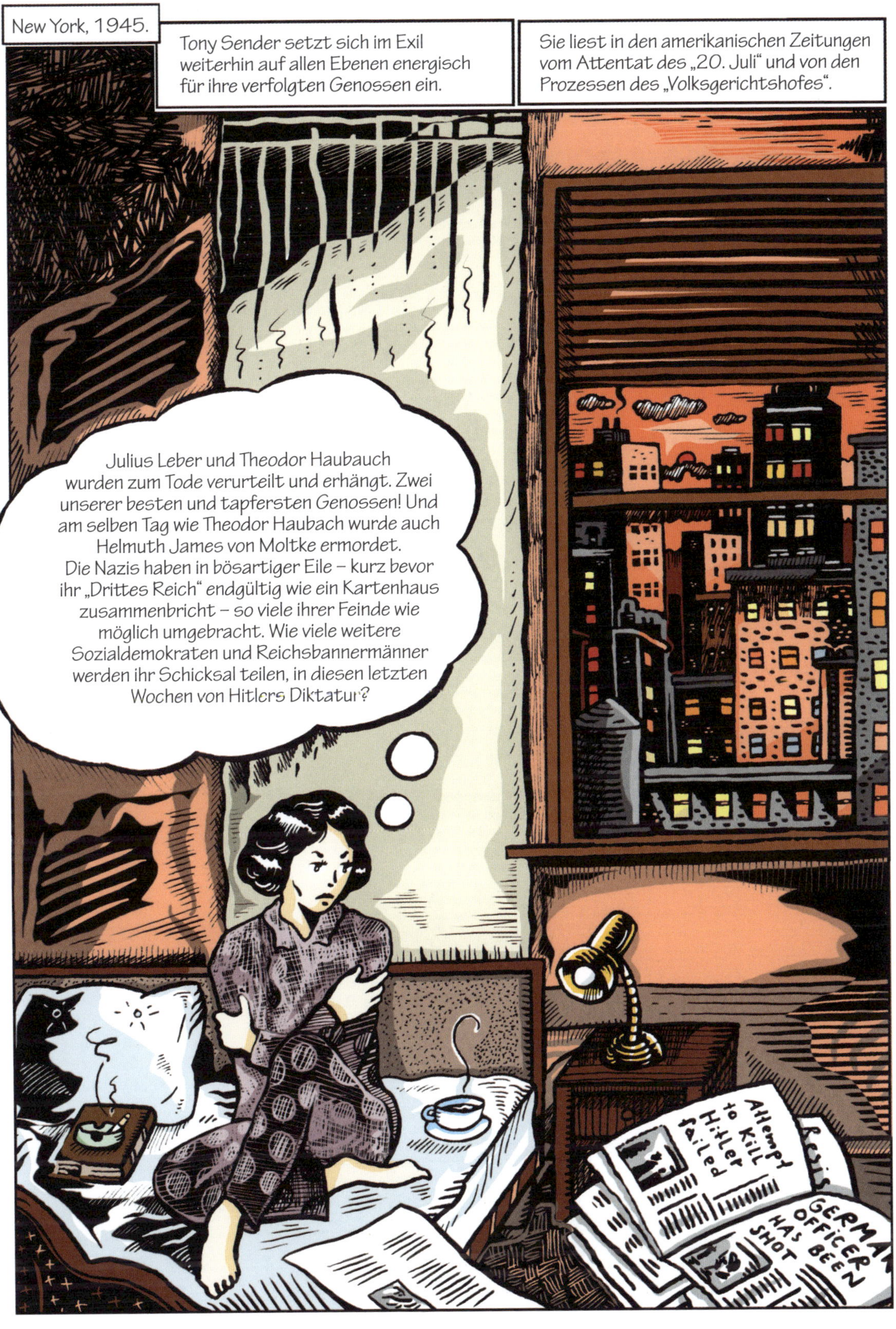
New York, 1945.
Tony Sender setzt sich im Exil weiterhin auf allen Ebenen energisch für ihre verfolgten Genossen ein.
Sie liest in den amerikanischen Zeitungen vom Attentat des „20. Juli“ und von den Prozessen des „Volksgerichtshofes“.
Julius Leber und Theodor Haubauch wurden zum Tode verurteilt und erhängt. Zwei unserer besten und tapfersten Genossen! Und am selben Tag wie Theodor Haubach wurde auch Helmuth James von Moltke ermordet. Die Nazis haben in bösartiger Eile – kurz bevor ihr „Drittes Reich“ endgültig wie ein Kartenhaus zusammenbricht – so viele ihrer Feinde wie möglich umgebracht. Wie viele weitere Sozialdemokraten und Reichsbannermänner werden ihr Schicksal teilen, in diesen letzten Wochen von Hitlers Diktatur?
Attempt to kill Hitler failed
GERMAN OFFICER HAS BEEN SHOT

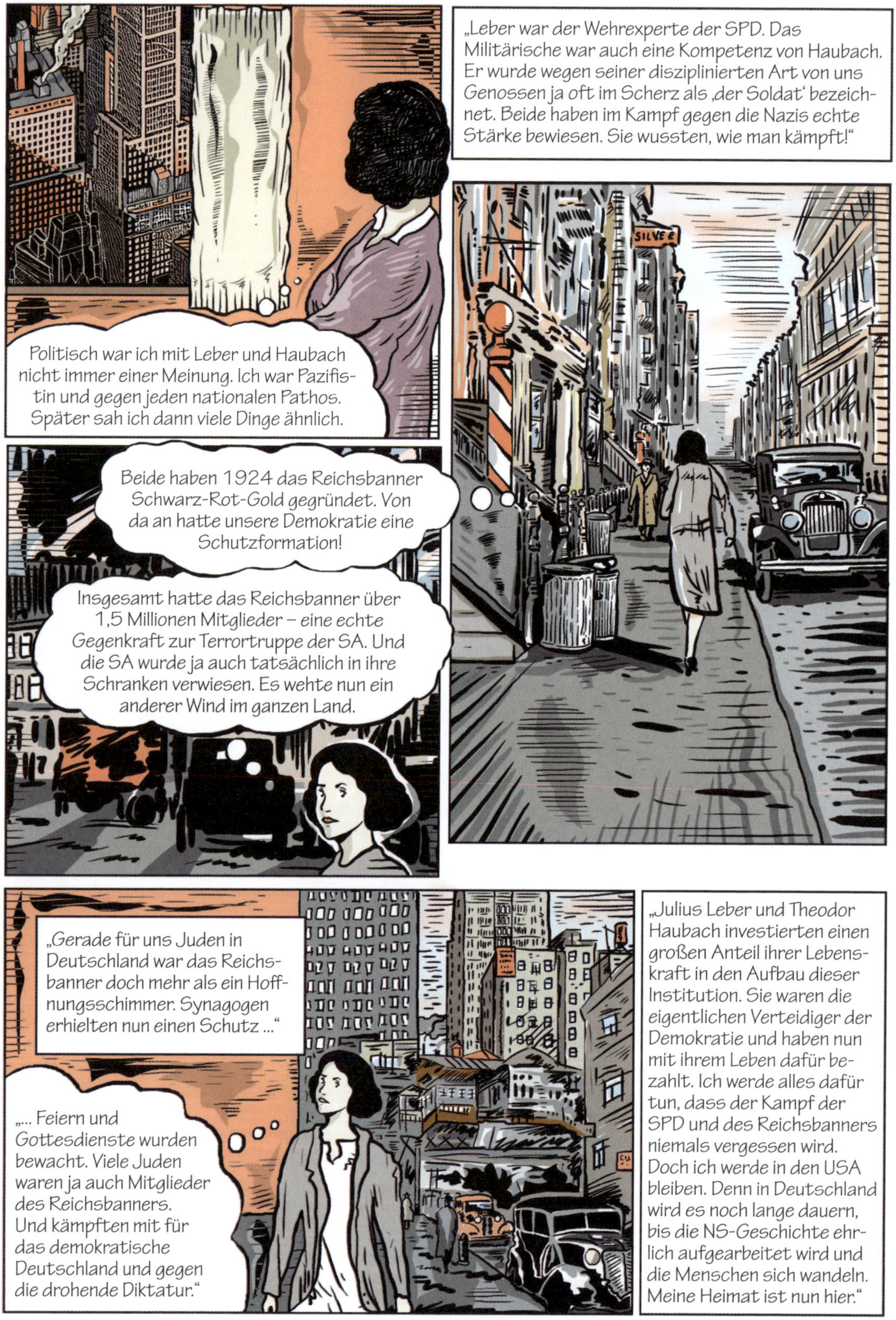
„Leber war der Wehrexperte der SPD. Das Militärische war auch eine Kompetenz von Haubach. Er wurde wegen seiner disziplinierten Art von uns Genossen ja oft im Scherz als ‚der Soldat' bezeichnet. Beide haben im Kampf gegen die Nazis echte Stärke bewiesen. Sie wussten, wie man kämpft!"
Politisch war ich mit Leber und Haubach nicht immer einer Meinung. Ich war Pazifistin und gegen jeden nationalen Pathos. Später sah ich dann viele Dinge ähnlich.
SILVER
Beide haben 1924 das Reichsbanner Schwarz-Rot-Gold gegründet. Von da an hatte unsere Demokratie eine Schutzformation!
Insgesamt hatte das Reichsbanner über 1,5 Millionen Mitglieder – eine echte Gegenkraft zur Terrortruppe der SA. Und die SA wurde ja auch tatsächlich in ihre Schranken verwiesen. Es wehte nun ein anderer Wind im ganzen Land.
„Gerade für uns Juden in Deutschland war das Reichsbanner doch mehr als ein Hoffnungsschimmer. Synagogen erhielten nun einen Schutz ..."
„... Feiern und Gottesdienste wurden bewacht. Viele Juden waren ja auch Mitglieder des Reichsbanners. Und kämpften mit für das demokratische Deutschland und gegen die drohende Diktatur."
„Julius Leber und Theodor Haubach investierten einen großen Anteil ihrer Lebenskraft in den Aufbau dieser Institution. Sie waren die eigentlichen Verteidiger der Demokratie und haben nun mit ihrem Leben dafür bezahlt. Ich werde alles dafür tun, dass der Kampf der SPD und des Reichsbanners niemals vergessen wird. Doch ich werde in den USA bleiben. Denn in Deutschland wird es noch lange dauern, bis die NS-Geschichte ehrlich aufgearbeitet wird und die Menschen sich wandeln. Meine Heimat ist nun hier."

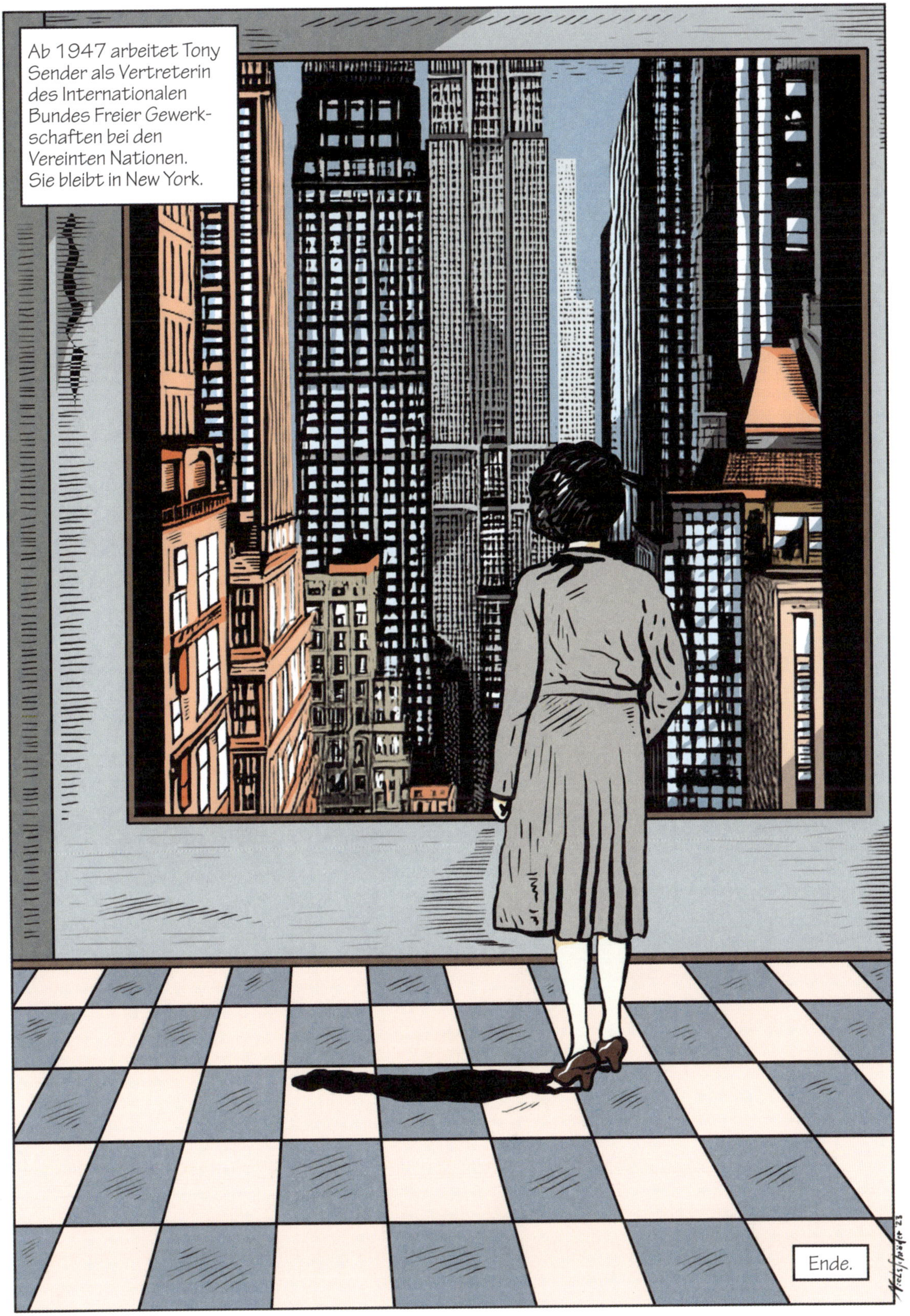
Ab 1947 arbeitet Tony Sender als Vertreterin des Internationalen Bundes Freier Gewerkschaften bei den Vereinten Nationen. Sie bleibt in New York.
Ende.

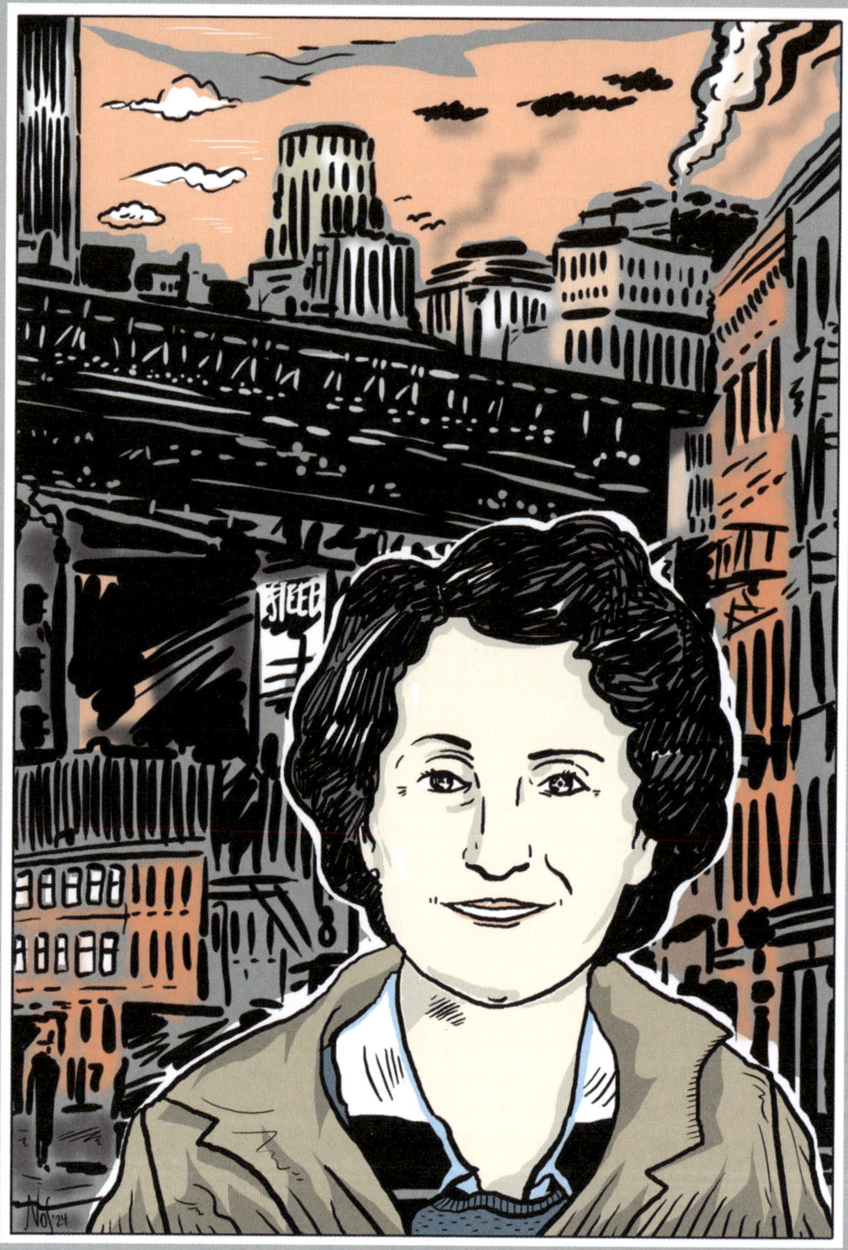

Biografien

Tony Sender

Sidonie Zippora Sender wird am 29. November 1888 in Biebrich geboren. Ihren Namen kürzt sie später und nennt sich von da an Tony Sender. Sie stammt aus einem streng religiösen jüdischen Elternhaus. Tony Sender möchte selbstbestimmt leben und macht bereits mit 13 Jahren den Abschluss an der Höheren Handelsschule. 1910 arbeitet sie für eine deutsche Firma in Paris und engagiert sich in der Parti socialiste. Im selben Jahr wird sie Mitglied der SPD. 1915 nimmt sie an der von Frauen organisierten Anti-Kriegs-Konferenz in Bern teil. 1917 ist sie Mitbegründerin der USPD und bekennt sich zum Rätesystem. Außerdem lehnt sie die undemokratischen Methoden der Kommunisten ab. Zwischen 1920 und 1933 ist sie Reichstagsabgeordnete, ihr Fachgebiet ist die Zoll- und Handelspolitik. Außerdem ist sie Gewerkschafterin und journalistisch für die sozialdemokratische Zeitschrift „Frauenwelt" tätig. Nach offenen Morddrohungen flüchtet Tony Sender am 5. März 1933 zunächst nach Prag und später über Belgien in die USA. In New York arbeitet sie für die „Association of Free Germans" und veröffentlicht 1938 ihre Autobiografie. 1943 erhält sie die amerikanische Staatsbürgerschaft. Ab 1941 arbeitet sie für einen der amerikanischen Auslandsgeheimdienste (Office of Strategic Services, OSS). Ab 1944 ist sie als Wirtschaftsspezialistin bei der „United Nations Relief and Rehabilitation Administration" tätig. Sie stirbt am 26. Juni 1964 in New York.

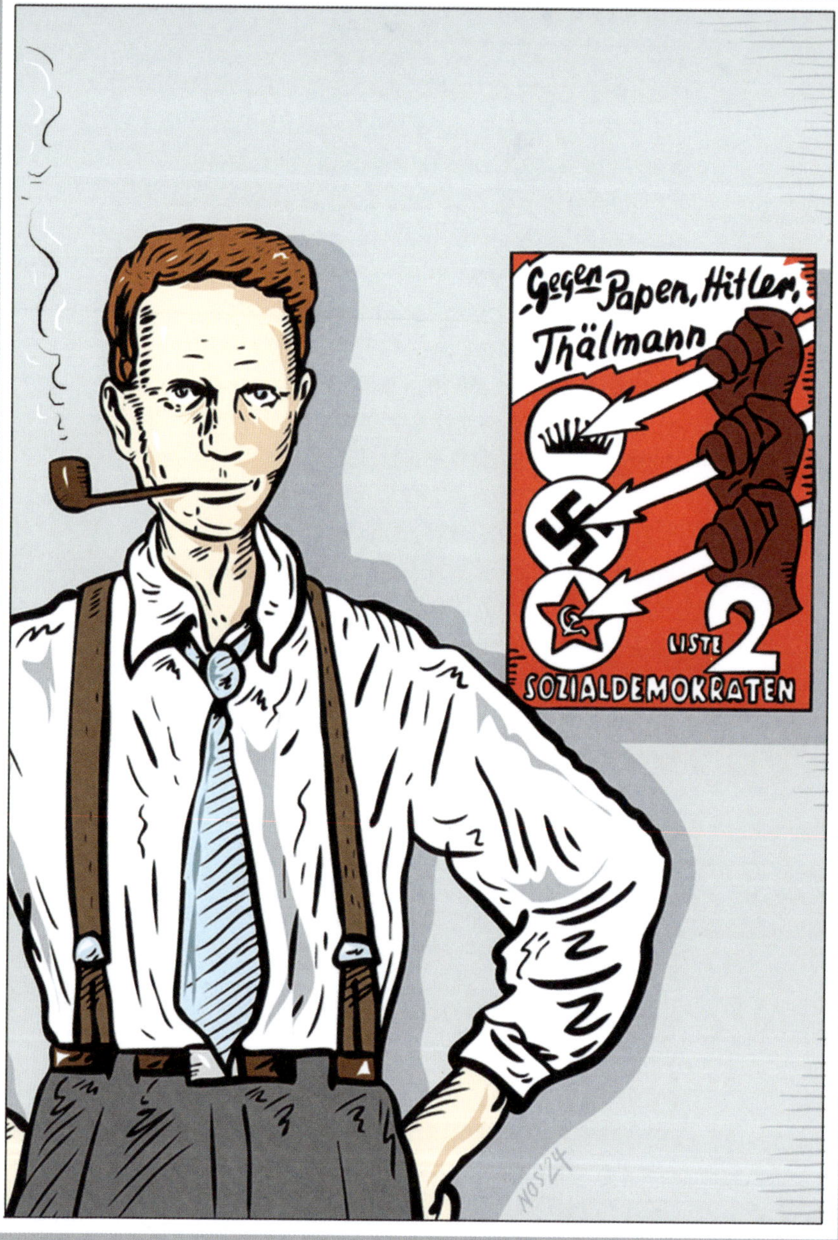
Gegen Papen, Hitler, Thälmann
LISTE 2
SOZIALDEMOKRATEN
NOS'24

Theodor Haubach

Theodor Haubach wird am 15. September 1896 in Frankfurt am Main geboren. Er wächst als Halbwaise bei seiner Mutter in Darmstadt auf. Seit seiner Schulzeit ist er eng mit Carlo Mierendorff befreundet, mit dem er die Zeitschrift „Die Dachstube" herausgibt, in der sie expressionistische Gedichte publizieren. Von 1914 bis 1918 dient er als Soldat im Ersten Weltkrieg und erhält hohe Auszeichnungen. Nach dem Krieg wird er im Arbeiter- und Soldatenrat aktiv. Ab 1920 ist er in der SPD. In Heidelberg, München und Frankfurt am Main studiert er von 1919 bis 1923 Philologie, Philosophie, Sozialwissenschaften und Nationalökonomie. Er promoviert bei Karl Jaspers. Von 1924 bis 1929 arbeitet Haubach als Redakteur beim „Hamburger Echo". Von 1929 bis 1930 ist er Pressereferent im Reichsministerium des Innern in Berlin. Als Gründungsmitglied des Reichsbanners Schwarz-Rot-Gold ist er seit 1924 besonders aktiv im Kampf gegen den Nationalsozialismus. Diesen Kampf intensiviert er, als er 1930 Pressereferent des Berliner Polizeipräsidenten wird. Er ist zudem im Kreis der Religiösen Sozialisten aktiv. Im November 1934 wird Haubach verhaftet und zwei Jahre im KZ Esterwegen festgehalten. Nach der Haftentlassung ist er als Handelsvertreter tätig. 1942 nimmt er an der zweiten Haupttagung des Kreisauer Kreises teil. Als der Umsturzversuch des 20. Juli 1944 scheitert, wird er am 9. August 1944 in Berlin verhaftet. Am 15. Januar 1945 wird er vom „Volksgerichtshof" zum Tode verurteilt und am 23. Januar 1945 in Berlin-Plötzensee ermordet.

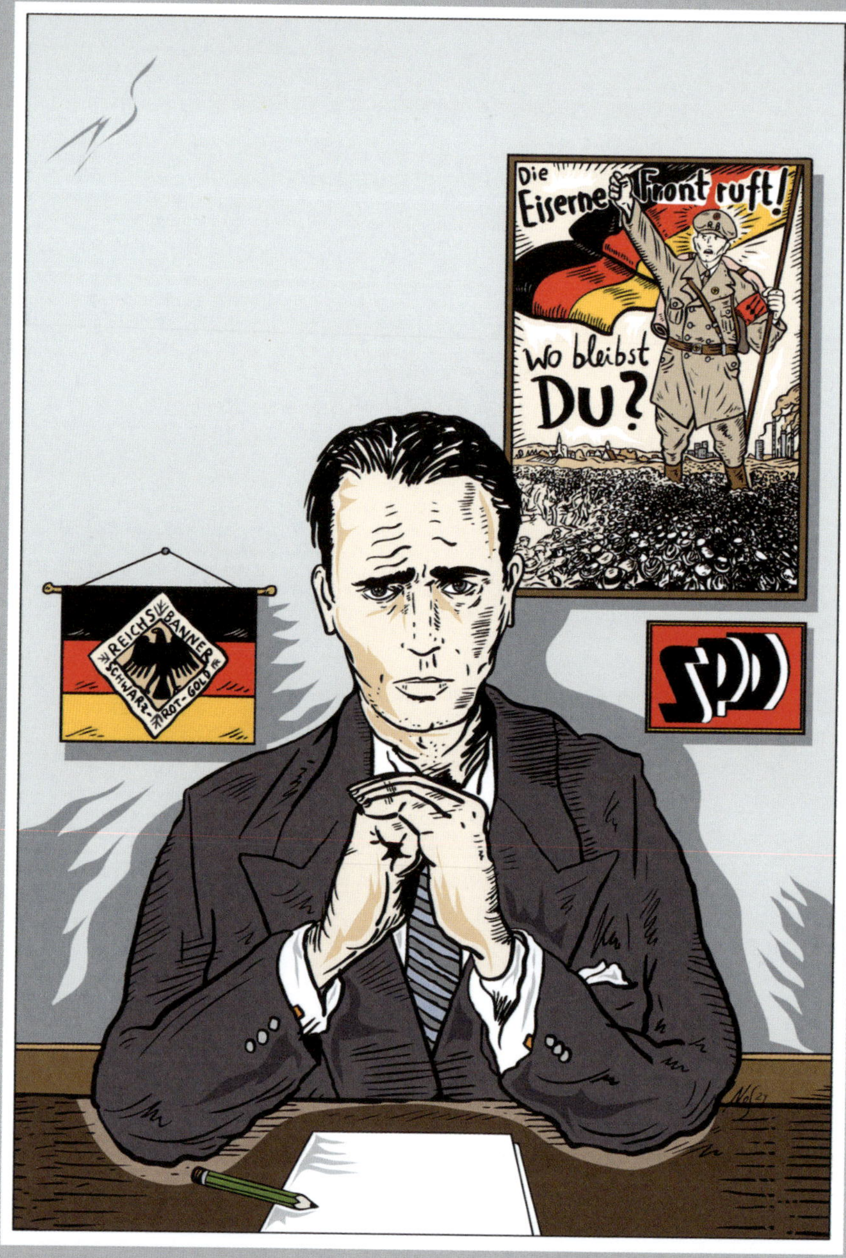
Die
Eiserne Front ruft!
wo bleibst
DU?
REICHSBANNER
SCHWARZ-ROT-GOLD
SPD

Julius Leber

Julius Leber wird am 16. November 1891 im Elsass als uneheliches Kind in bescheidenen Verhältnissen geboren. Schon als Schüler tritt er der SPD bei. Er studiert nach dem Abitur 1912 Nationalökonomie und Geschichte in Straßburg und Freiburg. 1914 meldet er sich freiwillig zum Kriegsdienst. Er erhält höchste Auszeichnungen und stellt sich nach dem Krieg als Offizier auf die Seite der Republik. 1920 promoviert er in Freiburg. Im Anschluss wird er Chefredakteur der SPD-Zeitung „Lübecker Volksbote" und zieht nach Lübeck, wo er zugleich bis 1933 Mitglied der Bürgerschaft ist. Von 1924 bis 1933 ist er zudem Reichstagsabgeordneter in Berlin. Er gilt als Experte für Verteidigungs- und Wehrfragen. Leber ist wie Haubach Gründungsmitglied des Reichsbanners. 1933 wird Julius Leber verhaftet und zunächst zu 18 Monaten Gefängnis verurteilt. Im Anschluss wird er von 1935 bis 1937 im KZ Esterwegen und im KZ Sachsenhausen festgehalten. Nach seiner Entlassung geht er, getarnt als Kohlenhändler in Berlin-Schöneberg, in den Untergrund. Am 5. Juli 1944 wird er von der Gestapo verhaftet und am 20. Oktober 1944 vom „Volksgerichtshof" zum Tode verurteilt. Am 5. Januar 1945 wird Julius Leber in der Strafanstalt Berlin-Plötzensee ermordet.

Literatur

Andreas-Friedrich, Ruth, „Der Schattenmann. Tagebuchaufzeichnungen 1938–1948“, Berlin 2020.

Beck, Dorothea, „Julius Leber“, Berlin 1994.

Benz, Wolfgang, „Der Deutsche Widerstand gegen Hitler“, München 2014.

Bottin, Angela, „Enge Zeit. Spuren Vertriebener und Verfolgter der Hamburger Universität 1933 bis 1945“, Hamburg 2021.

Brakelmann, Günter, „Helmuth James von Moltke. Eine Biographie“, München 2007.

Brakelmann, Günter, „Der Kreisauer Kreis. Chronologie, Kurzbiographien und Texte aus dem Widerstand“, Münster 2003.

Brandt, Willy, „Erinnerungen“, Berlin 2013.

Coppi, Hans / Heinz, Stefan (Hrsg.), „Der vergessene Widerstand der Arbeiter. Gewerkschafter, Kommunisten, Sozialdemokraten, Trotzkisten, Anarchisten und Zwangsarbeiter“, Berlin 2012.

Delarue, Jacques, „Geschichte der Gestapo“, Düsseldorf 1979.

Dolff, Christian-Matthias / Gehrke, Julia / Studt, Christoph (Hrsg.), „»Seid einig, einig gegen Hitler!« Formen, Ziele und Motive des Widerstandes von links“, Konferenzband zur XXVIII. Königswinterer Tagung, Augsburg 2020.

Fest, Joachim, „Staatsstreich. Der lange Weg zum 20. Juli“, Berlin 1997.

Fittkau, Ludger / Werner, Marie-Christine, „Die Konspirateure. Der zivile Widerstand hinter dem 20. Juli 1944“, Darmstadt 2019.

Gersdorff, Rudolph-Christoph Freiherr von, „Soldat im Untergang“, Frankfurt am Main 1977.

Geyken, Frauke, „Freya von Moltke. Ein Jahrhundertleben“, München 2011.

Gisevius, Hans Bernd, „Bis zum bitteren Ende“, München 1982.

Hammer, Walter, „Theodor Haubach zum Gedächtnis“, Frankfurt am Main 1955.

Hardenberg, Reinhild Gräfin von, „Auf immer neuen Wegen. Erinnerungen“, Berlin 2002.

Heinemann, Winfried, „Unternehmen »Walküre«. Eine Militärgeschichte des 20. Juli 1944“, Berlin/Boston 2019.

Hild-Berg, Annette, „Tony Sender (1888-1964). Ein Leben im Namen der Freiheit und der sozialen Gerechtigkeit“, Köln 1994.

Höhne, Heinz, „Gebt mir vier Jahre Zeit. Hitler und die Anfänge des Dritten Reiches“, Berlin 1991.

Hoffmann, Peter, „Stauffenberg und der 20. Juli 1944“, München 2007.

Hoffmann, Peter, „Claus Schenk Graf von Stauffenberg“, München 2017.

Hosfeld, Rolf / Pölking, Hermann, „Wir Deutschen 1929 bis 1939. Von den Goldenen Zwanzigern zum Kriegsbeginn“, München 2009.

Italiaander, Rolf (Hrsg.), „Wir erlebten das Ende der Weimarer Republik“, Düsseldorf 1982.

Kardorff, Ursula von, „Berliner Aufzeichnungen 1942 bis 1945“, München 1997.

Keyserlingk-Rehbein, Linda von, „Nur eine »ganz kleine Clique?« Die NS-Ermittlungen über das Netzwerk vom 20. Juli 1944“, Potsdam 2018.

Klußmann, Uwe / Mohr, Joachim, „Die Weimarer Republik“, Bonn 2017.

Kniebe, Tobias, „Operation Walküre“, Berlin 2009.

Knopp, Guido, „Sie wollten Hitler töten“, München 2004.

Leber, Annedore / Dahrendorf, Gustav (Hrsg.), „Julius Leber. Ein Mann geht seinen Weg“, Berlin 1952.

Leber, Annedore (Hrsg.), „Das Gewissen steht auf. 64 Lebensbilder aus dem deutschen Widerstand 1933-1945“, Berlin 1954.

Meding, Dorothee von, „Mit dem Mut des Herzens. Die Frauen des 20. Juli“, München 1997.

Möller, Horst, „Die Weimarer Republik. Demokratie in der Krise“, München 2018.

Moltke, Freya von, „Erinnerungen an Kreisau“, München 2001.

Mommsen, Hans, „Alternative zu Hitler. Studien zur Geschichte des Widerstandes“, München 2000.

Piper, Ernst, „Geschichte des Nationalsozialismus. Von den Anfängen bis heute“, Bonn 2018.

Poelchau, Harald, „Die letzten Stunden“, Berlin (Ost) 1987.

Reichel, Peter, „Der tragische Kanzler. Hermann Müller und die SPD in der Weimarer Republik“, München 2018.

Roon, Ger van, „Widerstand im Dritten Reich“, München 1984.

Schlabrendorff, Fabian von, „Offiziere gegen Hitler“, München 1994.

Schröder, Niels, „20. Juli 1944. Biographie eines Tages“, Berlin 2019.

Schwerin, Detlef Graf von, „Dann sind´s die besten Köpfe, die man henkt. Die junge Generation im Widerstand“, München 1994.

Seligmann, Rafael, „Hitler. Die Deutschen und ihr Führer“, München 2004.

Sender, Tony, „Autobiographie einer deutschen Rebellin“, Frankfurt am Main 1981.

Steinbach, Peter / Tuchel, Johannes, „Widerstand in Deutschland 1933-1945. Ein historisches Lesebuch“, München 2000.

Steinbach, Peter / Tuchel, Johannes, „Widerstand gegen die nationalsozialistische Diktatur 1933-1945“, Bonn 2004.

Stiftung Gedenkstätte Deutscher Widerstand (Hrsg.), „Wege zum 20. Juli 1944“ (=Themenkatalog 8 zur Dauerausstellung Widerstand gegen den Nationalsozialismus), Berlin 2014.

Stresemann, Wolfgang, „Wie konnte es geschehen“, Berlin 1987.

Tuchel, Johannes, „»... und ihrer aller wartete der Strick«. Das Zellengefängnis Lehrter Straße 3 nach dem 20. Juli 1944“, Berlin 2014.

Ullrich, Volker, „Der Kreisauer Kreis“, Reinbek bei Hamburg 2008.

Vogel, Thomas, „Aufstand des Gewissens. Militärischer Widerstand gegen Hitler und das NS-Regime 1933-1945“, Hamburg/Berlin/Bonn 2000.

Wartenburg, Marion von, „Die Stärke der Stille. Erzählung eines Lebens aus dem deutschen Widerstand“, Köln 1987.

Zimmermann, Peter, „Theodor Haubach (1896-1945). Eine politische Biographie“, München 2004.

Zuckmayer, Carl, „Als wär`s ein Stück von mir“, Frankfurt am Main 2013.

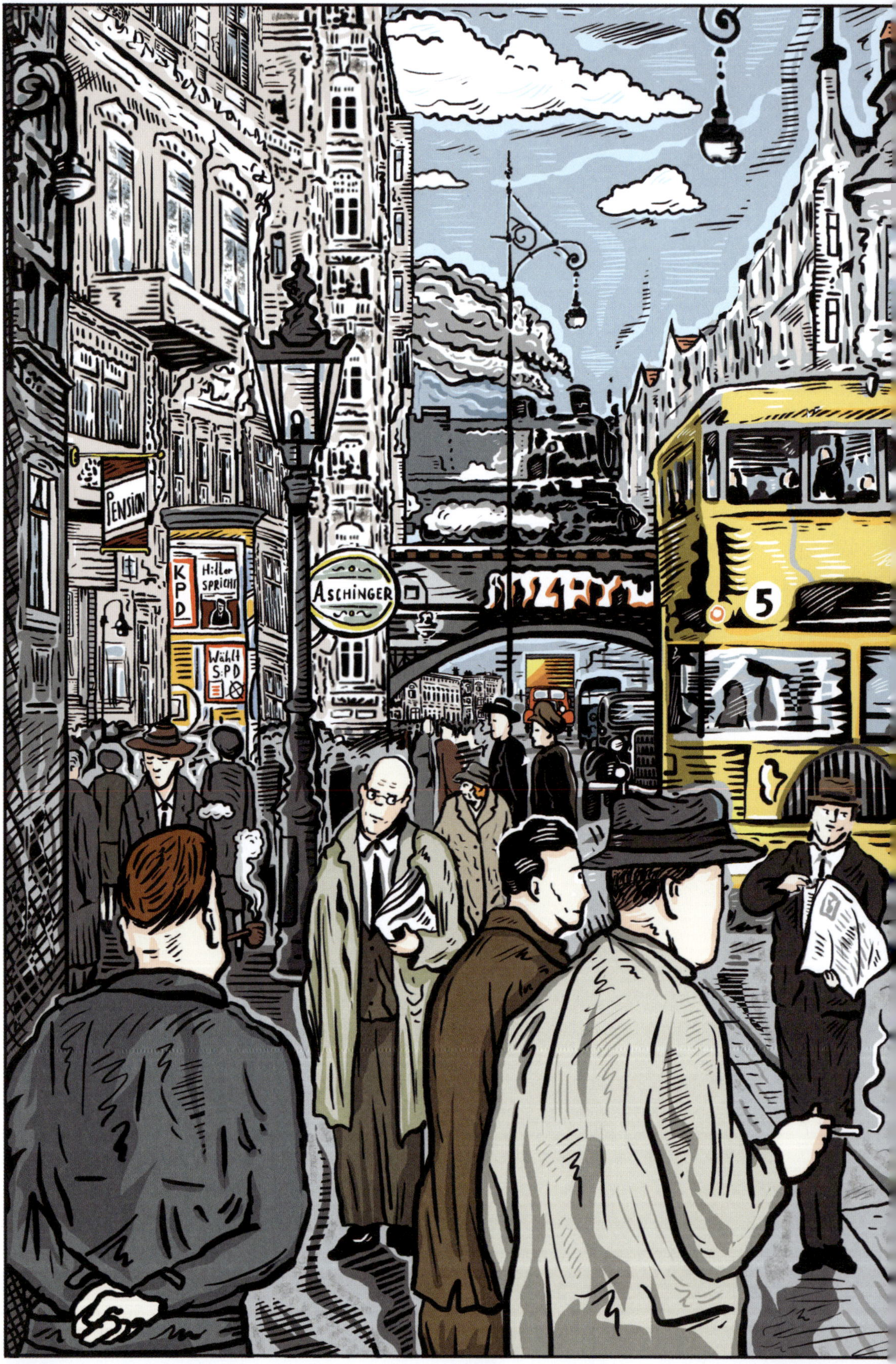
PENSION
KPD
Hitler SPRICHT
Wählt SPD
ASCHINGER
5

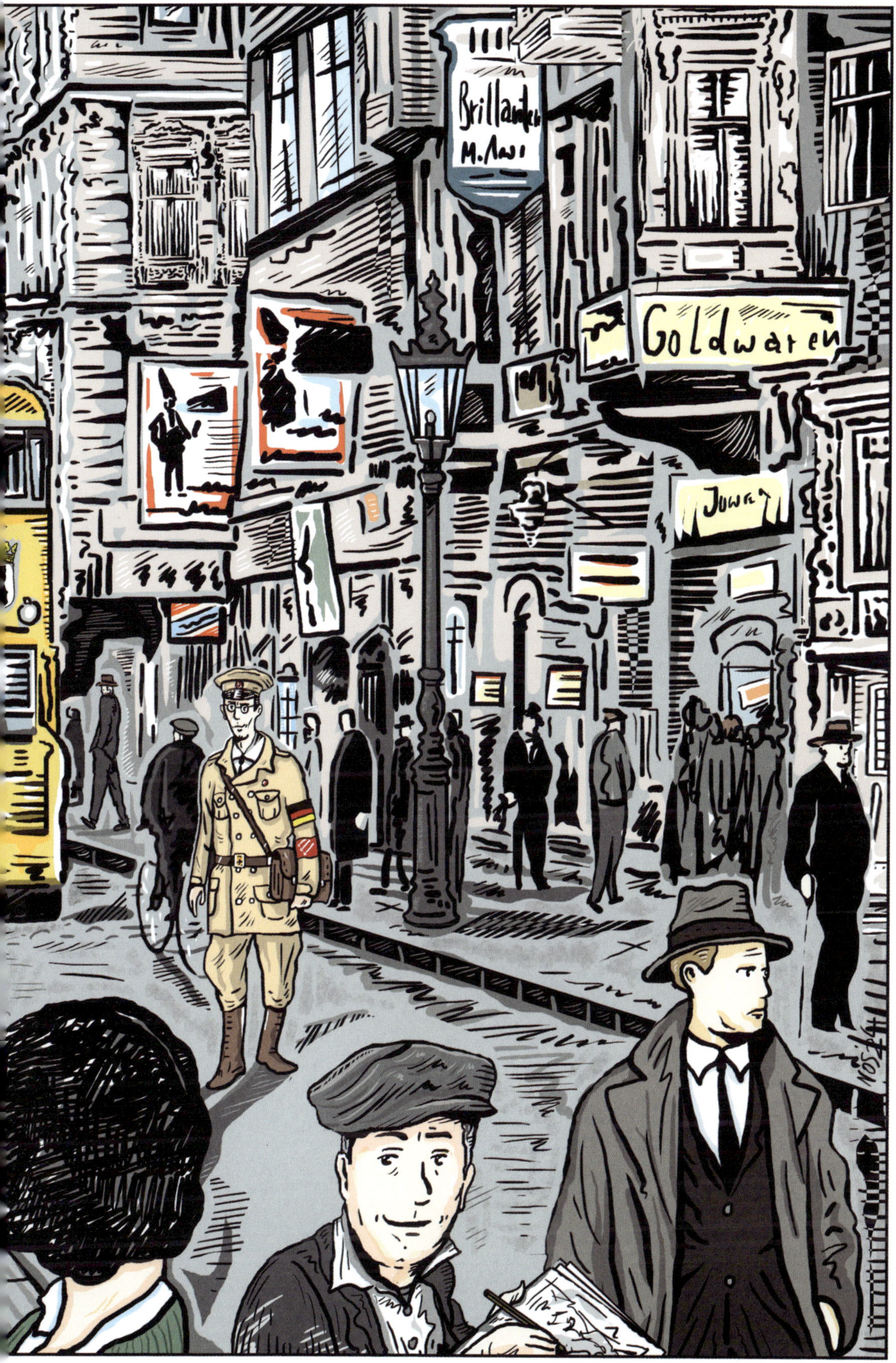
Brillanten
Goldwaren

Stiftung
Gedenkstätte
Deutscher
Widerstand

Gefördert von

Die Beauftragte der Bundesregierung
für Kultur und Medien

BERLIN

Senatsverwaltung
für Kultur und
Gesellschaftlichen Zusammenhalt

Bibliografische Information der Deutschen Nationalbibliothek
Die Deutsche Nationalbibliothek verzeichnet diese Publikation in der Deutschen Nationalbibliografie; detaillierte bibliografische Daten sind im Internet über http://dnb.d-nb.de abrufbar.

Asternplatz 3, 12203 Berlin
post@bebraverlag.de
Fachberatung und Redaktion: Dr. Stefan Heinz
Lektorat: Susanne Schade, Julia Pietsch, Marijke Leege-Topp
Umschlag: typegerecht berlin (Titelmotiv: Niels Schröder)
Schrift: Tekton Pro
Gedruckt in der Europäischen Union
ISBN 978-3-89809-251-7

www.bebraverlag.de

Danksagung

Mein großer Dank gilt Professor Dr. Johannes Tuchel, dem Leiter der Gedenkstätte Deutscher Widerstand in Berlin, der dieses Projekt initiierte und ermöglichte, sowie insbesondere Dr. Stefan Heinz von der Gedenkstätte Deutscher Widerstand, der dieses Projekt begleitete, für seine große Unterstützung, Offenheit und Expertise. Zudem danke ich Susanne Schade, Julia Pietsch und Dr. Stefan Heinz für die hervorragende Textkorrektur, zahlreiche inhaltliche Anregungen sowie die Überprüfung der historischen Genauigkeit.

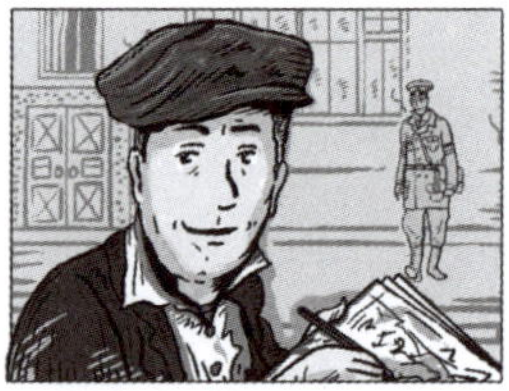

Über den Autor

Dr. Niels Schröder, seit der Studienzeit als Illustrator und Comicautor für Verlage und Zeitungen tätig. Mehrfach ausgezeichnet mit dem „European Newspaper Award" in der Rubrik Illustration. Dozent der Fächer Visuelle Ausdrucksformen und Darstellen an der staatlich anerkannten Hochschule Diploma. 2016 Promotion bei Professor Thomas Macho (Kunstuniversität Linz). Auszeichnung der Dissertation mit dem österreichischen Staatspreis. 2004/2005 Professur in Vertretung an der Hochschule für Kunst und Design Burg Giebichenstein in Halle a. d. Saale. Studium der Visuellen Kommunikation an der HfbK Hamburg, der HfK Bremen und der UdK Berlin. Diplom und Meisterschülerstudium bei Professor Henning Wagenbreth an der Universität der Künste zu Berlin. 1970 in Regensburg geboren.

Publikationen:
„I got Rhythm – Das Leben der Jazzlegende Coco Schumann" (zusammen mit Caroline Gille), „20. Juli 1944. Biographie eines Tages", „Gute Laune ist ein Kriegsartikel. Deutsche und amerikanische Trickfilme, Comics und Cartoons als Mittel der Propaganda während des Zweiten Weltkrieges", „Nilowsky", Graphic Novel nach dem gleichnamigen Roman von Torsten Schulz.